CLIMB TO THE TOP

登峰

顶级猎头眼中的职场进阶法则

王付有◎著

中国工人出版社

目　录

推荐序一 >>>

天下风云出我辈

王秀娟　大街网创始人、董事长兼CEO

职场是什么？

有人说，职场就是江湖，有高手决战华山之巅，有几大门派权衡较量，有正有邪，有大侠亦有奸佞；也有人说，职场就是战场，需得掌握三十六计十八般武艺，方能攻破一座又一座城池，在一个个堡垒上插入自己的将旗。

其实，这个世上，万物都可归一，一亦可化为万物。职场是江湖，亦是战场；是丛林，亦是棋局，每一个职场人，身在职场之中，便是那侠客，那将军，那猛兽，那棋子。在这职场上，你将处于怎样的位置？是王者还是浮萍，是刀俎还是鱼肉？决定这一切的，唯有每一个职场人自己。

初出茅庐，谁不是白纸一张？最终，这张白纸上将涂满怎样的色彩，决定于你所踏出的每一步，做出的每一个决策，也决定于你抱有怎样的决心，以怎样的意志去坚持。有人行差踏错，与成功失之交臂；有人一时迷惑，掉入绝境的陷阱，但最终，所有的错误，与所有的幡然苏醒，都将成为你职场生涯中，重要的那一笔。

一帆风顺的故事是令人钦羡的，但同时亦是无趣的，每个人都渴求在通往顶峰的路途中畅通无阻，但那些挫折，那些荆棘阻碍，那些风雨雷电，同样是值得人去怀念的珍宝，重要的是，在战胜挫折的过程中，被磨炼的我们的意志，被积攒下来的经验，经过思考后总结的规律，以及被雕琢过后的我们越发成熟的内心。

所以，与其祈祷去做一个可以永远天真的幸运儿，不如真正沉下心来，去修炼自身，去打磨我们的每一部分，从肉体到精神，从行为到思想，将自己从最初那个毫无功力与经验的菜鸟，打磨成一个真正的可以去独当一面的大侠。

大侠之所以是大侠，不仅仅在于武艺高强，更在于其沉淀下来的心态。心于内，形于外，而不论是心还是形，都需要自身的不断进取和高手的旁敲侧击。要磨刃，更要虚心听取，这是一个江湖菜鸟的正确成侠之路。

天下风云出我辈。每一个人都具备立于武林之巅的潜质，每一个人都可以登上万众称誉的殿堂，即便身在万千军队之中，亦不可放弃成为将军的梦想。即便你此刻在谷底，即便你自认为一无是处，仍要相信，天生我材必有用。

职场，就是这样一个地方，它公平，又不公平。有时候，幸运的人太轻易得到，运气不佳的人失败得莫名。但最终，努力的人总能获得回报，坚持信念的人总能得偿所愿。

愿每一个职场人，都能在这风云变幻的职场江湖中，尽情亮剑挥洒！

推荐序二 >>>

登顶的美景

刘家良　电视剧《猎场》行业顾问，光辉国际全球资深合伙人

攀登是永无止境的。登山，在乎的不是地理上的绝对距离，而是心理上的成就感距离。每一段路都有各自的风景，毫无疑问，站在能够一览众山小的高度，也能赏到人之所不常见的美景。

做专业高端人才猎头几十年，我们接洽过无数高端人才。对于这些精英而言，求职之路不再是普通的“被挑选”，集成式人才市场和时下流行的网络招聘也不是他们转换“赛道”的理想信息途径。有些岗位，刚刚出炉就迅速被消化，只有金字塔顶端的猎头顾问和候选人才有机会获得信息。用我们内行人的话讲：这些职位从来不必做广告，你知道了，你就是适合的人，你不知道，也没有必要再去知道。

如何与高端人才互相借力，辅佐他们再攀登一个高度，是我们不断思考的问题。围绕这个命题，猎头们一直不断地探寻，力求给出更为合理的建议，试图找到更加完美的答案。高级经理人在职场中已经拥有相当成熟的经验和资源，而在当今中国快速发展的经济形势下，众多企业求贤若渴，帮助这些企业精准找到并且留住这些高端人才，也是多年来我们不断完善和追求的目标。

老王这本书从求职者角度入手，较为全面地概括了职场精英如何上升的精准之路。谈及职场晋升的书籍，市场上同质化产品非常多，但能如此清晰定位高端职业经理人的攀登之路的书籍实为难得。

从职场习惯到思维模式建立，从个人求职博弈到打造个人品牌，从求职

者个人视角到猎头的专业视角，这本书精练又准确地阐述了职场精英转换“赛道”的理论精髓。这是我们猎头几十年阅人无数的经验所凝成的思维结晶。每一个理性专业的职场人，每一个渴望成为精英或已经成为精英的职场人，都建议阅读，去吸收书中的精华。

人才与企业的成长一向是相辅相成的。正因为如今各大中小甚至创业企业都发展得欣欣向荣，优质人才才有了可以发挥实力的广阔天地。反过来，也正是人才不断革新的理念和管理能力，推动了企业蒸蒸日上的发展。所以，不仅是职场人，建议企业老板，尤其是创业公司创始人也阅读本书，换一个角度思考，另辟蹊径，借用猎头的思维，找到人才并且留住人才。

如今中国的高端人才市场是改革开放四十多年来最多元化，最具有竞争力，也是最具有成长力的市场。高管的思维变得愈加开放，他们通过优质的选择，华丽转身。同时，中国企业更具国际化视野，能理解高端人才诉求，与高端人才共同分享企业成长，使得高端人才对企业有更高的黏性。

唯有在这样的大环境下，企业与人才才能步调一致，共攀新职场高峰，领略更美的风景。

前　言 >>>

从山脚到山巅

我很喜欢登山，并认为这是一种有趣的生活方式。

登山不仅仅是一种户外活动，也是一种强身健体的途径。在我看来，除了身体上的磨炼，登山给人更多的是精神上的享受。每当站在山脚处，望着远处的山峰，心中便升腾起一股要向其挑战的欲望。于是当即准备行动，规划好路线，备好沿途需要的物品，起身向上。

俗话说，“千里之行，始于足下”，登山便是如此。即便心中记挂着最高处的顶峰，也仍然要专注脚下的台阶，一步一步走上去，要克服随时出现的倦怠，应对沿途不可预测的各种问题和难关，克服茫茫望不到尽头的绝望感。正是这样的一个过程，使登山与职场有着极大的契合度。

成功，都是用汗水和脚印丈量的。于是，在无数次攀登过程中，我总结了一套“山顶理论”，用于解释职场中的某种规则。从终极结果来说，能够站在山巅之上的人，总是少数。或许每个人都曾想象过那一刻，只是后来不知何时，梦想渐渐丢失在了路途中。

从山脚到山巅，这是无法描述的征程。若不经过自身实践，其中的万般滋味永远无法体会得到。我经常在山顶上思考很多问题。因为屡次经历这样的过程，让我可以站在一个整体思维的角度去总结路径。正如我做了多年猎头，对于职场上的常见问题烂熟于心，才可以更加全局性、系统性和逻辑性地去看待它。

截止到本书出版之际，我已在职业生涯中面试过3500人之多，帮助职业经理人修改过500多份简历，为上千位职业经理人提供过职业咨询。他们都在各自的领域忙碌着、困惑着、奔波着。可是，既然众生皆苦，为什么有的人不到30岁就能够达到年薪百万元，而有的人一直做到退休也拿不到1万元的月薪？

在比对过诸多案例之后，我经过思索得出的最终结论是：因为有的人站在了山顶上，而有的人则一生都徘徊在山脚下。

林则徐少年时曾有诗云：山登绝顶我为峰。讲的不是一种征服，而是山川对自我的提升。每一个爬到山顶的人，都是付出了足够的毅力和艰辛，战胜了迷茫与疲惫，打破重重迷雾，才最终获得胜利。我认为在职场的“山顶理论”中最重要的一条，就是“强者心态”。你只有首先相信自己，才能站在那个制高点上。

无论是攀登的过程，还是在山顶上向远处眺望的时刻，都需要强者心态的支撑。每一个职场人都要努力去向上攀登。只有到达一定的高度，你才能看到独属的风景；只有你真正到达了一个顶峰，你才能明白什么叫做豁然开朗。当回想起过去，你才会真正明白，曾经的自己，眼界有多么狭隘，目光有多么短浅。

只有信念，当然远远不够。“山顶理论”第二点要强调的，就是专业的知识和实践。这是每个职场人赖以生存的硬实力，是真正支撑我们攀登至顶的底气。另外，在攀爬的过程里，专业技能的磨炼还会一直升级，让强者愈强，弱者愈弱。

“山顶理论”的最后一条，其实是我个人最推崇的，也是经常被很多人忽略的。很多人相信自己能行，也做了充足的准备，却缺乏系统化思考的能力，不足以应对路途中的种种突发问题，也不能更加科学地为自己规划有效路径。这样的人往往最可悲，他们资质不错，也付出了很多艰辛，却未能达成所愿。

要不要在山脚下徘徊不停，要不要在犹豫中蹉跎了岁月，这是一个并不困难的判断题。既然已经确定出发，为什么不去山顶看一看？不如早早做好准备，规划好行程，待一切就绪，就选在一个阳光灿烂的日子里，开始攀登吧！

CHAPTER 1

第一章

职场人的系统思维

谁能到达山顶

职场攀登，即是永远向着最高点前行。人人都希望自己能够不断向上爬，最后到达顶峰。但事实上，在职场奋斗的千军万马里，最后真能到达山顶的却是凤毛麟角。那些始终停留在山脚下的人，或者最多坚持到半山腰的人，他们究竟缺少了什么？而那些能够坚持到最后，得以一览众山小的人，他们又比别人多具备了什么？

2018 年 12 月，我对 30 位百万年薪的人进行了一系列非正式采访，旨在还原出他们真实的生活。结果发现，这些职场中的精英，他们的生活也和大多数人一样辛苦。但是，此辛苦与彼辛苦大不相同。这些人的辛苦，通常都是辛苦在了刀刃上。

在通过比较和分析之后，我发现，这些人也有一些共通的习惯，这或许就是他们成功的秘诀。比如，他们每天都会抽空学习、看书、锻炼身体，有时候周末也要工作，虽然只有很少的时间陪伴家人，但他们都十分珍惜，往往会精心安排好亲情时间，家庭也相对比较和睦。

我接触过一家猎头公司的合伙人名叫 Anna，截止到 2018 年 12 月 15 日，她年收入已经超过了 120 万元，但她还在奋力拼搏，很少休息。

我问她："作为孩子的母亲，每天这么拼命，有没有感觉对孩子有所亏欠？"她说："肯定有亏欠。但为了给孩子一个更好的环境，就不能不努力工作。"看着她眼中的坚定，我想我能够给予她十分的理解。做猎头这一行，不努力，机会就可能被竞争对手抢走。一单就算是白忙，等于没有收入。在节奏飞快的大城市里，没有收入是多么可怕的一件事。

不过，无论工作多忙，她只要有空，就会看书、锻炼身体，对高品质生活的追求从未改变过。

某互联网公司运营总监张先生，同样是一位年收入百万以上的人士。我曾经问他："既然职位和收入都不错，是不是就可以放松一下，很多工作安排下属来做就可以了？"他摇着头说："安排下属做可以，但自己作为大事业部负责人，很多事情必须首先自己想清楚，才能安排下属做。"他依旧经常加班，时常出差，出去帮助团队找资源。有时候为了搞定客户，早晨起床时在北京，开完早会就飞到上海了，晚上再去深圳陪客户吃饭。这种高强度的工作，如果没有一个好的身体，肯定是吃不消的。

出差对他们来说，是家常便饭。很多人都认为出差，就是出去玩玩。但事实上，很多公司出差的行程安排得非常满，并非想象中那般闲云野鹤。

我认识的这些精英人士，倒都的确对精神生活的追求超过常人。他们一般都喜欢出国旅游，参加一些高格调的活动，比如音乐会等。

在我们的朋友圈里，那些经常境外游的人，通常都是收入相对比较高的人。他们在游玩的同时也经常把工作带上，我认识一位老猎头，他在新加坡旅途中还在挖人，非常敬业。

在北京工作的一位猎头说过一个故事。她去普吉岛旅游，恰巧遇见一位一直电话联系的候选人。从来没见过面，却在境外偶遇，于是两个人边晒太阳边聊天，有些相见恨晚。回国后，她把该候选人以年薪360万元的条件成功挖走。她时时刻刻没有忘记自己的职责，做了职业精神的亲身示范。

我采访的30位年薪超过百万的职场精英们，他们都有一个共同的特点，那就是对未来充满了不安全感。他们会不断去做资产增值。但他们对高利息理财并不看好，更倾向于追求比较稳健的理财方式。为什么不选择高风险、高收益的理财呢？他们大多会理性地回答：风险是相对的，只要不贪心就不会被坑，毕竟天上是不会掉馅饼的。

职场精英们通过打拼，已经站到了很高的位置，但他们从没有放松对自己的要求。也就是说，即便是到达山顶的人，他们也同样要继续奋斗，才能保持住这样的优越感。很多看起来已经非常成功的人，却还在不停地拼命，甚至比一些职场新人还要拼。可谓是生命不息奋斗不止，只要人活着，就不可能停止前进的脚步，毕竟过去的成果已经是过去式，面对未来，仍需要有攀登的征程。

一位互联网公司的VP曾经对我说，自己两周不出去走走看看，就会产生陌生感。社会变化太大了，“一招鲜吃遍天”的时代已经一去不复返。如今，几乎两年到三年就会转换一个新趋势，实在有太多事物需要学习和了解。

可能有人会问，像陀螺一样转个不停，这就是职场人的宿命吗？当然不是。可是如果你见过那些真正的登山者就会明白，攀登已经成为他们的一种乐趣，而非痛苦。未来永远是未知的，世界永远都在变。

我们要保持奋斗的原因，包括以下几点：

第一，维护圈子。圈子和圈子是不同的，我曾经和一位电商朋友电话聊天，提到被刷朋友圈的某店，该店用3年时间打造了一个百亿的上市公司。为什么他们能做到这一点？原因很简单，因为他们在一个优质的圈子里，这种圈子不是谁想进就能进的。

我在杭州时，和某电商平台公司的朋友聊过天。他们说，如果不是该平台公司的人，想进入他们的圈子几乎是不可能的。因为大家都是使用化名聊天，你什么都不懂，没有共同的语言，根本进入不了他们的圈子。

或许你见到过一个很垃圾的项目或拿别人的BP就可以融到资，而你的项目自认为很好，却始终融资不成功。你不明白为什么，其实原因很简单，因为A轮之前的融资都是靠信任。你没有在这个信任的圈子里，别人凭什么会相信你？既然已经不能相信你，更谈不上投入上百万、千万的资金了。

如同吴晓波说的那样，再穷，也要进入富人圈。所以说，你努力奋斗的目的，就是要从一个圈子进入另一个更高级的圈子，或自己打造圈子，让别人进入你的圈子。

第二，保持自己思维不落后。有一次我在家宅了两天，手机是关机状态。两天后，我觉得自己仿佛与世界脱离了。仅仅是两天时间就已经如此，那么如果是两年呢？看书是为了保持思维不落后，努力奋斗也是为了思维不落后。

第三，保持价值输出与输入的平等。我经常开玩笑说，如果一个人在社会上没有被他人“利用”的价值，就说明你已经和大家不是同时代的人。我所说的“利用”，不是贬义词，而是价值的平等交换。

如果一直想要进行价值索取，而不是等值的价值输入，估计时间长了，大家就都不愿意和你交流了。原因很简单，因为这是一场不对等的交流，不对等的消耗时间也意味着没有价值。

认真思考一下，为什么现在知识变现如此热门？那是因为你想获得别人的价值，就要花钱去买，这样才能实现价值的对等。只想要价值的输入，不想要价值的输出，就会造成信息的不对等，一旦不对等，完整的价值链就会被打破。

奋斗的目的是实现自我超越，是实现价值对等。要努力向上攀登，成为那个可以到达山顶的人，即便屹立于山巅之上，依旧要为了保持这种视野而继续努力。这，才是一个职场精英的必修之路。

成为“倒T形”人才

所谓“倒T形”人才，从字面上就能看出，这样的人才，要在横向上和纵向上都能达到企业要求的标准。横向上，是知识、技能的广度；纵向上，是在专业技能上的深度。企业要培养这样的人才，而职场人自己，更要以这种人才的标准来要求自己。

一位多年的好友打电话给我，他问我，成功的职业经理人都具备哪些特质？这个问题引起了我的兴趣。一个出色的精英人才，首先要符合以下几条标准：

第一，良好的职业道德和职业素养。

我扎根猎头行业十余年，接触过至少3500位职业经理人，在我看来，这些人都有很好的职业道德和职业素养。虽然在职场上不乏一些滥竽充数之人，但这种人，通常都是从一开始就被我排除在了朋友圈之外。我还发现越是职位高的猎头单子，沟通起来往往越是简单，甚至还能在沟通的过程中学到很多东西。

有一次，我面试一位年薪 180 万元的职业经理人，当天正赶上下大雨。我想着候选人可能会迟到或是不会来了，但意外的是，他不但提前 5 分钟到达了约定的地点，态度礼貌、谦虚，而且很真诚地沟通职位要求和公司情况等。在交流过程中，我也学到了很多新的知识。这让我明白，一个人能够坐到那样的位置，能够拿到那样的高薪，不是没有原因的。

第二，超强的领导力和强大的气场。

在与年薪百万以上的职业经理人打交道时，我时常会为他们的气场所感染。我也曾经思考过，究竟是因为年薪百万这一身价带给了他们这种气场，还是因为他们本身就有这样的气场，才使得自己成了年薪百万的高端人士？大概这两者是相辅相成的。

第三，专业素质好，有解决实际问题的能力，能为公司创造更多价值。

很多人都有一个误区，就是觉得一旦做到高层后，就不需要专业知识，只要管理能力、沟通能力足够强就可以了。其实，这是大错特错的思维方式。根据我十多年做猎头的经验，凡是做到年薪百万以上的职业经理人，不仅仅是管理能力强，而且其专业知识也相当过硬。

我和以前挖猎的一位年薪百万的设计师聊天，问他现在是否还在搞设计。他说，不管年龄多大，专业知识都不能丢。他还开玩笑说，他的专业知识即便是放在现在，也不会输给年轻人。此外，他的兴趣爱好也没有丢，每天还在坚持画画。

大家都说程序员到 35 岁就会因为身体吃不消而不再亲自写程序了，这让我想起认识的一位技术大拿，他现在已经 43 岁，每周都会在没事的时候写一些代码、学习最新的知识，只是不像年轻人那样以写代码为生而已。我问他为何要如此坚持，他说写代码不是为了工作，而是强制学习以便让自己的思维保持最新。

这说明一个问题，越是处在高位的人，就越爱学习。他们不光在管理能力上出众，在专业能力上也能帮助公司解决实际问题。一位猎头公司的老板对我说过，一些员工不是努力为公司挣钱，而是想办法挣公司的钱、挣老板的钱。在我看来，如果企业遇到这样愚蠢的员工，不管付出多大代价，都要把他清理出去。

第四，有大公司或大项目经验，能独当一面。

我发现，那些年薪百万以上的人，即便不是大公司出来的，也是做过大项目的。他们除了见过大世面外，自身的能力也过硬，完全可以独当一面。他们中的绝大部分人，都不是像传说中那样，靠关系被提拔才获得地位，他们大都是通过真才实学争取得来的。

有一次，我面试一个互联网公司的 VP。对方的沟通能力和亲和力都很好，我就想，这种级别的人估计已经不会实操了。当时我判断的依据是，做到这个级别的人天天都很忙，哪有时间进行实操？但当我做背景调查的时候，发现该候选人不仅管理能力强，自己的实操能力更不是一般人能比得了的。所以，他手下的员工愿意跟着这样的领导，因为除了学习管理，还能学习专业知识。这样的职业经理人，又怎么可能拿不到百万年薪？

第五，工作相对稳定，不轻易跳槽。

说起跳槽，人们通常都会认为：想要职位和工资上升得快就要通过不断跳槽来获取。这个观点本身也没有太大的问题，但跳槽如果过于频繁，对职业发展是非常不利的。身处中层以下时，或许还感觉不到频繁跳槽的危害，但一旦做到高层，就会明显感觉——不管是企业招聘人员还是猎头筛选简历，都首先会把频繁跳槽的人拒绝掉。

根据我当猎头十多年的经验，年薪百万及以上的职业经理人，一般至少在一家公司干满 3 年才会跳槽一次。在这些高薪的精英中，根本就没有现在职场上那些一年至少跳槽 3 次的人。从跳槽次数来判断，就能看出一个人是否浮躁，是否忠诚。

“年薪百万”是很多职场人追求的梦想，但达到者凤毛麟角。为了实现这个目标，不断地磨炼和完善自己，才是“山顶理论”中的强者心态。即便现在距离顶点还有一定距离，也应当以“登顶”的标准要求自己。对从事的行业有足够的了解和操纵能力，直到可以在行业中独当一面。

强者的心态

职场社会就如同原始丛林，有强者也有弱者。在原始丛林中，强弱决定于每一种生物的生理构造，但在职场上，强弱主要决定于个人的努力程度。或许丛林里一只兔子永远都不可能变成一只猛虎，但一个职场上的兔子，只要通过努力学习和磨炼，就能成为职场上的真正的强者。

我认识一位来自广西1986年出生的姑娘。在她最初进入公关这行时，只是一个普通的文案编辑。很多同事都没有把她当回事，有些客户也只把她当作可以揩油的对象。她忍耐着，努力着，渐渐凭着认真的态度，被破格升职成了公司副总监。

职场上，很多人都羡慕强者，也都想成为强者。那么从小白到职场精英到底需要具备哪些特征呢？

第一，要经常锻炼身体，保持精力充沛。

我曾经也认为，花费时间锻炼身体实在太累了。疲惫的身体，又如何扛得起伟大的梦想呢？但奇迹出现了，当我重新开始锻炼身体，工作效率反倒提高很多，之前强调所谓工作太忙没有时间，都不过是在找借口。

职场精英体格都不错。有一次，我在三里屯和某公司的一位VP聊天，他说每天工作强度太大，如果不锻炼身体，很可能会吃不消，所以晚上下班必须坚持锻炼1个小时。他的身体精瘦干练，精力也特别充沛。

身体才是革命的本钱。身体就像是所有数字中的1，其他才是后面的0，如果1没有了，后面的0自然就没有了意义。

第二，要学习能力超强，善于接受新事物。

杰克·韦尔奇曾说过，你拒绝学习，但你的竞争对手不会。有一种说法是，在任何领域内的高端人士，都是只要有时间就会读书看报。在坐飞机的时候，我就发现过一个规律，那就是通常坐在经济舱的人，大部分都是在睡觉，而商务舱或头等舱的人却是在看书或工作。

我曾和一位朋友聊天，当聊到区块链的时候，他一头雾水，表示没有搞懂区块链是什么。但一周后，他邀请我去他办公室喝茶时，却已经可以给我分析区块链的真正本质是什么了。

说到学习能力强，专业的猎头从业人员就很值得称赞。很多人都认为，一周内清晰了解一个行业，或者在最短的时间内把某公司的组织架构搞清楚，以及把某细分行业人才地图绘制出来，是一件非常难的事情，甚至几乎是不可能的。但猎头朋友们为了完成客户的委托，基本都能在一周内将其高质量地完成。我有一位朋友，他从来没有做过银行职位的委托，但某次他接到某家银行的委托，让其找一位支行行长。他问我该如何下手，我只是告诉了他一些简单的方法论，结果他竟然在两周内，不仅绘制出了人才地图，还找到了5位合适的候选人。这一点，让我十分佩服，这就是专业人士的学习能力。

第三，要经常深度思考，能找到事物背后的本质规律。

深度思考比勤奋更重要。很多人缺少深度思考，或许是因为他们太相信“存在即合理”的论述了。可黑尔格原话是这样说的：“Was vernünftig ist, das ist wirklich, und was wirklich ist, das ist vernünftig.”他首先强调的是合乎理性的都是现实的，绝对理性要先于现实性，而且会表现出其必然性；其次才是现实的都是合乎理性的，现实性是绝对理性的发展的必然性。可见，正是我们断章取义才导致我们缺少深度思考。

所谓深度思考，就是锻炼直达问题本质的能力，精准领悟“是什么、为什么、怎么样”这9个字。这就好像武林高手一样，遇到敌手时可以一剑封喉。在找到本质后，再一步步论证问题，最后给出一个解决方案。有些人遇到问题时，只会抱怨问题或抱怨他人，这种人就是典型的缺少深度思考。

另外，还要擅长时间的合理分配，同时会把理论应用在实践中。时间就像杂乱无章的物品一样，只有进行分类整理才不会乱。如果不懂得合理安排时间，就会感觉每天都很忙、很累，甚至连吃饭休息的时间都没有。即便如此，到头来仍然拿不到业绩。

很多职场精英，不仅把工作时间安排得井然有序，还能把业绩做得很好，拿到很高的薪水。我曾经和一位公司的CEO聊天，他说，一个人每天都很忙，又没有业绩，只能说明这个人不会合理安排时间，更深度地说明这个人不会思考问题。合理的时间分配，把自己的理论知识应用到解决问题的实际中，是每位职场精英都必须具备的能力。

第四，要摈弃无效社交，追求高质量的社交圈。

职场精英不会每天把时间浪费在一些无聊的低质量社交上。某公司的一位 VP 说起，他们的圈子凡是超过五个人的社交、聚会，基本上都没有人参加。原因是这种聚会更多是消遣、吃饭，甚至是互相吹捧，他真的没有那么多时间可以用来浪费。

在职场上，要么成为精英，要么成为精英前进之路的铺路石。登上高山之巅，固然需要持久的毅力，但若能遵循必要的原则，势必会事半功倍。

守住沸点之前

职场沉浮多年，有时会忽然进入瓶颈期，不论怎样努力，却总是看不到有任何变化。其实，这种时候也不要太过焦虑。要记得，水在沸腾之前是看不到任何迹象的，然而一旦到达沸点，发展就会突飞猛进。关键在于，你得不断地给自己加热。

我有一位人品、能力和责任心都很强的朋友，老板非常看重她。但也正是因为看重，导致她的工作职责变成了老板的灭火队队长。工作十年，她从来没有管理过大的部门，也没有全程参与或全程主导过什么具体项目，只是到处帮忙灭火，最后导致她都不知道自己擅长什么以及能解决哪些问题，经历十年的职业生涯后，她开始陷入迷茫和焦虑。

其实我的这位朋友办事效率非常高，沟通和交流能力也很强。她只是没有全程管理过部门，对自己的职业规划不清楚。以至于当她想跳槽时，却发现没了方向。和她沟通后，我建议她暂时不要离职，最好的方法是回去和老板沟通，去具体管理一个部门，至少工作 3 年，然后再跳槽。给自己一个定位，知道自己擅长什么以及能解决企业哪些问题，价值才会展现。不然若稀里糊涂走到 40 岁，职业生涯可就真的完了。

这也许是很多人在职业发展中都会遇到的问题。奋斗了许多年，却看不到任何方向，想到未来时，内心只有一片迷茫。对于这些职场人，我要给出几个关键词：

第一，规划。

说到规划，很多找我做职业咨询的职场朋友说，他们在大学毕业时就没有想明白自己要做什么，更没有职业规划，只是急匆匆进入职场，一路走来感觉也还算顺利。人到30岁后，却开始怀疑自己的职业是不是选错了。

如果转行，就意味着从零开始，竞争力就会大打折扣。我认识这样一个人，35岁开始转行，每天和“90后”的孩子们在一个起跑线上竞争，感觉面子过不去，但为了生存还是得坚持下去，内心五味杂陈。

这足以说明，职场规划有多么重要。那么职场规划到底该如何做呢？请仔细梳理一下自己的知识体系，看看在自己的职业领域还要提升哪些能力或者考哪些必要的证书。比如，你现在是财务人员，希望自己10年后可以成为一位CFO。那么你需要具备什么能力，需要培养什么素质，需要哪些证书和积累哪些资历等。如此，职业规划便豁然开朗。

第二，核心竞争力。

对职业经理人来说，最痛苦的是不知道自己的核心竞争力在哪里，不知道擅长什么，能解决企业哪些问题。

我接触过很多职业经理人，他们自认为能力不错，总感觉自己什么问题都能解决，但在面试的时候，经常被面试官拒绝。这到底是什么原因呢？针对这个问题，我和某大厂的HRVP进行了深度交流。该HRVP说，现在很多公司招聘不是招聘全才，而是招聘专才。你来公司，就是来帮助公司解决某一些问题，而不是解决所有问题。如果职业经理人说他能解决企业所有问题，那只能说明他是在吹牛。

所以，对职业经理人来说，要忘记木桶原理，必须找到自己最擅长的点和最能解决企业问题的能力，这样在求职时亮点才会更突出。

我认识一位朋友，他文化水平不高，但PPT做得非常精美，甚至可以用美轮美奂来形容。他目前的主要工作就只有一件事，那就是帮助一些大咖做

PPT。道理就是这么简单，具备一种绝招，你就是职场上的宠儿。

第三，全程主导和全程参与。

某公司的财务总监，虽然是大专学历，但他全程主导和全程参与过公司IPO项目，在跳槽时薪酬涨了近一倍。你可能会说，全程主导或全程参与过某个项目，是需要机会的，而这些机会是可遇不可求的。这么说当然不算错。但是要知道，机会永远是留给有准备的人，如果你在每份工作上都做不长久，那么自然也得不到这样的机会。职场人要懂得冲锋陷阵，但也要耐得住性子，如果你在一个职位上做得足够久、足够专，那么总能等到那么一次全程参与某个项目的机会。

曾有一位公司高管找我交流，说自己怀才不遇。当我仔细看完他的简历后，很直接地告诉他，你不是怀才不遇，而是因为工作15年，都没有一个完整的项目经历。这样的简历，肯定不值钱。

既然已经工作了许多年，就算没有任何上升的迹象，这许多年的工作积累，也不是没有用的。要想实现突破，你需要的只是再给自己加一点热，让火力再旺一点，或许就能够达到沸点，职业生涯或许就能实现质变。

有时候，等待也是必要的。只不过不是盲目等待，而是要有目的、有规划地等待。守住漫长的燃烧，总有在职场中无限沸腾的那一刻。

缺少尝试思考的后果

职场上有一些人，他们总是在偷懒，想方设法逃离工作的束缚，这类人要么是背景过硬不必考虑未来发展，要么就是没有上进心，得过且过。还有一些人，他们从来都不偷懒，总是在忙碌。从表面上来看他们是真正对工作认真负责的人，但到了总结业绩的时候，却与前一种人并没有太大差别。

为何会如此？有创业者向我倾诉：自己每天加班到深夜，身体都快吃不消了，相反下面员工却一个比一个轻松。他问我，他这样的状态是不是有问题，是不是自己做错了什么？

还有一位职场朋友，他每天早早来到公司，几乎每天加班，感觉仿佛有做不完的工作，但最后他不但没有得到更多薪水，反而经常被领导批评工作效率低、工作质量有问题。

可以说，在职场上这样的人非常多。他们每天不是忙于应酬，就是忙于所谓的加班。人们通常会觉得，忙成这样应该收入很高了吧，但事实却并非如此。这种人，其实收入很低。

曾经遇到一个创业者，他经常忙于应酬，每天都喝得醉醺醺的。很多人都会误认为公司客户应该很多，现实却是——很多都是无效应酬，并不会为他带来任何合作的机会。在职场或商场上，如果没有足够的能力，那么越是表现出有求于人的样子，就越会被看不起，因而不会把重要的客户交给你。最后他的公司也被宣布清算。

所以，独揽工作却让员工轻松的老板也好，天天加班还得不到领导赏识的打工者也好，到处应酬却拉不到一份合同的创业者也好，这些人都有一个共同的特点，就是每天虽然很忙，却看不到任何成果。这种忙叫瞎忙。

一位朋友曾向我爆料，说公司一位没有版权意识的设计师，把为客户设计好的产品设计上传到了某图片网站，为的是宣传本公司。最后被客户发现，客户以侵权为由将公司起诉到了法院，最后私下协商，公司赔偿其客户100 万元。像这种忙，就不只是典型的瞎忙，还是给公司帮倒忙。

为什么会出现瞎忙的现象呢？主要有以下几个原因：

第一，没有长远规划。

比如我的一位咨询者，他做事情从来没有规划。按照他的说法，只要能挣钱，做什么都行。2018 年春节前他裸辞后，已经 7 个月没有找到满意的工作了，整天焦虑和迷茫，到最后开始怀疑人生。我觉得不是他没有能力，而是他根本不知道自己想做什么，能做什么。他一直在被动等待，没有主动出击。这种应对工作的方式，就是典型的瞎忙。

还有一种员工，他们在公司表现很好，也很听话，但没有一点主动意识，总是在等领导的安排。通常这样的人，在进入 35 岁后，就会被淘汰了。总结起来，凡是缺少长期规划、依赖性太强的人职业发展一定不会好。对于这种人，我建议不妨找个时间，好好思考一下，做好合理的时间安排。并且一定要牢记，不要做公司的消防队员，到处救火。

第二，缺少深度思考，做事情不专一。

因为眼高手低，所以喜欢做猴子捡西瓜的事情。我看到过一位求职者的简历，他毕业 10 年换了 6 个行业，我甚至不知道该如何提炼他的核心点。当问到他更换这么多行业的动机时，他说，自己还年轻，就想多了解几个行业，这样对发展比较好。我又接着问他："你了解了 6 个行业，感觉自己发展怎么样?"他叹了一口气，直言后悔了，不该这么任性。我还面试过一个人，他的知识面非常广，但无一精通。我开玩笑说：你最大的优势是能和别人聊天，而你最大的劣势就是你最大的优势造成的。对于这种人，我建议他们要学会深度思考。任何深度思考的背后，都是学习，特别是对理论知识的学习。如果没有理论知识和社会实践做支撑，所有思考都是空想。

第三，不会说"不"，容易被别人影响。

很多时候，不是你影响别人，而是被别人影响。就像前几年，我也经常被别人影响，深度思考后才发现路走错了，于是对自己进行脱胎换骨式的改造。人就是要在不断改变中才能获得成长。而要学会辨别是非，至少要有能力辨别是非。要对自己进行深度反思，努力去改变。最后，要学会向别人说"不"。

总而言之，瞎忙与高效工作的主要区别就在于：瞎忙的人如无头苍蝇，高效的工作却是有的放矢。很多人没有计划，浑浑噩噩；高效人士却是从一开始就做好了规划，一旦确定目标就不会更改，不论别人如何说，都不会影响利箭飞向靶心的轨迹。

财富自由不是幸福标配

近年来，"财富自由"四个字可谓火遍了大江南北。西方人早在 20 年前经济社会发展突飞猛进时就曾反复咀嚼这一概念。在东方，终于迎来了它的大批忠实拥趸者。对于财富自由的理解，大多数人认为，就是赚到足够多的钱，不用再为物质财富或生活奔波，寻找到自己真正的自由空间。

然而大多数人并没有真正地觉悟什么是自由，我们与财富之间的关系又是什么。我们不是金钱的奴隶，毕生追求也不应该仅仅是物质财富。罗伯特·清崎的富爸爸曾经告诉他，不要让金钱成为毒品。你有，则快乐；没有，则痛苦。财富从来就不能带给我们长久的快乐，而自由的程度，在某种定义范围内，也并不和财富的多少成正比。

诚然，在目前日新月异的市场环境下，每个人都急匆匆赶路，生怕被落下，生怕有赚钱的机会没有抓住。然而，在不能理解财富自由的真正含义时，就为了追求"财富自由"不理智地跳槽，显然不是可取的行为。

工作虽然贵为一种重要的谋生手段，但是能否长久，你我都知道，金钱虽然是主要的动力，但并非原动力。一个人自己的觉悟与内心追求，才是其原动力，才能决定在这个岗位上、在这个领域里可以做到多深，可以走得多远，取得什么样的成就，切实解决什么样的问题。工作上取得成就，成为一个真正的有用之人，财富也就随之而来。

某公司的一位产品经理找到我做咨询，说自己准备跳槽到一家刚刚获得种子轮融资的公司。当我了解到情况后，迟疑了一下，问他为什么非要选择刚刚获得种子轮融资的公司。他不假思索地回答：为了实现财富自由。我顿时明白，他跳槽的目的不是非常喜爱这份工作，而是向往财富自由。

为什么这么多人追求"自由"？就是我们觉得赚钱是困难的，是需要付出努力的，是没办法随心所欲的，生活的一切都是受到束缚的。挣脱了桎梏，就是自由了。如果我们将兴趣与工作有机结合，无论工作怎样劳累，都不会觉得苦闷，那才是真正获得了自由，心灵上的自由。

正因为机会珍贵，所以在每一次选择之前，一定要慎重。对于抱有通过"赌一把"而达到财富自由的职业经理人，我有自己的看法。虽然机会仅仅有几次，近年来随着各行各业的红利期而早早获得财富自由的青年才俊也确实不少，但还是建议认真思考下面几点：

第一，自己的梦想要握在自己手中。

想实现财富自由当然可以，但梦想的钥匙一定在自己手中，可以被自己控制。我的一位老友，想要靠所谓的资源整合来挣大钱。结果是，他连续帮助好几个人对接资源，双方最后都把他甩掉了。这种无法把控的事情尽量不要去做，不然都是为他人作嫁衣。想实现财富自由，唯一途径就是把控自己的命运，否则成功的概率非常低。

第二，到底拥有多少钱才可能是财富自由。

对于实现财富自由的资产数字，每个人的理解不一样，但有一点是可以肯定的。那就是你的“税后收入”大于你的日常开销三倍时，你已经实现了财富自由。一位好友找我咨询职位发展。当听完她的现状和跳槽目标后，我毅然给出了否定的建议，劝她要三思而行。她是一位非常资深的实战讲师，并不适合去企业做总经理。她的性格很强势，即将合作的老板也是一位非常强势的女性。两位强势的女性合作，很大程度上会不欢而散。实现财富自由的方式很多，但并不是在企业里做高管，工资越高离财富自由就越近。她是高管出身做实战培训师的，如果坚持讲下去，把自己的个人 IP 无限放大，未来也可以期待实现“税后收入”。这样，她很快就能实现财富自由了。

第三，谨慎选择，不轻信不切实际的承诺。

从大公司跳槽到刚刚获得种子轮融资的公司，有幸运者实现了财富自由，而大部分人却死在了追逐财富自由的路上。人追财累死人，财追人则很轻松。

当一个人还在追赶财富时，财富其实离你很远；只有当财运到来，财富追赶你时，才真的可能实现财富自由。很多互联网公司的人，他们为了实现财富自由的梦想倾向于加入一些创业型公司，最后公司被收购了，自己也离职了，手中的期权变为一张废纸。想加入创业型公司可以，但如果创始人不靠谱、格局不大，加入这样的企业无异于浪费青春。公司格局小了，个人再努力都会失败。千万不要抱着实现财富自由的梦想加入创业型公司。如果你抱着特别喜欢这件事情的心态，为把事情做好而加入创业型公司，这样反而有更大可能实现财富自由。

第四，从大公司跳槽到小微企业，警惕职业轨道下滑。

不管是猎头还是企业面试官，当看到你的职业经历一直在往上走时，都会对你产生很大的兴趣；反过来，如果职业经历走下坡路，他们都会用质疑的眼光不断审视你。正是因为面试官的这种审视心态，你或许会一次又一次失去机会。

我曾帮助一位职业经理人做咨询，他面临的问题就是：在 38 岁时突然加入一家创业型公司，但遗憾的是不到一年半的时间，公司融资的 3000 万元被花光，面临清算，自己只得重新找工作。也有猎头和企业 HR 主动找到他，但他一次次在面试的时候失败了，他已经陆续透支了多年建立起的自信。这位职业经理人面试不成功的原因，除了年龄太大，还有就是他加入了一家非常小的创业型公司。正是这个失败的选择，让他的职业轨迹走向了下坡路。所以，能不跳槽到小微企业，就不要跳槽到小微企业。你面临的不仅仅是企业的不确定性，更重要的是，一旦赌输了，会让你的职业道路越走越窄。

第五，建议放弃为财富自由而跳槽的想法。

人人都追求财富，追求自由。但是财若不配德、不配位，仅仅是一串数字，这个数字对于拥有者而言，没有任何意义，而且拥有者未必能驾驭这么多的财富。

如果没有积累，即使得到这一笔钱也未必能真正帮到你，甚至会成为一种累赘。的确，有些职场朋友幸运地在风口时加入了互联网公司，公司上市时才 30 岁，可谓年纪轻轻就实现了财富自由。但仔细想想，这也未必是一件好事。我身边也有一位这样的职场朋友，才 31 岁，就实现了财富自由，从此进入了糜烂的生活状态。坦率地说，他的生活丝毫不值得羡慕。实现财富自由固然很好，但最好发生在有一定的人生积累、对财富有正确的认知后。只有这时拥有财富，你才能正确地运用它们。否则，它们带来的只会是苦恼，是空虚而且也失去了原本的价值。所以，跳槽一定要谨慎，千万不要为了财富自由的梦想而跳槽，当你经历过唐僧师徒那样的苦难后，才能懂得驾驭财富，才能真正实现财富自由。

听得见前线的枪声

什么是管理者？就是一个想要带领众人共同攀登到山顶的人。他们，自然比独行者要具备更多素质。

在职场中，是不是一提到管理者，大家脑海中出现的就是这样一幅画面：坐在皮沙发上，激昂文字指点江山、开会、讨论、决策，仿佛这就是他们的日常。而忙一些的管理者，就是“空中飞人”，每天忙于为团队和组织奔波，总有处理不完的事情和签不完的字。

上述这些对管理者的印象，没有一个词语是用来描述管理者“切实”的工作。管理者到底在做什么？都是在做着高屋建瓴、空中楼阁的事务吗？

回到问题本身，管理者需要理解所从事业务的底层逻辑。说得更加通俗，就是将军不能只懂得指挥而不会打仗。陈春花教授作为国内管理学研究及普及的大家，曾经提出管理的实质：管理做什么，就是让下属明白什么是最重要的，且让执行者得到并可以使用资源。

如果管理者没有长期扎根过一线市场，就不会知道什么是最重要的。而当这样的管理者面对下属的诉求时，也不能很好地分辨什么样的资源可以给下属。一个好的管理者只有时刻保持对市场的敏锐性，不断更新一线业务的储备经验，在管理者的位置上，才能坐得稳、坐得久，并带领团队良性发展。

团队目标一致，有长期可持续的发展，应该是管理者与员工达成的共识。但是很多人，往往只为了做“管理”而管理，他的目标是高薪水、有权力，这与团队的目标相违背，并且阻碍了团队的发展。

诚然，职场上的每一步晋升，靠的都是实打实的能力与努力。但从职场新人，一路拼搏到业务能手，再熬到管理者的位置，是不是终于可以告别一线，远离枪林弹雨，只要坐在皮椅上指点江山就可以了呢？作为管理者，如果你萌生了这样的想法，那么你已经一只脚踏在危险的边缘了。

好的管理者，需要时刻了解一线，不然，会输得很惨。我们见过职场上太多成功或失败的管理者的例子，分享这些经验，就是希望能够帮你少走一些弯路，希望你仍旧能够理解，为什么作为管理者，仍然需要在一线的枪林弹雨中历练。

第一，做了管理者就拒绝奋战一线，不只是一种懒惰行为，也是对管理的误解。

有人对我说，管理者是带兵打仗的将军，会遥控指挥即可。这样不可一世的态度，让我十分笃定，这位老兄未来一定有亏要吃。只有听得见枪声，对战事才会有准确的判断。管理不是“垂帘听政”，决策也不能仅依靠开会与汇报。更何况现在社会发展越来越快，知识和技能的更新也非常迅速。脱离一线，对事情的判断就会变得越来越迟钝，长久下去，管理就会变成空中楼阁。

第二，当了管理者就拒绝参与实际操作，无异于偏离理想，自断双翼。

以我个人举例，很多人对我每天坚持写文章日更的事不太理解。他们觉得：你现在创业，每天一篇文章，是不是有点太浪费精力了。这些小事何不招聘两个小编，完全放手让他们来做。有这样想法的人一定不占少数，但我们内心一定要有明确的判断，哪些事可以让团队来做，哪些事必须亲力亲为。只有自己亲自做，才能更接近用户、了解用户，这样才能更好地提升产品质量和服务质量。作为管理者，离开一线，无异于离用户越来越远，最终只能导致理念偏离。而这种行为与自断双翼又有什么区别？

第三，时刻保持身在一线，才能有更多的感触和洞察。

2018 年上半年，很多知名公司面临被收购，牵扯出某些创始人之间的恩怨曲折。在事件发生的当下，网友议论纷纷，对过程中的扑朔迷离充满好奇。此时某知名媒体人恰好身在国外，他迅速让自己静下来，免受各种信息的干扰，随后寻找可靠渠道确认信息，并找到自己的判断和逻辑，最后找了个有网络的地方发稿。文章发出去后，收获多位大佬认可、点评。该媒体人的种种表现，体现了一位一线奋战者超强的反应能力和对事件的处理能力：思维敏捷，下笔迅速。但是这样的能力，只要不做，日子久了就必然会生疏。

我认识一位媒体人，不管身在哪里，基本上笔记本电脑不离身。汶川地震发生时，他在北京陪女儿在楼下小区散步，收到信息的第一时间便赶回去，在有限时间内写出 3 篇原创稿件。有人可能会问，他如何迅速获得素材和数据？使用大数据工具吗？当然不是，他说，多年来大脑储存的信息可以在一瞬间被迅速调动出来。这就是身心都在一线，这就是最值得钦佩的管理者。

员工也好，助理也罢，都有各自的职责，可以辅助你完成工作的某一部分。但是只是辅助，并不是一种替代。我始终认为，管理者要让自己保持亲身实践的能力，这就相当于一个将军，始终保证自己具备沙场作战的能力。否则，时间久了，你的领导、你的同级、你的下属都会怀疑你“廉颇老矣，尚能饭否”，在任何一丝风吹草动之下，都有可能遇到巨大的危机。

第四，做掌柜的也不要完全甩手。

对管理者的刻板印象，实际上就是来自现在某些管理者，尤其在大公司内这种“不会打仗的将军”尤多。导演可能不用上场演戏，但他一定是最懂戏的那个人。他需要给演员说戏，从细节到整体宏观把握拍摄进程。人人都觉得甩手掌柜舒服，其实，甩手的管理者，已经很难称之为“掌柜”了。

罗马不是一天建成的。大部分公司都是老板自己一步一个脚印做上来的。他们对客户、对技术、对政策等的熟悉程度，往往远超一般的求职者。作为使命的承载者，他们也会更加珍视往日的奋斗结果，不会掉以轻心。那些伟大的企业家，他们几乎都是几十年如一日，保持早起，持续奋斗。李嘉诚虽为一个 90 岁的老人，但退休后仍然每天早起，浏览财经新闻，还不时在家中亲自挂帅上阵为儿孙开课。巴菲特 88 岁高龄，仍旧每天到公司处理事务。他一天中 80% 的时间都用来阅读，以保持头脑的清醒和对决策分析的准确。这些如此有为的企业家在成功之后仍旧亲力亲为，否则，要么公司在竞争中处于不利地位，最终被市场抛弃，要么他会被自己手下的能人干掉，悲惨地被取而代之。

第五，大公司的管理者，更要注意深入一线市场这一问题。

因为大公司分工非常明确，每个人各司其职。当工作流程已经成熟，每个人，无论是职场新人还是高级管理者，都不过是一枚螺丝钉而已。螺丝钉意味着，可替代率非常高。

这时候如果管理者缺失了“身在一线”的能力，很可能无法服众，当下属用隐形的方式抗拒执行你的策略之时，你会很痛苦。坐在管理者的位置上，不过空有虚名。如果从一线脱离太久，对市场的敏锐度以及把控力可能就要落后于人。后生可畏，不要做被后浪拍打在沙滩上的前浪。

事实上，也只有身在一线，才能充分理解下属的工作可能遇到了哪些阻碍以及工作具体实施过程中出现了哪些问题，才能更好地上传下达，协调沟通，最终让项目得以圆满完成。

在这个竞争非常激烈的时代，人才源源不断地涌现，带着野蛮生长的颠覆能力，毫不留情地取代你。任何企业都不缺少管理者，而是缺少既能解决业务问题，又能做到对团队进行统筹管理的管理者。作为管理者，一定要做到“站着能讲，坐下能写”和“上得厅堂，下得厨房”，而不是做一尊一动不动、等待别人赞美和追随的雕像。

高薪是一个相对概念

猎头在招聘高端人才时，首先考虑的是高薪，企业也是如此。在市场环境下，各行各业几乎达成了一个共识——只有高薪才能吸引牛人或者大咖加盟。事实虽然如此，但其实高薪是一个相对概念。在不同行业范围内，在不同人的心里，究竟赚多少钱才可以算是高薪，答案是大不相同的。

何为高薪？首先还是放在自己目前的薪酬坐标中去看。我有过一次非常奇葩的经历，一位求职者在微信留言：听朋友说只要关注猎头老王的公众号，就可以找到年薪百万的职位，很想与您合作。留言后，还附上了他的简历。这种情况在我的职业生涯中并不鲜见，求职者通过各种渠道找到我，我都会欣然为其服务。

然而，看了他发送过来的简历，我只能无奈地拒绝，表示没有能力帮助他。在简历上，清清楚楚写明他目前的月薪不到8000元。这样的情况，却想找百万年薪的职位，确定不是来胡闹的吗？

作为资深猎头，我的手中当然握有百万年薪职位的资源。但是，求职者的条件也要能够匹配。这位求职者并没有搞清楚：高薪只是一个相对概念，不是具体的数字。

一个创业公司找到我，想高薪挖一位阿里中供的高管，招聘要求是：至少带过千人地推团队的 leader。类似的招聘消息见多了，我已经有了充分的心理准备，立刻去咨询了解对方公司的发展现状，结果对方却说还没有开始融资。等帮其挖到阿里中供的高管后，再用招聘到的阿里高管做背书获得融资。我听完后就直接表示，想法很不错，不过，我没有能力完成对方的要求，建议还是找其他猎头帮忙解决吧。后来我觉得如此推诿也不合适，还是直接点好，便将质疑陈述给对方：任何想挖阿里中供高管的企业，拿什么吸引人才加盟？人才又凭什么为企业融资做背书？如果都是用这样的思维方式创业，那还是不要创了。

还有一家公司，刚刚融资获得 200 万元，就让我用月薪 2 万元的“高薪”挖一位阿里的 VP，并表示一入职就可以给期权。看到这样的招聘条件，我哭笑不得。阿里 VP 的年薪是可以把他的公司买下来的！

以上两个招聘案例是我猎头生涯中感到最莫名其妙的。我想说，创业型公司吸引人才不是拼高薪可以解决的，而是靠创始人的人格魅力来吸引人才。如果认为仅仅以期权和所谓的高薪就能招来人才，说明创始人的眼界太低了，很难成就大业。

再次重申，高薪，只是一个相对的概念，不是具体的数字！在实践中，要根据企业和候选人双方的资源和条件来定义薪酬，这个数字只是相对的数字。

再举一例：我曾和一位公司创始人一起喝茶聊天，他说，他们公司为了吸引一位大公司的人才，不惜花年薪 120 万元，但这位“大神”入职半年，不但没有解决公司的问题，反而搞得他的部门鸡犬不宁，老员工纷纷提出离职。

这位创始人为了稳定局面，痛下决心，知错就改，立即辞退了这位年薪 120 万元的大神级人才。创始人说，这是他们公司第一次高薪引进人才，结果失败了。他做了一番总结，这次引进人才的失败，不是候选人的问题，而是公司的问题。公司营业额虽然已经达到几亿，但还是非常小。整体管理制度不健全，流程也不顺畅，所有的事情都依赖他这位创始人，这个时候引进人才不可能生存下来。

听到这位创始人的总结，我也非常佩服，很少有创始人这样看问题。一般人，只要问题出现，多数都会把问题和责任推给别人，把自己择得很干净且很委屈。

我认为，这不能说全部是创始人的问题，作为职业经理人，其使命就是来帮助公司解决问题，完成赋予的使命。如果不能很好地解决公司面临的问题，完不成自己的入职使命，就不能说是好的职业经理人。

还记得经典的“马云负责天马行空，张勇负责脚踏实地”吗？哪怕是老板说的是错的，在执行过程中都要把其扶正，不能机械执行老板的错误决策。这种做法，肯定有风险，但作为高薪引进的职业经理人来说，这样的风险都不愿意或不敢承担，只能说明还不是成熟的职业经理人，而是在用打工的心态工作的职场小白。对于这位工作半年被开除的百万年薪职业经理人，我认为：不算冤。因为他没有明白，职业经理人就是把老板在外面吹的牛，含着泪也要去实现的人。没有办法，这就是职业经理人的终极使命。

一些互联网公司的创始人天天在外面做PR、做战略、做决策，有的公司创始人经常写文章、写书，根本没有时间和精力来管理公司的具体事务，难道工作就没人做了吗？离了创始人的公司都不转了？这时就轮到职业经理人了，所有的工作执行和实现必须由能俯下身子来做事情的职业经理人完成。

高薪，是一个相对概念，更是一种绝对的责任和无限的信任。其实，想拿高薪很简单，但想心安理得做高管拿高薪，又想让老板心服口服给你开高薪就有点难了！另外作为公司老板，不要指望用高薪挖几个空降职业经理人就可以取胜，就可以IPO。别忘记，你能高薪，别人也会用更高的高薪挖你的人。

唯一能让高薪变高效的方法就是用企业愿景、文化、制度和综合竞争力来吸引高薪职业经理人，促使他们激发自己的内驱力完成公司交给的使命。

我一直认为，高薪的背后不仅仅是钞票的多少，更是无限的责任。真正想通过高薪挖高人未必能挖到。真正能挖动高人的一定是相对的金钱 + 无限的梦想，别忘记了，高端职业经理人工作真的不全是为了钱，还有诗和远方。

CHAPTER 2

第二章

关于升职的现象与本质

如何为自己的薪酬定价

谈到薪酬时，很多人其实对自我价值并没有太准确的估价。有人妄自尊大，开口就是让人目瞪口呆的数字，如果真是个精英也就罢了，看简历又分明没什么能拿得出手的东西，完全不知道这样的海口是怎么开出来的。还有人会妄自菲薄，明明可以开出更高的价码，偏偏给了自己一个较低的价码，这样到头来一方面便宜了对方企业，让对方用较低的价格雇用了一个能力颇高的人，委屈了自己，辜负了自己明明更有价值的才能；另一方面让企业对你有了较低的预估，难以对你委以重任。所以，如何给自己的薪酬做一个不偏不倚的、正确的定位，就成了一门需要深思的学问。

有时候，你可能会觉得很奇怪，明明自己跟同事的能力差不多，工作成果也完全不比对方差什么，但偏偏同事的薪酬就是高出你一个档位。你甚至因此怀疑同事是不是有什么背景，还是公司不能慧眼识人，无法正确判断员工的现有能力和潜在能力。久而久之，因为薪酬上的不平衡，也让你对工作越发失去动力。

事实上，同事未必是有什么背景，而与薪酬挂钩的，也不仅仅是工作能力本身。以我多年的猎头经验，对各大企业员工薪酬的定位情况可以说做到了足够的了解。据我所知，一个人在企业内的薪酬高低与能力以及对公司的贡献值并没有绝对的关系，决定薪酬的主要原因，还是职场人所在的职位以及该职位在当时环境下的定位。

除此之外，你的贡献值还可能与你的奖金有关系，但如果你的情商稍微欠缺一些，不能和领导搞好关系，那么即便贡献值很高，年底奖金也未必能得到多少。

另外，你的薪酬也与你的谈判能力有关系，如果拥有足够的沟通技巧，那么从面试时开始，你的薪酬就已经能拥有一个不错的价位了。基于以上分析，即便你拥有很强的工作能力，也未必能拿到足够高的薪酬。

这看起来似乎有些悲观，先别忙着沮丧，其实这只是我的一种善意提醒。天下事情都是这样，只要意识到了问题，就永远都会有解决的办法。

那么，如何才能在拥有足够工作能力的基础上拿到较高的薪酬呢？答案是——要客观公正地评估自己的能力。这里的能力不仅仅包括工作能力，同时也包括其他能力，比如与人沟通的能力以及快速学习的能力，等等。想要准确判断自己的能力，我也有些具体建议可供参考：

首先，平时尽量多和 HR、猎头聊一聊，如果有足够的时间，也可以去参加一些面试。

当然，你未必是真的为了跳槽，只是通过这样一个过程，来实现对自己的充分了解。在与 HR、猎头聊天的过程中，首先可以了解到你的职位在整个行业中的薪酬定位是什么情况，这样如果当你真的要跳槽，也可以清楚知道提出怎样的薪酬要求。

我认识一位互联网公司的产品经理，他为了了解自己到底值多少钱，连续 6 个月去面试了很多家互联网公司产品经理的岗位。通过这一个个面试的过程，他统计出了在该区域内，产品经理这一岗位的薪酬标准，并通过这个统计结果给自己定位了一个合理的价码，最后跳槽时成功拿到了高薪。

当然，我并不推荐用这样极端的方式，只想让你明白这其中的道理。可以说，与猎头、HR 谈话，是最直接快速了解职位薪酬的办法，因为只有了解了市场行情，才能科学地给自己一个合理估值。

其次，思考自己为前东家解决了哪些问题，创造了多少价值，向行业内人士了解该职位的平均价值是多少。

很多人也许会说，我是搞研发的，或者我是搞行政的，没办法判断自己为公司创造了多少价值，其实这个思想是大错特错的。任何岗位都可以为公司创造价值，有些岗位的价值可以用数字衡量，有些岗位不能用数字衡量，不论哪一种，都可以通过各种分析方式来判断自己为公司创造的价值，从而评估自己的能力。

比如你是研发人员，那么就要思考，通过你的产品研发，间接帮助销售人员提高了多少销售业绩。通过这样系统化的思考，你的贡献值就可以评估出来了。当然，这样的评估并不会很精确，但用来计算自己给公司做出贡献的大致范畴，还是绰绰有余的。

当然，在估算创造出的价值时，还有一部分涉及团队的贡献值，这就要求你给自己在团队中的角色做出一个合理的定位，通过判断你在团队中的作用，来判断你的个人价值。

我曾经面试过一个研发人员，他就无法判断自己到底为公司创造了多少价值，只知道自己每天都在忙。我于是问他：你今年做优化前这个产品去年的销售额是多少？经过你优化和调整后的产品，今年又在市场上卖了多少钱？通过比较两者之间的差额，就可以判断出你为公司创造出多少价值了。

最后，要学会思考自己的核心竞争力在哪里，也就是说你会做什么，能为新公司解决什么问题。

针对这个问题，不妨先重新梳理一下自己的知识体系，看看自己到底精通什么，再根据自身能力来判断可以为新的公司解决哪些问题。这一点需要仔细思考，想清楚了，再根据你的能力，和你可以解决的问题范围去寻找新的公司，这时往往就可能获得较高的薪酬。

我认识一位女孩子，人长得很漂亮，PPT 也做得很好。她因为准确分析了自己的优势，最后成功应聘到某公司做 CEO 助理，薪酬比过去高出很多。其实在职场上，不怕你没有能力，就怕你不知道你的能力在哪里。

结合该职位的市场行情和自己实际解决问题的能力，给自己一个合理的估值。你会发现，原来你是很值钱的，只是一直没有发现而已。这时候，你把合理估值告知猎头，猎头会对你进行二次评估，说不定最后找到的工作甚至可能超过你一开始的期望值。那么，下面正确的流程是：按照估值，你与新的企业谈好基础年薪、年底奖金等，白纸黑字签好，尘埃落定后，再向原公司提出离职。

这其实是最核心的一点，那就是——不接到书面或邮件发来的 offer，千万不要跳槽，更不能接受口头offer，因为这里是有很多陷阱的。

薪酬是一门学问，千万不要随波逐流、人云亦云，目前对于整个社会环境，或者很多人的个人认知而言，可能学历和工作经验叠加，就定位了一个人的薪酬标准，但对企业而言，有时候学历和工作经验也是片面的。企业最看重的，只是你能为企业创造多少价值，能为企业解决什么问题。

“知己知彼，百战不殆”，这是老祖宗留下的经验之谈。在问企业要钱之前，首先要了解企业愿意给你多少钱，以及企业为什么愿意给你这些钱。让企业掏钱掏得心服口服，这也是能力的一种。

你所在岗位在企业拥有怎样的地位？你的能力能为企业做出多少贡献？你曾经为其他企业解决过多少问题，做出过多少贡献？这几个问题的答案值得好好探究。因为完成得漂亮，这些即是你的筹码。正如打蛇要打七寸，抓得住企业需求的要害，方能获得满意的薪酬。

懂得并遵循人才成长规律

在职场中获得成长，最直接的体现方式是加薪。毫不掩饰地说，这是每个职场人内心都期盼的目标，职场升级的过程，也就是一部个人加薪史。

说到了加薪，我们不得不思考一连串的问题：你知道自己目前在公司处于怎样的一个定位吗？你知道自己目前的才华能力处于哪一个阶段吗？你能够准确判断自己是否达到要求加薪的水准了吗？你是否衡量过自身的价值成长曲线呢？

职场之上，谈钱从来都不会伤感情。事实上，衡量一个人的职场价值，多多少少还是要依靠薪酬的标准。如果你已经对以上问题有了答案，认为自己已经成长为一个更有价值的人才，那么这个时候，你就可以要求企业为你加薪了。要求加薪并不仅仅为了拥有更多财富，更是对自身价值的一种尊重。

曾经有一位网友给我留言，说自己一直在公司认真工作，从没有产生过想要离职的念头，但老板忽然主动要求给他加薪，这让他感到坐立难安，故而找我询问，问我这件事情是不是有什么问题。

当时我觉得很好笑。对大多数人来说，如果工作很多年，老板迟迟不给自己加薪，那么早就做梦都在骂老板了。而这个人，老板主动给他加薪，他反而感到不舒服，这对自己的能力认识该是有多自卑？

事实上，老板会主动给员工加薪只有一个原因，那就是发现员工能够创造更多价值，并且他创造的价值与他当前的薪资水平已经不匹配了。老板是为了留住员工，才会主动要求加薪，否则，如果老板不主动加薪，那么公司可能不久后，其他公司的老板就会向其抛出橄榄枝，将其挖到自己的公司去了。

反过来，如果一个员工无法创造与自己薪资水平相匹配的价值，那么别说老板主动加薪，不辞退你都已经是幸运。

那么，对于一个员工来说，该如何判断自己已经成长到怎样的阶段了呢？该如何判断自己是处于应当继续努力的情况，还是可以向老板提出加薪的情况呢？

第一个判断标准是：你过去一年来为公司创造了多少价值？

通俗地说，就是你过去一年来，为公司挣了多少钱？当然，过去并不能代表未来，过去能够创造那些价值，并不代表未来一年还能为公司创造同样的价值。但是，根据过去一年创造的价值，可以判断出你的能力已经发展到了怎样的阶段。

当然，这世上总有幸运的人，能遇上天上掉馅饼的好事，虽说这只是小概率事件。对大多数人来说，一个人能创造的价值，往往与他的工作能力挂钩。就如同在学校里，通过考试成绩可以判断出这个人对知识掌握的程度。在公司，价值创造就是你的成绩单，是可以判断你工作上的生产力的数据依据，更是你应当拥有的薪资水平的依据。

不过事情也有例外。我曾经接触过一位职场人，她用一年时间为公司创造了360多万元的价值，但老板给她加薪的幅度，却远不如比她创造出的价值低的同事。通过聊天我了解到，她在公司上半年基本没有为公司带来任何收入，但在下半年的一次偶然机会，她为公司带来了一个订单，这个订单为公司创造了360多万元的利润。而她的同事，虽然没有遇到过这么好的机会，但是每个月都在持续提升公司的收入。

最后，老板评估加薪标准时，或许也是因为看到后者持续为公司创造了价值，前者创造的价值虽高，但始终是幸运成分多一些。加薪与否，看的不是幸运值，而是能力值。因此，最后真正得到了肯定的，还是那个虽然不够幸运，但能力足够的同事。

所以，在判断自己的能力时，一方面，务必要以自己为公司创造的价值为依据，通过实在的数据来判断；另一方面，你也不能完全迷信数据，不能因为一次中了彩票就认为自己是个买彩票的高手。还是要有自知之明，清楚自己靠的是能力，还是偶尔的运气。摒除运气的部分，剩下的那部分，才是你的实力所在。

第二个判断标准是：预估你未来一年能为公司创造多少价值，给自己一个价值标准的评估。

老板判断是否给你加薪的重点，往往并不是你已经为公司创造了多少价值。虽然那是一项重要的参考，但老板还会进行更深度的评估，来预估你未来一年能为公司创造多少价值，从而计算为你加薪的幅度。最后，老板会将为你加薪的幅度平摊到全年 12 个月之中，如果老板觉得不够，还会给你一个年终奖，来平衡你跟其他同事的薪酬差距。

那么老板是通过怎样的标准对你进行评估的呢？你又该用怎样的标准进行自我评估呢？

首先，当然不能考虑任何与幸运值有关的东西。上面就说过，幸运只是一时的，并不能用来作为衡量你的能力的标准。当老板要衡量如何给你加薪时，得通过结合你前一年每个月的平均价值、该职位的市场价和公司的支付能力等来进行综合评估。而你要衡量自己的价值时，也同样要遵循这几条标准。

事实上，能创造出多少价值，这是一种对未来的估算，也是一种对过去的总结。过往成绩是推动未来的原动力，你得仔细分析你在过去一年中的整个轨迹，再去分析未来一年是否仍然能够按照这个轨迹去创造价值。

当然，很多时候，一个人的价值不仅仅决定于他自身的水准，外部环境改变也是原因之一。比如，当一个地区疾病频生，那么这个地区的医生就变得更有价值。同理，如果一个行业的前景被十分看好，未来的发展也可以预估到十分好的前景，那么从事这一行业的人，也会变得比过去更有价值，哪怕他自身并没有什么明显的进步或者提升。

人的价值会因为境遇而不同，有时要看把你放在什么位置上。若你所在的行业忽然变成了一座金山，那么你当然也就成了一块金子。因此，当预估自己的未来时，同时也要放眼于整个行业，仔细分析你所在的行业，分析你所从事的职位，再来判断你未来一年能为公司创造出多少价值。

当可以得出较为准确的结论时，就可以找老板加薪了。主动加薪固然是好，但如果老板没有及时行动，而你暂时也没有跳槽的想法，那么就应该主动去找他沟通。这不仅仅是为了获得更多的财富，更是对自身价值的尊重和维护，对你所在职位的珍视。所有的努力都值得更好的回报，这没有什么好犹豫的。

提出加薪之前，要考虑很多因素，虽然具体内容应该是老板和会计们负责分析，但我们自己心里也应该有个衡量标准，在整个过程中不能稀里糊涂。

总之，加薪不是终极目的，而是一种象征。象征着你已经有了足够的成长和足够的价值。加薪意味着你一直在自我增值，而这，不正是人生的意义吗？

分清老东家与好东家

常听到有人怀念过去的岁月，那时一辈子只爱一个人，一生只做一件事。爱情变幻莫测，不在我们的关注范围之内。可职业选择和公司选择，在现在的年代的确是可以随时重来的。

每个时代背景不同，这无可厚非。现今人们可以多一些选择，也拥有随时更改自己选择的权利，这是一种进步。在今天，跳槽已经十分普遍。不过，有些人选择跳槽是因为在经过认真考虑后，认为现在的公司已经不再适合自己，应该为自己选择一片更合适的池塘，这是最合理的跳槽原因。但也有一些人或者说很多人，他们在选择跳槽时，常常只是因为一时冲动。

比如跟领导发生了冲突，比如某个任务做得不顺心，比如某天心情很不好，比如因为一时疏忽被扣了奖金，甚至有些人仅仅因为一时的心血来潮，就选择了辞职。然而，辞职一时痛快，后续的过程就不怎么舒服了。

很多人在到了新公司后才发现，原来的公司有多么好，原来那片池塘才是最适合自己的。此时只能恨自己一时糊涂，放弃了真正的好东家，那递出去的辞职信犹如泼出去的水，就算很想收回，也很难过得去面子这一关。

其实，人生苦短，倒不必总是画地为牢。事实上，只要你内心确定，不妨就去争取一下。理性地讲，“好马也能吃回头草”。若是在外面闯荡一圈，发现老东家才是自己的真正归属时，摆正心态倒是首要考虑的问题。

不久前，一个 1989 年的姑娘来找我聊天。才一见面，我就发现她满脸愁容，完全不像过去那样阳光。短暂地打过招呼后，她开口的第一句就是：“好烦啊，老东家要我回去，我该怎么办？”

了解过后我才知道，她半年前从上一家单位辞职了，目前正在新单位上班，但工作并不顺利。由于工作氛围、人际关系等原因，导致她工作时常感到力不从心，这时她才意识到上一家单位有多好。

刚好这时，老东家向她抛出了橄榄枝，希望她能回去继续工作，并承诺给她涨薪。但是，一来她不能确定自己回去后，是否能长久安稳地工作下去；二来她也担心之前的同事笑话她。纠结来纠结去，她始终找不到一个合适的答案，就这样在纠结之中，让自己越发憔悴起来。

“那么你之前为什么要离职？辞职的时候没想清楚吗？”

“之前是因为有两个关系比较好的同事离职了，一时有点不太适应，想换个环境，看看有没有更好的平台……”

听到这里，我就完全明白了。她当时辞职，并不是深思熟虑而做出的决定。她只是一时脑热，就递交了辞呈，根本没有认真考虑过自己的情况。结果离开之后，才发现还是原单位好，但既然已经离开，似乎就没办法回头了。

这样的事情，其实经常在职场上发生。那么，因为一时冲动而离开了更适合自己的公司，想要回头时，是真的无能为力了吗？事实上这个说法并没有根据，为什么“好马就不能吃回头草”呢？所谓“好马不吃回头草”，只是死要面子活受罪罢了。

就如同那个姑娘，她不敢回到原单位，主要还是担心同事的笑话、非议，担心大家认为她是无路可走了才又回到原来的地方，担心大家质疑她的工作能力和人品。

人并没有必要被那些条条框框圈住，与其作茧自缚地认为“好马不吃回头草”，不如先想想，为什么不能回去呢？是原单位不适合你吗？还是原单位没有向你敞开大门呢？如果原单位真的是最适合你的地方，那么当然能回去。

其实，关于吃回头草这件事，主要在于以下几点：

首先，出去过更知道好坏。

“爱过知情重，醉过知酒浓”，同样的道理也适用于职场。

有很大一部分人辞职时正是因为一时盲目冲动，出去转了一圈，经历了一些事情之后，才开始冷静下来，才看得更清楚。此外，出去之后，在有了更多选择的同时也有了比较，比较之后才知道什么是自己最想要的。

其实这也是一段很宝贵的经历，跳出原本的圈子，在一个更大的空间里，再回头看过往的那份工作，往往能有更深刻的认识。

其次，只有“好马”才够格吃回头草。

员工回原单位，叫“吃回头草”；同样地，公司请老员工回来，也是“吃回头草”。请老员工回来，对公司来说，并不是一件可以随便决定的事情。至少，这位员工得足够优秀，能够承担起这份工作，并拥有还不错的人际关系。

所以，完全不用担心回去就意味着自己没什么能力或找不到更好的工作岗位。让你回去只能说明，你和原单位之间彼此更合适。

最后，磨合过的最珍贵。

情侣之间要磨合，夫妻之间要磨合，员工和企业之间也需要磨合。企业去培养一个员工，员工去适应这个职位，都需要花费不少时间和精力。

对企业来说，回聘老员工的风险会小很多。老员工熟悉公司的内外部环境，了解行业背景，有之前积累的人脉和资源，能快速上手。对员工来说，回到老东家，不仅不需要适应期，而且会有被重新评估和定位的机会。这是双赢的事情。而且，愿意召回老员工的企业，都是自信、开放、先进的。

说了这么多，还有一件事是最关键的。“回头草”值不值得吃，要学会判断老东家是否真的是好东家，不能老东家让你回去你就回去。回去之前有几个前提是必须要考虑清楚的，否则回去没多久又出来，就真的成笑话了。

第一个问题，要想清楚当初为什么离开原公司。

当时辞职，是公司的原因，还是个人的原因。如果是个人原因，那么自己的问题是否已经处理好；如果是公司的原因，那么这些问题是否现在仍然存在。如果仍存在，你现在是否能够接受。不能稀里糊涂回去了，结果发现，有些问题还是不能忍，那就尴尬了。

第二个问题，新公司为什么待不下去。

如果是你个人的原因，是自身问题没处理好的话，到哪里都一样。所以还是应该理性地分析问题，新公司什么原因导致你待不下去，是职业兴趣不符，人际关系问题，工作压力大，还是没有晋升空间等。不知道怎么分析的话，可以列出各个维度，将新单位和老单位进行比较，明确自己想要的究竟是什么。

第三个问题，搞清楚原单位现在是什么情况。

俗话说，此一时彼一时。回去前，想办法先了解清楚老东家现在的情况，是不是已经物是人非。业务情况、人际关系、组织架构、财务状况等各方面，都要有个大概了解。只有充分了解了原单位的现状，才能避免回去之后发现有自己无法接受的新状况出现。这一点也很重要。

第四个问题，回去后的岗位和薪资是否清楚。

很多人因为对方是老东家，就不好意思问岗位，特别是薪资这一块的情况。回去之后才发现，跟自己想象中的不一样。所以丑话要说在前头。双方事先必须谈好岗位职责、薪资水平等，否则与老东家闹了矛盾就更加对自己不利。如果经过谈判之后，发现对方给出的条件并不能令自己满意，那么就要慎重考虑，权衡各方面的利弊，再最后做决定。

总之，好马完全可以吃“回头草”，只要老东家是真的适合你的“好东家”，而你又真的是一匹“好马”。

核心价值：老板的刚需是什么

人在职场，最关心的问题往往就是：是否能够得到老板的赏识？老板到底喜不喜欢我？怎样做才能让老板喜欢我？该做出怎样的表现才能让老板对我足够重视？想要知道这些问题的答案，不妨先了解一下，作为老板，他们内心需要的是怎样的员工。

某家互联网公司的美女员工被提拔为高管时，老板给出的理由可以说让其他员工五味杂陈：人家半夜一点还在微信朋友圈晒工作照！就凭这种“蛮拼”的劲头，也该升职加薪！

俗话说，酒香也怕巷子深。这其实是一个人才很容易被埋没的时代，你想要得到领导的赏识，首先要让领导看到你在做什么，以及做得怎么样。也就是说，只有领导看到了你，你才有机会展示自己的能力。

比如当前的影视圈，可谓美女云集，一个女演员想要出头，光靠自身漂亮，光靠业务够硬，那是远远不够的，你首先要让人看到你，让人知道你这个人的存在，然后才能去寻求好的工作机会。影视圈的女演员们为了能让人看到自己，想尽办法去蹭电影节的红毯，更有甚者还会制造各种花边新闻，为的只是能让别人多看自己一眼。

与娱乐圈不同的是，如今正在日渐形成趋势的微商圈。朋友圈里的微商们除了会发布各种商品广告，还会发一些颇为吸引人眼球的个人信息，比如去了哪里旅游，买了什么名贵包包，目的不是真的炫富，只是能让人多关注自己。只要有了关注，就有了商机。

总结起来，有些行为看似是得意扬扬的显摆，其实都是为了求得更多的关注。在职场中，经常有人把自己包装成精英的样子，也是同理。先不说是否真的是精英，有了样子，别人就愿意给你多一些关注，形象能够停留在客户、领导的脑海里，或许就比别人拥有了更多的机会。

中国最励志的电商大佬马云曾经说过：你必须装出一副很牛的样子，然后才能真的牛起来。

要怎么装出很牛的样子？微信朋友圈的显摆是成本最低的方式。当然，显摆也要有技巧，既要让人看到你是一个工作勤奋、有能力的人，又不能让人觉得你是个自大狂。在朋友圈里，你不是在和客户谈判，就是在去会见客户的路上，那么自然会给别人一个工作狂的印象。

作为员工，最怕的就是老板感觉不到你的存在。哪怕你再怎么努力，老板看不到，努力也不过是镜花水月，毫无意义。不过，让老板看到你，只是第一步，甚至说只是敲门声。打开门后，站在门外的那个真正的你，才是得到老板重视的关键。怎样才能让老板真正地对你重视起来呢？要记得，帮助老板挣钱是职场生存的唯一法则。

有一次，一家互联网公司的高管约我去咖啡馆聊天，我与这位高管已经认识两年多了，见面寒暄几句后，谈话便直奔主题。他向我诉苦说：与他同时进入公司的另外一位高管都做到 VP 了，自己还在总监的位置上转悠，感觉很没有面子。

通过与他的聊天，以及平日里对这位高管的了解，我知道他其实是一个很懂得讨老板欢心的人，平时的为人处世也是八面玲珑。但他在工作业绩上，表现的确是太平平了。

在我看来，如果不是他有过人的沟通协调能力，估计早就被开除了。不过在最后离开的时候，我建议这位朋友，在快速发展的互联网公司，还是想办法帮助公司挣钱，否则，即使你和老板的关系搞得再好，也总有一天会被淘汰的。

其实最令我感到意外的是，这位高管已经快 40 岁了，竟然连这么简单的道理都没想明白。或许是多年来凭借性格吃香，反而害他忘记了职场生存的唯一法则。

纵观中国历史，五千年文化中真正靠溜须拍马、圆滑世故善始善终的能有几人？几乎没有。稳坐罗盘的，都是为帝王立下汗马功劳后又放下功名隐退的人，正如《道德经》第九章所说“功遂身退，天之道”。职场更是如此！圆滑可以，但业绩做不出来，一切都等于零。

在“山顶理论”中，即是指职场人需要一种全局思考的能力，才能不被其他事物迷了眼睛，丢失了直奔主题的能力和冲劲儿。人生苦短，不可事事迂回，拥有了直达本质的能力，才可以事半功倍。比如还有一些职场人，遇事后总喜欢抱怨，却迟迟给不出一个解决方案。渐渐地，他就会被老板和同事打上“能力不强”或“不靠谱”的标签，别说得到老板的赏识，能保住当前的工作就已经很不容易了。

之前有一位猎头朋友向我咨询，她面试了一位自称某公司高管的职场人，谈话中感觉对方有点虚，问我到底该如何判断他的水平。于是我建议她，最好通过具体场景案例来判断其反应。判断标准是：对方是否能言简意赅地给出相对合理的可行解决方案。在具体场景案例下，候选人可能出现三种情形：

第一种人能言简意赅地给出一个相对合理的解决方案，这种情形说明此人有一定的水平。第二种人会一直绕来绕去，这种情形就不要聊了，浪费彼此时间。毕竟猎头是靠付出自己的智慧和时间来获得报酬的人。第三种人，则是碰到问题，一直在说困难或抱怨，就是不给解决方案。这说明，此人一定不是高管。即使是高管，也是一种水平很差的职场人，更不要浪费你的时间了。

按照我给出的方法，该猎头朋友和他再次进行了沟通。很快，这位猎头就发现，该候选人竟然是我说的第三种人。真正的职场高手，从来不会浪费时间，只会在极短的时间内反馈出解决方案。因为人家会反过来担心你在浪费他的时间。

快速提炼问题的核心，并迅速给出合理解决方案，这是一个合格职场人的第一原则。第二原则是：永远用老板的思维方式来解决公司的问题，不能让老板做填空题，只能让老板做选择题。

一个清明节假期，我看到一位朋友在朋友圈发加班的照片，就问他为什么此时还在加班。他说：作为下属，如果不能站在老板的角度思考问题和解决问题，永远无法得到重用。假期时老板休息，但他要用这段时间把工作梳理好，让老板放心地过一个假期。

当然，不是说要得到老板的重视就得不停加班，而是他的话透露出了一个道理——随时站在老板的角度考虑问题，总是没错的。

第三原则是：说话一定要靠谱，这也是获得别人信任的基础，更是职场升职的前提。不信你可以仔细回想，职场上我们遇到的那些“靠谱”的人，都是话不多，但是说到做到的人。

老板需要什么，这才是你安身立命的根本。所有的企业都以赢利为追求，所以帮助老板赚钱是你的第一原则，要时刻提醒自己不能丧失这种能力。除此之外，如果能够养成老板的思维模式，想其所想，思其所思，就必定能够如鱼得水，所向披靡。

能不转行，就不转行

职场转行，不是一个可以轻易做出的决定。这就像是登山的过程中突然要放弃了某一条路径，想要返回原点重新开始。此时你的体力是否还可以支撑？对新的路径是否做好了充足的准备？毫无疑问，这会成为你登顶之路的一次变数，一次不知吉凶的变数。

曾经，一位有10年工作经验的职场朋友向我咨询。他说自己在目前行业内的成绩始终不理想，感觉与行业整体前景有关系，于是纠结是否需要转行。

关于是否要转行这个问题，我实在不好做出回答。毕竟人生是自己的，每一个选择都值得尊重，这是谁也不能动摇和更改的。但是，在给出要不要转行的答案之前，我想先探讨一个问题，那就是——为什么人到中年后，才想着转行呢？

一位职场朋友曾经对我说：几年前，她的职业发展可以说是顺风顺水，但自从辞职后，竟然半年都没有找到工作，这让她开始怀疑人生，怀疑自己到底是不是错了。她最后给的结论是：可能是因为自己刚开始走得太顺，没有对自己的职业进行深度思考和规划，一直以来，都是根据公司需要来安排自己的工作，辞职后，反而失去了方向。

职场上的确有一类人，他们对自己的工作没有规划和深度思考，只是根据公司的工作安排，不断调整方向。在公司，他们像是公司的一块砖，哪里需要哪里搬。一旦公司发展出现了问题，其个人职业前途就会戛然而止。

比如上面的案例就是如此。年轻时按照别人规定好的路走下去，从来没有想过自己究竟要做什么，适合做什么，没有想过未来的自己应该是什么样子。他们的每一步，从来都不是自己主动迈出的，那么，当别人松开了手，他们自然也就不知道后面的路该如何走了。在山顶理论中，这样的人是很难登顶的。因为他们把命运交到了别人的手中。

转行的另一类人，就是在所在行业内做得不好，想通过转行来改变现状的。这其实说白了，只是一种逃避心理。因为这条路走得不顺畅，就想换另一条路，殊不知另一条路可能更加泥泞。却从没有认真思考，为什么这条路走得不顺畅，是真的因为道路越走越窄，前方会无路可走，还是仅仅因为自己没有找到合适的方式？甚至是不是只是遇到了一点困难，因为太难解决，就想要放弃了？

任何一条路上，都有可能遇到困难，如果遇到困难就逃开，那么任何一条路都不可能走得远。当然还有一种人，他们有能力、有精力，但由于前期行业选择不当导致自己发展受限，因此深思熟虑后想转行。

这样的选择，是值得肯定的。我有一位朋友，硕士学历，专业能力很强，曾在其他领域做算法工程师，由于受行业的影响，其发展受限很大。所以他大胆假设，想进入人工智能领域。当他提出这个大胆的设想时，我对他表示了支持。因为他并不是从零开始，只是换一个行业，但从事的还是相同的工作，从前的努力没有归零。

那么，回到最初的问题，人到中年想要转行时，究竟是转，还是不转呢？我的建议是：能不转行，就不要转行。其实只要足够用心，任何行业都能有机会。

我的一位博士朋友经常说，在任何行业、任何领域，只要能做到数一数二，你一定是牛人。即使做不到，能加入数一数二的公司，你也是牛人。这就是典型的“数一数二”战略理论。

其实，如果你在一个行业里已经做到了中年，应该差不多在这个行业中摸爬滚打近十年了。仔细想想，这十年来，你在这个行业真的一无所获吗？你得到了多少经验，能力又有多少增长？

从零开始，说起来似乎很了不起，很有那么一股子洒脱，但如果不是因为迫不得已，谁会抛弃过去的一切，从零开始？说白了只是在辜负过去近十年的时光罢了。那段时间里你学习到的一切，经历过的一切，得到的一切，就这么被彻底抛弃掉，简直是莫大的浪费。

如果过去的工作都是被人牵着走，当失去那份工作时便茫然找不到方向，那么不妨先回忆一下，想一想你在多年职业生涯里学到了什么，最擅长的是什么，做出一份总结。你的下一份工作，就应该是与之相关的。

比如一个从事互联网工作的人，就算失业了，其寻找的下一份工作最好也同样是与互联网相关。因为你已经熟悉了这一行，专业技能可以说是成熟的。如果忽然决定去做行政、做销售，那么无异于推倒重来，又把自己重新变成了白纸，重新在上面画点画线，从成本上来考虑，实在太不划算。

如果你只是遇到了一点难以解决的困难，就想要转行，那么我要说的是，你在下一个行业里，还会遇到更多更大的困难。其实这世上的绝大部分困难，只要你愿意继续坚持，就都能够解决，哪怕没有路的地方，只要你愿意披荆斩棘，那么也能走出一条路来。

当然，如果你的确是在最初就选错了行业，想要给自己人生第二次的机会，那么，你要考虑以下几个问题：

首先，在转行时，先考虑你的客户、人脉资源是否能平移过去。

假设你是做奢侈品销售的，你要考虑你原来的客户群体，是否能跟着你进行一部分的转移。这就是客户的转移。这样，能让你快速切入行业，这就是“换行不换专业”。

其次，你的能力是否能平移过去。

假设你现在是做的销售管理，如果你想换行，就要考虑继续做销售管理。因为管理的本质是相通的，当然前提是，能否有这样的机会可以让你进入。

最后，要深度思考你换行真的能做好吗？如果不换行，你真的就做得很差吗？想清楚，你目前做得不好，是因为你没有能力，还是因为你的方法不对。

曾经一位职场朋友向我咨询，说自己做了多年人力资源，但感觉挣不到钱，想做销售，因为销售挣钱快、挣钱多。

我与他进行了深度沟通，最后发现不是他做不好。首先真的是能力和薪酬不匹配。说实话，和他聊完，感觉他一直在做招聘，但招聘做得又不扎实、不精通。

其实他经常看一些成功创业者的案例，忽略了90%的失败案例，导致自己过多关注其他领域的工作，而忽略自己的本职工作。比如，做招聘几年了，应该积累了很多资源和人脉，但他却没有。

另外，缺少对行业的深度思考和对行业动态的关注及敏感度。比如说人才地图。当我和他聊起人才地图时，发现他对人才比较陌生，对人才的判断并没有详细思考过，感觉他的整个心思就不在招聘这个行当里。

总之，对他而言，并不是他不适合做这个行业的问题，而是他一开始就没有认真做好这个行业，如果以这种态度继续下去，他在任何行业都不可能做得好。

只要并非穷途末路，能不转行，就不要转行。比起换一个新的行业，倒不如努力在原本的行业里进行突破。毕竟，能出现瓶颈，也是因为你已经是一个“瓶子”了，对其他行业来说，你却连一个“瓶底”都算不上。

要不要加入创业型公司

曾有客户向我咨询："最近有一家创业公司的 CEO 想要挖我加盟他们的公司，并许诺了 5% 的股权，我要不要加入他们的公司呢？"

很多人都认为相较于成熟型公司，创业型公司更能给人以无限的想象空间。因为在成熟型公司里，人就好比一块砖，哪里需要哪里搬，但创业型公司不一样，员工可以带着自己的梦想和公司一同成长，追求心中的"诗和远方"。特别是在互联网等科技行业，职场中高层人员在"僧（求职者）多粥（中高层职位）少"的现实面前，也不得不倾向于选择创业型公司的就业机会。

不得不提醒的是，加入创业型公司还是有非常大的风险的，在做决定之前，建议大家一定要遵循以下五个方法论来加以判断：

一、创业型公司的创始人或 CEO 是否可靠。

首先，真正的创业者往往持空杯心态，会保持谦虚。因此，如果该创业型公司的创始人在面试时表现得非常高傲、目中无人，停留在自己过去的成功状态中无法自拔的话，建议你一定不要加入。

其次，要观察创始人本身对自己现在正在做的事情是否认可，因为作为公司的创始人，他对自己所做的事情都模棱两可、缺乏信心的话，那这家公司创业成功的概率可以说是几乎为零的。

再次，不要认为在面试时和创始人聊得很开心，就会有很高的通过率，因为创业人士通常都有很强的沟通能力，他们和你相谈甚欢的原因可能只是想从你身上了解一些自己不知道的事情罢了，千万不要当真。

最后，一旦发现创始人在"忽悠"你时，一定要果断离职，不必犹豫。以张某为例：

张某原是某公司的高级产品经理，后来被一家创业型公司的创始人挖去做产品总监，条件是在基本工资之外给张某以 5% 的期权。对此，一心梦想着早日实现财富自由的张某并没有考虑太多。结果，在公司刚刚进入"天使轮”的时候，CEO就把公司15%的“期权池”口头承诺完了，心生不快的张某找到CEO要求签订一下期权协议，又被CEO以工作繁忙为由推三阻四，在张某的坚持之下，CEO无奈同意了，可拿到CEO给的期权协议后，张某彻底傻眼了，因为该期权协议的内容不仅设置了购买期权的价格，还有很多行权条件，一旦张某触犯其中之一或者没有为公司创造价值，就可以随时被解职且无法行权。面对这样的期权协议，张某当时就提出了离职。

张某选择离职无疑是一个正确的决定。因为该创业型公司的CEO很明显就是一个“大忽悠”，面对一家创始人如此不靠谱的公司，自然是越早离开越好。

二、了解创业型公司的联合创始人、核心团队的水平和表现。

当然，公司的创始人通常有很深的城府，如果你在对创始人进行判断时感到吃力的话，还可以尝试和该公司的联合创始人、核心团队进行沟通，了解他们的行为和表现也可以帮助你发现问题。

例如，我有一位做运营总监的朋友，他想要加入某创业型公司，不过，虽然他和该公司的创始人聊得不错，但感觉该创始人的联创和几位早期员工的水平却很一般，因此，该朋友想要听取我给出的建议。对此，我告诫他千万不要贸然加入，一定要再深度了解一下。果然，该朋友通过私下了解，发现该公司的创始人是在被前公司开除，连续半年失业后，才开始拷贝别人的BP进行创业的，因此，该朋友果断放弃了加入该公司。

三、观察创业型公司的投资人或投资公司的情况。

创业型公司一般都会涉及融资，而为公司投入真金白银的投资人或者投资公司在做尽职调查的时候，自然也是十分严格和专业的。因此，观察公司的投资人或者投资公司的情况对于我们判断是否要加入该创业型公司，也是一个极好的方法。

我也曾经被某CEO邀请加入他们的创业型公司，但在和该公司的两位离职的高管进行沟通之后便做出了放弃的决定，因为，一般的投资人会隔轮退一些股份（只要有人买），而该公司的创业者在刚刚拿到A轮后，其投资人便开始逼迫创业者从投资款中将他们前期投入的200万元现金进行套现。作为投资人如此短视、不靠谱，可想而知这家创业型公司想要继续生存下去会有多难。

四、求职者自身是否具有将具体事情落地、做好的能力。

很多职场人士在走上管理岗位后，其在做的事情基本上就是分工和监督，但创业型公司需要的却是能够干具体事情的人。因此，一些怀揣“诗和远方”的人在加入创业型公司后也会有主动离职的情况，原因就在于其缺乏将具体事情落地执行的能力。

薪职网就属于创业型公司，因此，我自己在面试几位主编时，也遇到过类似的情况。这几位主编都声称自己因为已经坐到主编的位置了，所以都不再亲自写文章，而是专心做对接资源和审核选题、文章的事情。坚持这种思维的人在大公司或许会做得不错，但进了创业型公司就不行了。因为在创业型公司，你不但要能够制定战略，还要能够实施战略，能够挽起袖子将每一件事情都具体落实到位、完美执行，真正做到“站着能讲，坐着能写”，为公司创造出实际的利益和价值。

五、求职者自身在心态上是否脚踏实地、全力以赴。

其实在现实生活中，还有很多职场人并没有什么“诗和远方”，但也悄悄地取得了一定的成功。比如，某电商平台公司的一位专门负责 P 图的员工和一位清洁工阿姨因为公司刚刚在中关村创业时就一直追随着 CEO，多年来勤勤恳恳地工作，甚至可谓是“无欲无求”，直到公司上市，也实现了财富自由。

这个例子告诉我们，遇到一个靠谱的创始人或者 CEO，即便你没有什么“诗和远方”，只要能够在公司里踏踏实实、全力以赴地做事情，不为外界所干扰，能够耐得住性子和寂寞，真正为公司解决问题、创造价值，你一样有实现财富自由的机会。因此，想要进入创业型公司，有没有这样的心态很关键。

总之，成熟型的公司在数量上确实有限，能够进入创业型公司也不失为职场人士在未来就业求职的一个好的渠道，关键是要在做出加入创业型公司的决定之前，好好阅读一下上面给出的五个方法论，对该公司和自己进行认真、客观的评价。如果该公司和你自身都能够很好地满足这几点要求，那么就可以加入该公司，但如果还有一些担心和不自信的话，我建议你还是老老实实待在大公司里，每个月拿固定月薪，过着稳定的生活也很好。

创业型公司可以帮助你实现“诗和远方”，但也有很多“大坑”。因此，选择一个靠谱的创始人或 CEO，对公司的运营和投资等情况进行深入的了解，建立整体思维，真干实干，脚踏实地，全力以赴，你才有可能通过创业型公司在短期内实现财富自由。否则，做错了选择，入了坑，它就会成为自己职业发展的减分项。

不做职场斗争的牺牲品

职场有如战场，看似风平浪静其实危机四伏，天真单纯的新人不了解职场水深很容易就莫名中了刀子，甚至有些在职场上待了很久的人，稍有不慎也可能落入陷阱。在职场上，做好自己本职工作很重要，提防不知何处飞来的冷刀子也同样重要。

有一次，某位好友向我透露了一件事情：某公司总监 C 先生和女同事开了大尺度的玩笑，这个事情被其他部门 VP 揪住不放，甚至举报到公司 CEO 那边，最终 C 先生被公司开除。

我听了这件事情，觉得背后似乎另有蹊跷，深入了解后发现果然一切并没有表面看起来那么简单。事实是，该公司 A 部门总监 H 先生被 B 部门 VP 欺负过，A 部门的 VP 非常生气，想找机会收拾下 B 部门的 VP，为自己部门的兄弟们出口恶气。

A 部门的 VP 是一位女性，某日乘坐电梯时，恰好遇到 B 部门总监 C 先生和公司女同事旁若无人地开着大尺度的玩笑，甚至毫无顾忌地讲起了荤段子，谈话间还用手去触碰对方。A 部门的 VP 当时觉得看不下去，立刻批评了 B 部门的总监 C 先生，让其注意自己的形象，不要破坏公司文化。

当天下午，A 部门 VP 在汇报工作时，直接将 B 部门总监 C 先生“调戏”

女同事的事情告知了CEO。由于该公司CEO是三观比较正的人，难以接受公司内部出现这种龌龊行为，当下便通知公司HR放下手中所有的事情，立即调查此事。就这样，B部门的总监C先生被离职了。事实上，C先生正是B部门VP的得力干将。A部门用这种“隔山打牛”的方式，成功出了对B部门的气。从那之后，B部门的VP在公司地位就大不如前，而A部门的总监H先生借着这股东风，在公司的地位开始渐渐上升。

H先生的逆袭，正是因为背后有部门领导的支持。如若没有这一桩事情，他可能仍然继续被B部门VP长期压制，职业生涯也不会顺利，A部门VP此举刚好帮助H先生摆脱了职场路上的障碍。

这，才是真实的职场。

后来，我又从侧面了解到，A部门VP之所以如此对下属H先生挺身而出，是因为H先生踏实肯干，在A部门的业绩非常好，可以说是几乎以一人之力承担了该部门的一半业绩。同时，H先生又很忠诚，平日里处处为部门VP着想，如此一来，VP自然投桃报李。

这个表面上看起来很简单的“领导职场性骚扰被上级离职”的事件，实际上背后却有那么多的弯弯绕绕，说起来大家可能不相信，但这就是在当下职场上每一天都发生的事情。

同事的某一句话，领导的某一个动作，都有可能具有深刻的含义，如果不能做到足够敏锐，就很有可能稀里糊涂成了他人算计的棋子。

在这样危机四伏的职场上，又该如何做，才能保障自己的生存呢？实际上，无论是领导还是员工，关键在于以下几点：

首先，业绩是职场生存的基础，也是被领导认可的前提。

职场上，凡是业绩好的员工，大多不会整日抱怨公司和老板，而是将精力投入工作中。只有那些没有业绩、得失心又很重的人，才会抱怨公司不好、同事不好、老板不好等，像个絮絮叨叨的白头宫女一般惹人厌恶。

比如我曾经和一位朋友聊天，他说，有些员工总喜欢找借口说公司缺这少那，种种局限导致了自己完不成业绩。其实我想说，即使把所有东西都准备好，这样的员工也一样完不成业绩。所以，碰到这种人请立即辞退，千万别继续浪费公司的人力成本。

事实是，不论职场宫心计有多么复杂，业绩始终是一个职场人最坚硬的铠甲。一个业绩优秀的人，他固然也有可能被卷入职场宫心计当中，但他同样拥有着其他人不具备的素质，拥有着公司必须要留下他的资本，那么即便他被卷进了职场宫心计的核心圈内，他也仍然握着一张谁都夺不走的王牌。

一个公司，说到底，始终是以营利为目标的，公司如果不能营利，所有人就会一起完蛋，那时候，宫心计搞得再轰轰烈烈，也不过是一场笑话。就如同古时候的国家，一个国家必定得有那么几个会打仗的将军，之所以不论这个国家的宫廷内如何争斗，都没人敢去碰那几个真正能打仗的将军，就是因为他们手握业绩。

所以在公司内也是一样，只要你的业绩足够出色，那么你就有了足够的底气，任何时候，拿业绩说话，比什么都有用。

其次，人在职场请切记：你只对一个人负责，就是你的直接领导。

很多职场人都不明白这个道理，直到被公司辞退了，还稀里糊涂抱怨这、抱怨那。却没有仔细想想，是不是自己的认知出了问题。

北京某上市电商公司就出现过一件很有意思的事情。部门 A 和部门 B 两位 VP 关系有点紧张，而部门 A 的某员工经常和部门 B 的某员工交流，最后导致两个人都被自己部门领导辞退。

为什么被辞退呢？原因很简单，因为这两位被辞退的人，不懂职场规则，不知道“只有一个老大”的江湖规矩。所以，人在职场必须记住：你只有一个领导，要永远和领导站在一起，才可能有更好的职业发展。

最后，在职场上，必须要跟对领导。

只有跟对领导才能更好地发展，最终自己也成为领导。选对领导是一门学问，正所谓上梁不正下梁歪，而下梁想要不歪，最好就是找一个足够正直的上梁。

要选那些能够将事业重心放在工作上，而不是放在与人宫斗上的领导，选那些道德上足够正直，而不是心邪眼歪的领导。

怎样的领导才是值得跟随的？一方面，在于员工本身的眼光；另一方面，也在于员工对自己未来的规划。你自己未来想要成为怎样的人，你就应当选择跟随怎样的领导。那些从刚入公司开始就只想着搞宫斗搞小动作的人，自然也只会跟随那些心术不正的领导；而那些从一开始就想通过自身的努力有所成长的人，当然也更容易被业绩优秀的领导吸引。

当然，作为职场新人，多数人并没有选择自己领导的权利，但是在公司内工作一年以后，就可以通过自己的努力去跟随自己心仪的领导了，总之不能得过且过，一定要懂得主动争取。只有在正确的领导手下，自己才能获得更快的成长，也能尽量远离那些职场宫心计，并且未来还可能成为与领导同样的人。就如同一位职场上的老司机向我总结的那样：人在职场，想成为带头大哥，必须先学会如何做好小弟，不然，你连做小弟的机会都没有。

除上述提出的那些以外，还有一条最关键的是，一定要注重自身的德行，不要在公司内做出任何有损德行的事情。无德的人在任何地方都不可能受到欢迎。

不做职场斗争的牺牲品，最大的意义就是不把时间和精力浪费在无意义的事情上。正如登山过程中，只有心无旁骛向着目标前进，才能达成所愿。而这一路上见到的爱恨情仇，皆是过眼云烟罢了。

CHAPTER 3

第三章

选择与努力的博弈螺旋

将自己摆在合适的位置

常言道：期望越大，失望越大；期望越小，惊喜越大。在职场中，摆正自己的位置，不过度抬高自己给他人的期望值，也是必须要拥有的智慧。这就像是在登山的过程中，你总要清楚自己在哪一个位置，以此来判断这次攀登过程。否则，当你笑着对人说，我还有五分钟就要登顶了，事实却还在山腰上兜兜转转，这岂不是被人笑掉了大牙？

有一位运营人员入职不到 3 个月就被公司辞退了，她很沮丧，想知道自己究竟差在哪里。通过对她过去 3 个月工作状态的调查，事情的症结一下就被找到了：那就是，她的能力其实不差，但却总是在只能解决60 分问题的时候，给领导 95 分的期望和承诺。

领导一开始很相信她，保守地给她安排了 85 分的作业，可想而知，这位运营人员却没有办法顺利推进工作，导致领导的信任程度明显下降。

应该说，职场上真正成熟的人，一般都不会说满话。因为他们都会给自己留有余地，有时候甚至会刻意隐藏自己的实力，以便在关键时刻表现出来，让领导为之惊艳，以此得到重用。

在我的工作生涯中，遇到过太多类似的案例。在众多的咨询者中，有一个姓张的电商公司职员在这方面就做得非常好。刚入职的时候，张先生就没有考虑把自己的能力全部展现出来，而是考虑全力以赴解决一个问题，以便在公司站稳脚跟，然后再考虑如何在关键时刻给大领导展示自己的能力。

有一次，公司因为某项目需要打通与另外一家公司的关系。按理说，这种事情是部门 VP 应该擅长的，但是他们迟迟没能解决，弄得大领导也为此发愁。

眼看事情就要搁置了，张先生主动请缨，说自己可以去试试。部门 VP

和大领导这个时候焦头烂额，根本没有时间多想，就随便应了一声，同意他去试试。

谁知，就是这么一试，张先生立刻成为公司领导重用的人才。领导发现他有解决的能力，当即重用了张先生，很快，他又因为解决了另外一个问题被提拔为副总监，最后升到总监级别。

面对这样一段经历，张先生有他自己的感悟。他说：人在职场，千万不要想着向领导承诺什么，许诺什么。因为只要你在关键时刻帮助领导解决了问题，能力就会被认可，机会也随之而来。否则，你承诺太多，一旦失败，领导就会觉得你一文不值，只会嘴上功夫，反而连饭碗都有可能保不住。

相反，我们再来看一个失败的案例。一个年轻的创业者小王，创业伊始，面对热心帮忙的小姨子、堂兄弟，信誓旦旦地说：等公司挣钱了，必定送每人一套房子。

看着小王信心满满的样子，小姨子和堂兄弟都信以为真，工作的积极性也提高了很多。可是，商场如战场，瞬息万变的局面里，创业失败是常事。因为市场的变化，小王的创业最终以失败告终，曾经的承诺无法兑现，结果谁都说他是个骗子，到后来，有些亲戚干脆都不和他来往了。

这件事听上去令人唏嘘，但说明的还是同样的问题：职场上，你给他人期望过大，如果做不到，别人失望的同时也会给你贴上骗子、忽悠的标签，甚至终生难以正名。

所以，想要在职场有所发展，千万不能口无遮拦地给别人太大的期望，承诺的时候，要做到深思熟虑，慢慢来，这样才能给自己留有余地，并在关键的时候展示出自己的实力。

要做到这一点，除了观念上的认知，还有一点要特别注意，那就是：将自己摆在合适的位置，切莫将运气当作能力。因为，一旦这一点把握不好，职场人在判断自己处境的时候也就很容易出现纰漏，那些看似没有夸夸其谈的话，也很容易被现实击破，最终还是逃避不了被人嘲讽的结果。

对于职场人来说，能力是指你做事情具有可持续性、预见性；运气则是反之。举个例子，如果你这个月超额完成KPI，并能预见完成下个月KPI碰到的问题和难点，并及时给出好的解决方案，来保证持续完成每个月的KPI，这就叫能力；如果像吃饭一样，今天吃完一顿大餐，下一顿大餐不知道何年何月可以碰到，这就叫运气。

拿互联网活动运营来说，很多人理解的活动运营就是不断搞活动，以此满足用户的需求和解决用户痛点。但实际上，第一次搞活动的时候，来的人还比较多；第二次再举行同样活动，参加的人就开始减少；到第五次的时候，基本就没人愿意主动参加活动了。

这种现象，其实就是运营策划者采用“碰运气”的办法来做事情，因为缺少系统的运营思维，没有可持续性的销售导向作为思维模式，于是靠运气成了活动运营最直观，也最失败的做法，活动运营人员的能力也因此没有展现的空间。

遇到这样的问题，运营者就必须抛弃“运气”思维，转而考虑可持续性发展的方案。具体来讲，就是要放弃销售导向型思维，使用运营模式思维。想要知道用户的需求，就不要守株待兔，而要主动出击，通过确认用户的痛点来发起更加有针对性的活动。

前一次的活动一定要为下一次活动做好铺垫。如果每次活动的内容都是断断续续、零零散散的，那么搞完一次活动，大家就散了，下一次再搞活动，又要从零开始。这种模式下，活动运营面临失败的概率就会很高，项目推广也很容易因此而失败。

每次活动后都要和用户进行深度沟通、交流、互动，只有这样，用户才会感觉自己不仅仅是参加了一个活动，而是参加了一次真正的思想交流和线下深度社交。

有了这样的思维习惯，职场人就很容易形成系统的评判标准，遇到事情时也不会依赖“运气”或者“惯性思维”，对事情的判断自然也就更加客观，说出来的承诺也就变得真实可信。

如果你是一个经营者，却没有系统的思维和判断标准，无法预见到市场风云中的危机与失败。这种情况下，意气风发的你多半会像前面的小王一样，给出美好的愿景，听上去令人兴奋，实际却是无源之水、无本之木，没有多少实现的可能。

而如果牢牢掌握了山顶理论，充分认识自己的优缺点，并可以系统思考自己所处的环境，跳出碎片式思考的局限，就可以把对“运气”一类的希冀抛在脑后。只要如此，就算你现在处在劣势，面对一个随时可能战胜自己的对手，你也不会“撞大运”，而是采用系统的思维来剖析现状，直至找到解决的办法。

将自己摆在合适的位置的意义，不只是为了战胜对手，或者在领导面前保持可持续性发展，而是向更深层次探究，这也代表了一个人拥有审时度势的能力，这是一种能够将内部、外部环境与自身能力做一个正确权衡的能力。拥有这种能力的人，在统筹和领导能力上具有天然的优势。因为不论是一个短期项目，还是一份长期的工作，都需要一个人既可以稳如泰山，将形势了然于胸，又需要懂得适时出击，在最佳时刻赢得关键战役。

回到山顶理论，这就是一个攀登者，无论他走到了山的哪个位置，都需要内心有一把罗盘，只有这样才能脚步铿锵，目标坚定，不乱于心。

职场冲突的破解之道

有人的地方就有竞争，有竞争的地方就有矛盾。对于职场人来说，职场里的矛盾与冲突也很严峻。

在一次咨询谈话的时候，一位来自自媒体的用户朋友向我提问：自己是某公司的部门经理，虽然在公司待了很多年，但内心对这个公司还是没有归属感。他能感觉到公司内部的斗争很激烈，也能感觉到同事之间相互站队，大楼里的人们表面看上去一团和气，真正涉及部门利益或个人利益的时候，很多正常的流程却往往因为人为的阻挠被处处设卡，流程长度令人发指，而他也因为在执行部门里任职而被迫两头受气，里外不是人，很难做事。他询问我，如何破解这种局面。我想了想，当场给他讲了另一个职场里发生的真实案例，他一开始有些迷茫，但听完这个故事后，一下就豁然开朗了。这个案例是这样的：

A公司由于市场销售业绩下滑，就通过猎头把某个高层认为不错的、可以成功担任销售总监一职的李先生挖了过来。

李先生虽然年轻，但经验非常丰富，入职后，他通过客户的走访和市场调研很快就发现，公司销售业绩下滑的根本原因不是这个公司的产品有问题，而是市场部在做市场推广和广告投放的决策时，一直采用跟踪战略，品牌没有与众不同的地方，跟风的下场自然是产品销售的下滑。

了解了这一点，李先生加班加点，写了一份关于公司产品销售下滑的原因和解决方案递给了公司老板，老板看了之后很高兴，指出可以根据李先生的方案对公司的内部进行改革。

就在这时，公司原来的市场总监却和李先生产生了分歧。李先生毕竟是销售出身，很快洞察到了市场总监对他的敌意。虽然李先生并没有直接和他们市场总监发生正面冲突，但他巧妙地利用下班时间，找了这位市场总监出去沟通，两人关系缓和后，公司里的矛盾自然也就不存在了。

我很想知道李先生为何要找销售总监出去交流，也想知道他是怎么把对自己有敌意的市场总监搞定的。于是询问他破解之道。李先生微微一笑，说道："公司产品销量下滑，虽然和市场部有关系，但归根结底不是市场总监没有能力，而是在广告投放的时候有严重的回扣现象，是涉及个人利益、功利心太强、私心太重导致。"

在对市场客户进行走访的时候，李先生就发现了这个问题很严重，但是在他的报告里，没有把这一点直接告诉公司老板，而是私下和市场总监交流，让他以公司利益为重，不要这么继续吃回扣，不然不但影响公司经营效益，还很有可能摊上牢狱之灾。

当他把事情和市场总监沟通后，市场总监非常感恩，因为李先生没有把他吃回扣的事情向公司反映，而他也因为李先生的仁义，免去了失掉饭碗的风险，更不用担心今后可能走进监狱的大门。

从这件事情，我们不难看出，李先生是具有职场智慧和职场头脑的。人在职场，我们没有办法让冲突和矛盾远离我们，想要让职员之间永远像兄弟一样亲密也是不可能的。正视矛盾后，找到冲突和矛盾的根源，然后像庖丁解牛一样，顺着事情的脉络一点点地解决，只要付出足够的耐心，就算问题再困难、再严重，也不用担心找不到破解之道。

概括起来，公司内部矛盾无非来源于以下几点：

第一，利益原因。每个部门都有自己的利益，每个人也有自己的利益，当某一方在工作过程中不小心触碰到了对方的利益，那么利益损耗者必然站起来反对，或者故意制造矛盾让事情发展不顺利，矛盾和冲突就自然而然地形成了。

第二，个人原因。每个人的性格不同，随和的人容易搭档，但职场中强势的人并不少，所以彼此之间的观点相互碰撞时，言语和行为上的矛盾就不可避免。而当性格不合达到一定程度时，暗中较量也随之而来，危险也就变得无处不在了。

第三，沟通技巧原因。除了上述两个原因，沟通技巧上的稚嫩以及随之而来的误解也是职场矛盾产生的根本原因。

以上三点，就是职场矛盾冲突产生的深层次的原因，从根源上知道这些问题后，解决问题的方法自然也就顺势而出了。

我们再来看一个相反的例子。刚毕业两年的小张进入一家猎头公司工作后，发现他的直属领导 Mark 虽然在公司上班做猎头业务，但私下还注册了一家公司，有些职位的回款直接被 Mark 自己的公司拿走了。

小张发现这个问题的时候，非常吃惊，于是，缺乏职场智慧的他直接向 Mark 的领导，也是小张的总监举报了这个事实。经查实，Mark 确实存在私自接活的行为，没过几天，Mark 就被公司开除，同时也被公司起诉到法院。

小张本以为自己做了一件有利于公司的事情，但后来他却发现，公司总监并没因为举报而表扬他，而是不断孤立他。小张非常不解，跑来咨询我，我告诉他：被孤立并不是你人品不好，而是你做事情的方式存在问题。

虽然你举报 Mark 确实有真凭实据，但在总监眼里，既然你敢直接举报直属领导，那么以后你就可能直接举报总监，甚至是总经理。而对于任何一个领导来说，这样的下属显然是不受欢迎的，因为谁都不想有这样一双眼睛盯着自己，动弹不得。在他们心中，你是破坏职场生态的人。经以上分析可知，小张的下场或许会更惨。找个时间，还是主动离职最好。

小张为什么在处理职场问题时的表现会如此没有经验呢？是因为他发现问题的时候，根本没有花时间去找问题的根源，也没有仔细研究到底该如何解决问题，而是一拍脑袋，直接按照自己的第六感去做，完全没有职场人应有的成熟和理智。因此，找到职场问题的根源很重要，找到根源，一切迎刃而解；找不到，你就可能成为下一个小张。

最后，总结一下，职场中遇到冲突和矛盾时的解决步骤：

首先，找问题根源，对问题进行界定。如果这个问题是在自己可以解决的范围内，那么就直接面对，不要拖拖拉拉、悬而不决；如果事情不能直接解决，就想办法找双方都信得过的中间人进行调停，通过化敌为友的方式让自己的尴尬处境得以化解。

其次，换位思考。遇到冲突和矛盾的时候，想一想，如果对方是自己，他会如何做呢？只有多换位思考，才能站在对方的角度去思考问题，问题也才会被真正解决。

最后，物极必反，要用乐观的态度，视矛盾为机遇。聪明的人都会从不同的矛盾中寻找对自己有利的一面。毕竟，哪里有分歧，哪里就有潜在的成长与发展的机遇，明白了这一点，你自然不会惧怕矛盾和冲突，而是将它看成机会，并学会在其中锤炼、提升自己。

解决职场中的这些冲突，说到底是职场攀登过程中的小插曲。为了登顶的终极目的，尽量要做到不被这些小事乱了心绪。待来日登上山顶的时候，就会明白这些事情如同浮尘，微不足道。如果在这样的事情上浪费太多精力，怕是要迷失在迷雾里了吧。

“空降”并不可怕

随着企业的发展，很多公司管理者都会考虑从外面的企业引入高管，对自己的公司进行管理和改革。虽然这种做法能很好地满足企业的扩张需要，但空降来的职业经理人却经常出现“水土不服”“硬着陆”的现象，而失败也成了这种人才嫁接过程中最常见的收场模式。

最新统计显示，中国民企引进空降高管后，失败的比例竟然高达 85%。空降高管不能用，这些公司不得不频繁换人，平均下来，几乎每年都把高管换一遍，有的甚至一年可能换两到三次高管配置，甚至连人力资源部门的负责人也不能幸免。

那么，造成空降领导频繁更换、草草收场的根本原因到底是什么？是公司领导本身的眼光问题，还是职业经理人本身就不具备空降的条件呢？关于这个话题，空降职业经理人本身的态度也是不一致的。有人认为自己空降失败的原因是老板不支持自己的方案，导致想法无法执行；有人则认为，空降失败是因为公司封闭，无法融入既定团队。

先来分析、解释第一个问题。诚然，老板不支持职业经理人的想法确实会导致很多工作进行不下去，可是，这样的问题是不是只能在事情发生之后才能察觉呢？

在跳槽的时候，每一个职业经理人都会和公司的新老板面对面沟通，老板通过面试、背景调查等方式了解职业经理人，职业经理人肯定也能通过同样的方式对未来的老板做出评估和认知。

如果是气场不和、观念不同的人，通过简单了解，一般很容易知道老板和自己是否相处得来，而意识到这个问题，职业经理人就可以有的放矢，甚至放弃这个高薪职位，重新寻找机会。一旦做出科学的判断，上面所说的领导不给自己支持的情景就不会发生，空降失败的结果又如何会发生呢？

所以，作为职业经理人，如果不能对未来老板进行综合评估，仅仅为了高薪放弃现有的工作，那么，空降失败的现象也就不足为奇了。

当然，面对这个问题，我们还要考虑另外一种可能，那就是：你对老板有了十足的了解，但是空降的时候，还是失败了。造成这种现象的原因，显然不是领导和你气场不和，而是你提出的方案和这个公司不吻合。可是，当时面试的时候，你想好了改革方案，也专门研究了这个公司的发展情况，为什么改革的方案和点子还是不能得到公司的支持呢？

答案是：你只会想（定战略），却不会做（具体执行）。

在原来的岗位上，你的工作或许非常出色，但是，这种出色却不能完全复制到新的岗位、新的公司、新的行业里。见过好的体系，或者在好的体系里面工作过，确实是值得泼墨的光荣，但如果职业经理人自己不能建立起运营的体系，那么你选择空降这条路，就一定会与失败为伍。

有些企业高管虽然在自己的行业里很厉害，但自己没有建立过体系，一旦离开了自己熟悉的环境、体系，就难以生存下去。所以，想要实现空降的软着陆，不仅要学习别人的体系，还要学习、领悟这种体系的内涵和外延，并以此为基础，白手起家地建立属于自己的体系，只有这样，才能以不变应万变，如同诸葛亮一样，随时可以摆出自己的八卦阵，不需要照本宣科，也不需要外部环境变成自己熟悉的样子。

好了，说完第一个问题，我们再来看第二个问题：职场“空降兵”又该如何快速融入新团队？职业经理人空降不可怕，可怕的是不知道该如何融入团队。一般来说，职业经理人空降后不能快速融入团队的原因有以下三点：

第一，职业经理人的情商和处理事情的手段、能力需要提高。

对空降的职业经理人来说，公司里的情况确实都是他应该感兴趣的内容，但首先要考虑的肯定是如何为公司解决问题，而不是私下了解或打听“内部帮派”一类的问题。刚开始来的时候，人们出于尊重可能还会说上一两句，但时间久了公司里的人就会对这样的职业经理人生出反感，这种职业经理人没办法继续在公司待下去也就理所当然了。

所以，对于职业经理人来说，想快速融入公司，入职后，第一个要考虑的问题肯定是为公司解决难题。只有把第一个难题解决掉，职业经理人才能快速度过试用期，也才能站稳脚跟，获得领导的信任和下属的拥戴。

第二，企业文化本身的包容度有限，职业经理人被“拒之门外”。

其实，一个企业的包容度如何与空降的职业经理人并没有太多的关系，很多时候，职业经理人迈入公司大门的时候，这种氛围已经形成，就算想改也十分困难。

虽然有人认为职业经理人能够用“友善”改变周围的环境，我们也希望这种天真烂漫的情节能在现实中上演，但很多时候，故事只能是故事。那种深入骨髓的作风和氛围，不可能单靠一个人就能改变，也不会影响企业的发展，更不会最终成为职业经理人空降失败的原因。

毕竟，有些氛围来自管理者本身的情感、利益上的冲突，天然不可调和的矛盾会让“融合”变得十分困难。

举一个简单的例子。如果职业经理人找到的公司是一家家族企业，公司里老板的妹妹负责财务、小舅子负责供应链、小姨子负责行政人事。虽然看上去他们协作得井井有条，外来的职业经理人确实是如何也融入不进去的。

除非这样的公司能彻底改变管理层结构，将只在乎个人利益的家族成员替换掉或降权，职业经理人才能考虑就职意向。否则，进入这样的企业，就算老板再宽容，也无法建立一支包容的团队，公司内部的氛围也无法和谐融洽，空降想要成功，自然就变得不可能了。

第三，虽然入职了，但并没有获得老板的信任和授权。

对职业经理人来说，成就和业绩一定是他们梦寐以求的。但这些东西如果没有获得领导或老板的信任、授权，职业经理人就无法企及。

某招聘网站的数据显示，职业经理人离职占比很高的一项原因就是没有得到老板的信任和授权。这种局面往往让职业经理人心生厌恶和倦怠，最后连手上的工作也变得没有价值了。

所以，如何取得老板的信任和授权成了职业经理人空降成功的另一个重要保障。

一般来说，入职后第一件事做得漂亮，能真正为公司或大老板解决问题或难题，得到信任和认可并不困难。如果你的老板正在为如何与电商公司达成战略合作发愁，你最该做的，也最迫切要做的，肯定是梳理你的人脉和资源，并厘清与电商公司达成战略合作的条件，然后尽一切可能帮老板把这个合作协定拿下来。如果你能解决这个问题，不要说取得信任，就是想提前结束试用期也不在话下。

综上所述，“空降”虽然失败率很高，但“空降”并不可怕，只要能迅速融入团队，并以正确的态度对待自己的工作，取得工作上的进展，就算你对新迈入的行业还不熟悉，升职加薪与良好的职业发展也绝不会与你无缘。

面对橄榄枝的诱惑

浸润职场，多年以后成为企业的核心，身价不菲，经验丰富，尤其是高级职业经理人，已在职场练就了一身本领，工作起来如鱼得水。纵然处于这样的位置，由于各种原因，高管们仍旧会有跳槽的选择。无论是内源性的驱动，还是其他外因的促使，此时，作为核心管理层的你，当面对橄榄枝的诱惑时，该如何取舍？

跳槽，一是选择老板，毕竟这是朝夕相处，甚至决定你在职场发展好坏及能否长远发展的人。二是选择企业。中国古代有一句话叫作“良禽择木而栖，良臣择主而事”。一句话道出了跳槽时需要考虑的两个重点：选择什么样的企业，跟随什么样的老板。

作为高管，跳槽时，该如何选择老板，而作为团队的核心成员，又如何选择团队？诚然，每个人心中的好老板标准都不一样，但愿意分享，乐于共同进步的人，一定是值得追随的老板。选择团队更是需要谨慎，面对高薪的诱惑，团队是否有更大的发展空间或许是高管在跳槽时需要重点考虑的事情。

在众多机会纷至沓来之时，在转型期、跳槽期的混乱中，唯有保持清晰的思路，冷静分析，客观看待，才能理智地做出选择。现在初创型公司以及快速成长中的公司求贤若渴，针对高层管理人员的职场进阶之道，我们梳理出以下几个重点：

第一，与企业创始人的价值观是否一致。

价值观是基于人的思维感官之上而做出的认知、理解、判断或抉择，也就是人认定事物、辨定是非的一种思维或取向。在实际工作中，价值观是个关键点。所谓价值观一致，不是和创始人针对某个问题的看法必须一致，而是对底层的认知必须一致。这个是高管跳槽的前提。价值观是没有对错的，底层逻辑也没有好坏可言，唯有这个价值观是否匹配，才是检验创始人与高管是否合适的试金石。有人创办企业着眼于细节，事必躬亲，掌控力强，从小处取胜；有人则擅长把控大局，眼光长远，计划周详，喜欢放权。寻找一个与自己价值观一致的老板，是高管跳槽的第一步。

第二，团队是否足够优秀。

看过创始人之后，再考虑该团队是否足够优秀强大。优秀是一种文化，一种习惯。如果整个团队足够优秀，也从侧面证明企业文化的优秀。如果整个团队就创始人一个人强大，而其他成员像小绵羊一样软弱，无条件服从，没有竞争力，这样的团队千万不要进。进入之后，只能劣币驱逐良币，要么你被边缘化，要么你被同化，同样成为一只小绵羊。

曾经有某位职业经理人在面试的时候，针对管理方面的问题，与老板看法很相似，他认为这是加入公司的最好理由，便高高兴兴地加入了该公司。工作不到 3 个月，他才意识到自己并不适合该公司。原因并不是他的能力欠缺，而是他的职业观念与工作作风和团队格格不入。因为创始人能力特别强、精力充沛，几乎所有的事情都要亲自过问，久而久之，公司里形成的文化就是——事无巨细都必须经过创始人同意才可以执行。

长此以往，该公司筛选下来的核心员工都像小绵羊一样温顺，创始人说什么，就是什么。哪怕创始人说得不对，所有员工都不会有一个人表示质疑，更不用说能够大胆提出意见，发出有价值的不同声音。这样的团队，其实已经丧失了团队的力量。

很快，该职业经理人选择了离职，离职的原因是：如果在这家公司长久工作下去，或许未来就和他们一样，没有狼性了。这个职业经理人的故事完美诠释了这一俗话：不怕神一样的对手，就怕猪一样的队友。

第三，选择成长型公司且创始人愿意分享。

回顾以往的咨询案例，我总结出来：成长型公司是企业高管跳槽的首选。因为成长型公司机会多，便于成长，在这样的平台上，候选人的业绩也便于展现出来。而在那些非常成熟的公司里，典型的“一个萝卜一个坑”职位安排，每个人都是一颗螺丝钉，高管也不例外。所有的事情都已经走上正轨，个人很少有施展发挥的余地。在这样一个机制近乎死板且没有发展空间的公司里，能解决问题的人就留下，不能解决问题或解决问题的速度落后其他成员的人就出局。

然而，别只考虑成长型公司而忽略了另外一面——创始人是否乐于分享。一个优秀的创始人，应该是更关注团队的叠加力量，渴望打造一支精兵。所以不会仅仅着眼于自身成长，而是更愿意分享钱、资源和经验，与高管以及其他员工一起成长。

某些互联网公司被其他巨无霸收购后，期权顷刻变成白纸，一文不值。还有一些创始人，拿到投资却不是为了更好地发展企业，而是为了提高自己的物质水准，急于享受。更有甚者，将家人的所有开销都在公司报销，等等。遇到这样的创始人，请速速离开。不乐于分享的创始人是注定不会有太大成就的，因为他们的格局已经决定残局，他们的布局已经决定败局。

一位职业经理人吐槽，公司创始人自私狭隘，在公司发展初期，其他人员为了团队能有一个好的未来，愿意开低年薪，目的是把公司做好。而这位创始人账面上是开低年薪，但每个月的报销发票比其他高管工资总和还多。显然这位创始人根本不愿意分享，只会考虑自己。与这样的创始人合作必然症结颇多，且不说处于这样的环境下，身为高管在职场上能够走多远，这样的公司能够存活多久都是问号。

第四，高薪是一个不可或缺的因素。

职业经理人的使命就是帮助公司解决问题，而使命的完成只是在相对的时间段，离开这个时间段，你就不可能有高薪。所以在职期间，高管的工资多少，也尤为重要。毕竟能够坐到这个位置的经理人，一般都身价不菲，维持家庭的开销也不少。

高薪，是企业高管跳槽必须要考虑的重要因素。关于这一点，每个人都有自己的打算和考虑，不再赘述。

第五，该企业能否成为漂亮的职业背书。

打工不一定能实现财富自由，但我们依然需要工作，身在职场，就无法避免再次跳槽。你的再次跳槽能否使你的薪酬和职位更高，都取决于你前面公司的背书和你自己的成就以及在圈子里的口碑，而其中公司的背书尤为重要。

很多猎头或企业 HR 在招聘的时候都看中候选人既往就职的公司。招聘人员很清楚，没有很好的公司作为背书，你就不可能在新公司获得更高的薪水。没在业内知名或者龙头企业摸爬滚打过，或许也证明该候选人没有经历过规范化的管理培训，等等。但就这一点来说，即使身为高管，简历也会被招聘人员丢到一边。

作为职业经理人，企业的背书，是提高自身价值的重点。我做了十多年猎头，看到的现象，绝大部分都是大公司中的高管跳槽才会获得非常高的薪水，很少听说小公司或没有大公司经历的人能获得高薪的机会。这是非常现实的问题。

荣誉感和自豪感，是高管心理最大的需求。已经在职场取得相当耀眼成绩的职业经理人，再次跳槽时，选择企业的原因是多样且复杂的。对于这些人而言，薪水以及名头，或许都不及成就感重要。职场中，给人带来最大慰藉的，就是成就感。

我们会发现，那些知名公司的职员无论在任何场所，都会很自豪地表明自己供职于哪家公司。而那些就职于非知名公司或小微企业的员工，通常都会支支吾吾，可能到最后也羞于报出家门。

每个人都希望展示自己最好的一面或最能为自己做背书的一面，羞于展示自己不太优秀的一面。就好比女性在和别人聊天之前，不断照镜子，不断修整妆容，不是因为她们不漂亮，而是因为她们总担心自己不完美的一面暴露出来而已。

高管跳槽，首选能给自己带来荣誉感和自豪感的公司。这也是未来再一次跳槽时，自我身价是否更有价值的一个参考标准。虽然有些畸形无奈，但这都是职场上不争的事实。

明确自己的核心竞争力之后，面对众多眼花缭乱的机会，要做到沉稳冷静。坐到高管位置的职业经理人，多数都是情商高手，无论选择赛道，还是对上管理，都有一套成熟的自我理论。然而无论何时，在准备变换跑道时，稍微放慢速度，仔细斟酌以上几点，往往能够在迷雾中探寻明确的方向，在职场进阶中找到自己的加速器。

职场生存中的分寸感

职场，形形色色的人聚集在一起，为了工作，为了职业发展。但是埋头苦干，一味兢兢业业，未必在职场就能走得长远。

“说”与“做”，是职场的两大法宝。每个人在职场都不是单一角色，尤其对于那些已经小有成就的管理人员职场精英来说，既是别人的上司又是别人的下属，如何识大体懂分寸尤为重要。面对四面八方的压力，一边要小心周旋，一边又要表面温如春风不露声色，让必然的竞争变得不再恶性，让每一个人都心服口服。

会做，也要会表达。面对不同身份的人，如何沟通、如何表达，是门学问。言多必失，却又不能三缄其口，所以，行走职场江湖，巧妙地说话，真诚地沟通表达，就成了必修课。

第一，拉帮结派是职场大忌。

职场是用成绩说话的地方，但是一些人喜欢搬弄是非，搞得乌烟瘴气，利用手段拉帮结派，在老板眼前搞小动作，长此以往，劣币驱逐良币。其他更有能力的员工会对这种“灯下黑”的情况尤为不满。

张小姐是一家公司HR经理，工作虽然不是很出色。HR是公司各种派系斗争八卦的来源地。张小姐精于人情世故，颇有手腕，即使业绩平平，仍然经常受到老板的表扬。这让很多工作非常用心的人看不惯。

某次，张小姐和她的直属上司HRD由于工作的事情，在部门例会上公然发生争议，由此她便对HRD怀恨在心。部门会议结束后，她拉着几个平时要好的帮派小团体成员，包括董事长司机、董事长秘书等5人到公司会议室开“黑会”，讨论怎样给HRD设下圈套埋伏，如何编造其莫须有的罪名，准备在CEO面前“参他一本”。正当5人讨论得得意忘形之时，恰被行政经理无意中撞见，进行了录音取证，并上报公司。之后，该5人被公司以通报方式全部辞退。

职场，就是大家一起合作挣钱，一起扶持成长的地方。平时工作中难免有摩擦，但同事之间并无深仇大恨，何必如此令彼此难堪。千万不要试图用拉帮结派的方式去排挤掉任何一个意见不同的人，好公司永远是正义的化身!

第二，不要抱有侥幸做贪得无厌的蛀虫。

世风浮躁，很多人都想挣快钱，不是通过自己的努力和奋斗获得合法收入，而是把罪恶之手伸到公司的钱袋子里，通过拿回扣、吃返点、多开发票等方式来挣公司的钱。比如财务串通采购，或者管理者中饱私囊，巧妙利用公司政策将钱财从左口袋挪到右口袋。诸如此类的小动作确实会在短期内积累财富。然而“君子爱财，取之有道”，行走职场，切莫走钢丝绳，游走在法律边缘，将手伸得太长。

某房地产公司HRD为了快速挣钱，通过亲戚注册了三家猎头公司，专门为这家地产公司提供招聘服务，合作3年的时间，从公司获利1800多万元。人性是贪婪的，蚂蚁一旦尝到甜头，也会变本加厉寻找糖果，人更是如此，面对金钱的诱惑，贪婪没有尽头。这位HRD又试图挣公司其他部门的钱，串通内部员工搞小动作，最后由于分赃不均，被内部员工举报。最后，立案调查，公司内的涉案人员全部被判了刑。

我们再看看 BAT、京东等互联网公司的人员，有多少人是因为回扣被送进监狱的。千万不要等到自己走进监狱大门后，才后悔当初不该手伸得太长、不该要供应商的返点……往往这个时候，为时已晚。

人在职场，一定要正直诚实，这不仅是行走职场之道，更是做人的必备品质。无论有多么诱人的机会，无论再怎么觉得自己能够做到神不知鬼不觉，不该碰的钱财一概不要碰，不该介入的事情一定洁身自好。否则，只会掉进自己亲手挖好的陷阱里。

第三，伴君如伴虎，讲话有分寸。

曾有一个咨询者前来诉苦，他原本和一个同事关系非常要好，但自从这位同事被提拔为公司 VP 之后，他发现两个人的关系大不如前，有点隔阂和陌生。这该如何处理？

在职场中，关系再好也要懂得分寸。关系好，不是不要分寸，而是更需要注意分寸，这样才能更好地处理关系。刘关张桃园三结义，共同发过“有福同享有难同当，不求同年同月同日生但求同年同月同日死”的誓言，结果又如何呢？关羽、张飞倚仗和刘备是结拜兄弟，时刻提醒刘备，有好事要想着兄弟们。刘备作为一国之君，不可能只考虑兄弟的感情和利益，而是要将国家的发展和国家利益放在首位。而诸葛亮则是情商、智商双高的优秀人才，除了超人的智慧外，他懂得如何处理上下级关系，更懂得伴君如伴虎，知道分寸，小心谨慎、鞠躬尽瘁辅助刘备及刘备的儿子刘禅。

职场就是一个小社会，一个小王朝。每个人必须有规矩、懂规则、有分寸、懂分寸，才能发展得更好，才能更好地获得领导的认可和赏识。

而有些人，不但和上级说话做事没有分寸，更有甚者，恃才傲物，故意刁难老板。铁打的营盘流水的兵，公司是一个成熟完善的系统，其实每个人能在其中掀起风浪的能力都有限，离开了谁，这个体系依然会安全稳定地运转下去。

老李是一家公司的区域销售负责人，该区域业绩还不错，常年雄居销售榜第一的位置，他就开始有些自我膨胀。于是他向老板提出加薪事宜，然而他的要求老板没有马上答应，表示需要和公司HR部门商量一下。

这样的态度直接“惹怒”了老李，老李表示，这个月不调整薪水，老子下个月就不干了！他的老板没有直接和他争吵，表面答应说一定会讨论老李的加薪事宜，私下里却通知 HR 立即秘密招聘顶替老李的人选。正好当月老李休年假，公司就利用年假安排新人接替老李的工作，并在一个月后将老李调离该岗位。

职场人，千万不要向老板下最后通牒，来威胁老板。老板之所以能成为老板，肯定在某方面有过人之处。老板身居高位，一定看得到更远的风景。

第四，商业机密是公司的命脉，千万不要泄露。

2010 年，富士康公司内部传出研发部一名负责人林某将 iPad 2 后壳数据泄密的消息。报道称，该研发部的负责人用 2 万元的价格将数据卖了出去，购买人肖某、侯某利用这些数据，提前制作出 iPad 2 的保护套到网上叫卖。深圳市宝安区人民法院认为，林某违反与公司的保密协议及公司的保密规定，将其掌握的商业秘密提供给他人使用，被告人肖某、侯某采取利诱等不正当手段获取他人的商业秘密，给富士康造成重大损失，三人均构成侵犯商业秘密罪。宝安区人民法院对被告人肖某、林某、侯某侵犯富士康集团商业秘密案做出相应判决。

泄露公司商业秘密的人很多，有时候自己认为是不起眼的内容，其实这些内容对公司的竞争对手来说，就是商业机密。商业机密包括专利权、计划书、出版物、程序设计、配方、密码、公司花名册等。这些是企业赖以生存的立足之本，既然为企业供职，就要牢牢遵守该企业的保密协议。

第五，切莫妄议公司之事。

作为职场老江湖，可能会对这点意见嗤之以鼻。小心驶得万年船，这么简单的道理谁会不懂？但就是有些场所，让我们放松了警惕，信口开河。正是这些无心的言论，会被某些人大做文章加以利用。

言多必失，茶水间，酒局上，不能讨论的东西坚决不要讨论。私下妄议或私下认为绝对不会外泄的小道消息一定会传到当事人耳朵里，或早或晚。别忘记了，职场就是江湖，有人的地方就有斗争。我们无法防止别人的恶意诽谤踩踏，但是可以保持自身的正直，才能让别人没有把柄可抓。

某电商公司几个自认为相互信任的伙计一起喝酒，喝酒期间就随便讨论了一下公司的事情。不料，其中的一位借着酒性就多说了几句抱怨老板的话，却被另一位用手机录音发给了老板。不到一个月，公司 HR 找其谈话并辞退。在谈赔偿事宜时，由于双方没有达成一致，HR 无奈就把这位酒后乱说的人如何议论公司、抱怨老板的录音全部拿出来了。这位酒后乱言的仁兄无话可说，直接签字走人。

私下绝对不能议论不该讨论的事情，尤其是上司的是是非非，不然，只有粉身碎骨后才会清醒。

身为职场人，无论环境多么复杂多变，唯有坚持自己的价值观，拥有良好的口碑人品，不无端诋毁讨论别人，不拉帮结派，才能以不变应万变。职场这个江湖，谈不上险象环生，但也是状况不断，稍不留神就会脚滑跌倒。保有分寸，懂得有所为有所不为，才能安全地在职场中步步为“赢”。

选择 offer 的背后逻辑

我在做职业咨询时曾经遇到过这样一个案例：

B 先生是一位在文化娱乐领域较为资深的职业经理人，他请一位朋友帮忙内推自己到某家大公司的某个岗位，可接连过去了好几天，该公司迟迟没有放出任何消息，而另外几家在业界也很有名的公司却主动向其抛出了“橄榄枝”，邀请他最迟本周五办理入职。一边是自己心仪的公司和岗位，但却对自己“不理不睬”；另一边却是对自己十分认可的公司和岗位不断对自己“抛媚眼儿”，究竟该何去何从呢？B 先生陷入了深深的迷茫之中。

其实，B 先生的困惑并不是个案。在实际的职场生活中，相较于找不到工作的烦恼，如何选择 offer 其实更令求职者忧心。一方面，自己心仪的公司可能迟迟没有回信，自己在哪一步被拒的还不清楚；而另一方面，却有很多其他公司已经频频向自己抛出了“橄榄枝”，同时设定了最迟的入职时间。面对这种情况，求职者往往如坐针毡、难以抉择。对此，我有如下三点建议与大家分享：

一、一定要选择与自己的职业方向和所擅长的领域更为吻合的公司或岗位。

一般的求职者在面临offer的选择时，往往会对给出薪酬更多的公司或岗位心动不已。当然，作为量化的数字，用薪酬来对offer进行比较，的确是上下高低立见分晓。不过，我要告诉大家的是，天上不会掉馅饼，高薪的背后隐藏的往往是公司费脑的深意。对于薪金收入的计算，最合理的办法是计算时薪，即用公司给出的一年的薪金收入除以你为此全年总共需要工作的小时数，得出的数字便是你单位时间内的工作收入。用这一数字对offer进行比较的话，你就会发现，那些看起来动辄年薪××万的收入其实并没有那么划算，因为这里面包含的是你无数次的加班换来的那部分收入，甚至有时都不足以支付你的加班费。

因此，千万不要因为高薪就轻易做决定，因为所谓的高薪，很可能只是昙花一现，职场人士正确的做法，应该是在收到的offer中选择与自己的职业方向和所擅长的领域更为吻合的公司或岗位，然后全力以赴。只要你心仪的公司和你的职业方向及所擅长的领域相吻合，你就可以尝试寻找靠谱的猎头帮忙推荐或者与该公司的岗位相关的人内推，兴许就可以成功入职。

二、一定要选择你真正喜欢的公司和直接领导。

张小姐是我的一位朋友，她在参加某知识付费领域公司的面试时，面试官温文尔雅的形象气质、广博开阔的视野眼界和令人舒服的交流方式给她留下了很深刻的印象。在整个面试的过程中，张小姐不但没有感受到一丝面试的紧张和压力，反而感觉像是在和一位阅历丰富、见多识广的职场前辈聊天。对方一个看似十分随意的提问都能够引发张小姐积极的思考，并将自己的观点和见解结合一定的案例表达出来，离开面试室的张小姐感觉自己都已经超常发挥了！三天之后，张小姐便收到了该公司的offer，而张小姐在入职后也一直跟着这位面试官做事，并渐渐成为其心腹爱将，张小姐的职位也因此有所提升。对于这件事，张小姐声称自己能有今天的成绩，和有幸在面试时遇到这样一位好的领导并近距离接受他的指点是分不开的。

无独有偶。“90后”小伙子小李在去某公司面试时，其面试官直言看到他就会想起年轻时的自己。小李问我，面试官说这句话是什么意思，我笑着告诉他：这是面试官对你最大的肯定。这种情况下，不必再观望其他公司和岗位了，直接入职该公司即可。小李按照我的建议进入该公司后，短短两年的时间便因为业绩突出而直接被提拔为公司的高级经理。

从张小姐和小李的例子中我们可以看到，面试其实是双方的彼此观察，你在面试时对该公司的直观感受以及与自己未来的直接领导聊得怎么样，这些都是你是否真正喜欢该公司和你的直接领导的一种体现。能够遇到一位欣赏自己、与自己气味相投的靠谱领导是人生的幸运，也是你决定是否入职需要考量的关键点。如果遇到了，就一定要牢牢抓住机会，也许他的出现，便是你职场命运转折的开始。

三、一定要选择你观察后认为“风水”较好的公司。

这里提到的所谓“风水”，并不是封建迷信，而是指一个公司的整体形象和细节水准，比如，该公司的前台是否杂乱无章，洗手间是否清爽干净，等等，这些虽然都是小事，但一个公司的管理水平和企业文化正是通过这一系列的小事反映出来的。假如你所面试的公司在整体氛围和接待人员等方面都给你以非常舒服的感觉的话，你真正进入这家公司之后也会适应良好。

某商务总监曾在我的推荐下去某公司面试，回来后，这位商务总监说，该公司的装修和环境素雅整洁，前台接待人员彬彬有礼，面试官水平也很专业，双方相谈甚欢……总之，整个面试的过程，他感到十分舒畅。因此，在快速进入下一轮面试并成功拿到该公司的offer之后，这位商务总监心满意足地加入了该公司，现在在公司里也十分受器重。

而另外一位职业经理人在做职业咨询时说，他去某公司面试时，总感觉哪里有点儿不舒服，但具体是哪儿让自己不舒服他又说不上来，不过，这家公司给出的薪酬还是十分可观的，因此，他不知道该如何选择。听了这位职业经理人的苦恼之后，我立刻建议他首先放弃这个让他感觉有点儿不舒服的公司，并告诫他，所谓的高薪只是昙花一现，千万不要捡了芝麻，丢了西瓜。但可惜的是，该职业经理人最终还是选择了这家薪酬较高的公司，结果在入职不到三个月后便被离职了。

之后，他再次找到我做付费咨询时，我坚决拒绝了。因为这就好比病人生病后找医生开了方子，最后却不按照医生开出的方子进行治疗，这是对医生最大的不信任。既然对医生缺乏信任，那么医生就没有必要再次为病人治病，否则，只会影响自己的品牌。

总之，虽然我们必须承认，面对 offer，不同的人出于不同的需求和考虑所做出的选择不同，有的人只是为了得到一份能够养家糊口的薪水，有的人却是为了追求梦想、实现更高的人生价值，还有的人因为一生下来就什么都不缺，所以选择工作只是为了在无聊空虚的生活中寻求解脱……但是，我们必须承认的是，尽管人生目标五花八门，可还是存在一些选择 offer 的正确打开方式可供我们选择。如果我们在面对众多“橄榄枝”时，不假思索地盲目选择，其结果也不太可能让我们感到满意。

其实，我们在选择 offer 的时候，就好比在为自己的出行配置一辆最合适、最专业的车辆，因此，一定要在深入了解自己的职业需求、工作个性以及哪一家公司或岗位更能够为你带来收入的增加并对你的下一次跳槽做一个好的背书等因素的基础上去认真衡量和选择。如果你能够清晰地找到这样一家合适的公司，那么，不要犹豫，果断入职；如果还没有找到，也不要病急乱投医，请耐心等待，好的机会也许下一秒就会出现！

用演讲影响他人

曾经一位朋友问我，什么样的领导最有影响力，我回答了八个字，那就是“站着能讲，坐下能写”。这也是我认为能够最终登顶的职场人，必须要具备的两点素质。

“能写也能讲”的领导是最能够影响他人的，其中演讲尤为重要。这里的演讲，不是没有逻辑地乱讲，而是有道理，并且有感染力的演讲，能做出这样演讲的领导，最能打动人。

我们看到在很多大型战争电影里，每次在打仗出征之前，都会有一个动员大会。大会上，出征的将领会滔滔不绝地给战士们灌输理念和目标，他们通过演讲，不仅传达给战士们这场战争的意义，更能感染战士们的情绪，受到感染的战士们在战场上能够奋不顾身地去拼命，甚至可以为了荣誉付出自己宝贵的生命。

许多成功的企业家也时常会做一些令人热血沸腾的演讲，他们具有超凡的魅力与感染力，会让听众在当下热血沸腾，甚至觉得只要按照他们传授的方法，自己也能和他们一样，或许也能成为一个成功的企业家。

很多著名企业家的演讲我都仔细听过，比如柳传志、俞敏洪、马云、周鸿祎等。听过之后也的确有很大的感受，倒不是浅薄地认为这些人的成功可以简单复制，而是嗅到了他们成功的另一种深层缘由。

新东方最大的销售员就是俞敏洪，很多学生基本上都是听了他的演讲才去新东方报名学习英语；阿里巴巴的最大销售人员是马云，在阿里巴巴创始初期，马云就是通过自己的演讲去改变他人对电子商务的认识，达成对阿里的信任，为阿里埋单，最终成就了千亿市值的阿里……可见，演讲能力多么重要！

为什么这些人的演讲，能够让听众感到充满力量，甚至成为他们的粉丝，拿钱购买他们的产品呢？就是因为他们的演讲十分具有感染力，从他们口中说出的每一句话都能够抓住并打动听众的心。

那么，回到主题，如果想要获得成功，想要成为一位优秀的领导者，首先需要具备的就是演讲的能力。不会演讲或者不敢演讲的人，又如何能够影响他人呢？当然，我们也时常看到有这样的领导，不喜欢说话，不会演讲，更不敢演讲，这样的领导便是闷骚型领导，而这样的领导，通常很难做大，很难形成自己的影响力，最终只是做成一点小生意。

所以，要想具备能够影响他人的能力，首先就要从演讲着手。

说到演讲，你可能会问，针对有限的几个观点，反复说来说去，每一次演讲都可能会重复很多内容，这样不是会很不好吗？

事实上，这个问题完全是多虑了。比如号称“国学大师”的翟某，他的演讲实际上用21句话就能够完全概括。每一次，他讲一个案例，都是围绕那中心的21句话，为了准确生动地传达给听众，用一大堆的事例去解释和修饰。但这样的演讲，反而让听众觉得他十分高深莫测，其实就是忽悠。

也曾有人调侃马云，说他每次演讲都有重复的内容。马云自嘲说：重复是为了强调、是为了相信。只有自己相信了，才可能不断重复，才可能通过重复的演讲去影响他人，让他人相信。别忘记了，如果你自己都不相信，你敢去不断地重复演讲吗？如果你自己都不相信，别人会相信吗？自己都不相信，别人更不会相信，何谈去影响他人呢？只有通过不断重复的演讲，让自己相信，别人才能相信。这就像公司的使命一样，如果公司CEO连自己公司的使命都说不清或都忘记了，员工肯定不会知道自己公司的使命，这样的公司如何能成功？

作为一个领导，首先要知道自己公司的使命是什么，然后不断地去讲，重复地讲，一直讲到员工也跟着相信了，这就算是有了初步的成功；接着，继续不断地演讲，让投资人也相信你公司的使命，相信你能成功；最后，仍然继续演讲，让你的用户们也相信你的使命，这样他们就会信任你，使用你的产品。

只有通过不断的演讲，才能一次次地去影响他人，如自己的员工、客户、投资人等。那么，要怎样做，才能够提高自身的演讲能力，进而去影响他人呢？

首先，自己要有思路、有思想，能真正地做到先影响自己。

任何演讲也好，各种理论也罢，最先需要说服的都是你自己。只有自己首先深信不疑了，才有能力去令别人相信，这是一切的基础。如果你自己都不信，那么更不可能有底气去令别人相信。

所以，领导者不能是怀疑论者，即便你本身是个怀疑论者，在你从事的这项事业上，你也不能有任何怀疑。事实是，任何事情都不可能做到百分之百，但当你决定从事这项事业时，就必须先要百分之百认可这件事。

为了让自己认可这件事，你就要先厘清自己的思路，不给自己任何机会怀疑自己，当一切都清晰下来，连你自己都感到无懈可击时，才能将这个理念拿出去讲给他人。

其次，自己要相信自己，必须做到自信，但不能自负。

自信是重要的基础，一个演讲者只有他先足够自信了，对听众来说才具有信服力，但也不能太过自信，达到自负的程度。

自信与自负的区别在于，自信的人完全相信自己的观点，不会对自己的观点有所质疑，即便其他人质疑了自己的观点，也能够通过自身的逻辑链将其化解；而自负的人，虽然也同样具备前者的素质，但却完全听不进其他人的任何意见。

自信的人，在听到其他人的意见时，如果该意见与自己的理念相悖，他会通过自身的逻辑去反驳对方，但如果该意见的确有可取之处，他也会吸纳。能够去吸纳质疑的人，才是更理智客观的人，也是更容易让观众认可的人。如果一个演讲者根本听不进任何意见，那么他也会给人狂妄自大之感，反而显得不可信了。

最后，不断去重复，让更多的人相信你。

重复不是在说废话，而是将自己的观点一次又一次灌输在听众的脑海里，直到能够到达听众的心里。我们知道，要把一个钉子钉进墙里，必须得一下又一下锤打这个钉子，重复观点就是这个锤打钉子的过程。

你可能会不相信，但事实上，一个你起初并不接受的观点，当有人极具感染力地在你耳边说个不停，你渐渐就会相信这个观点，甚至可能会成为这个观点的拥护者。人的意志力并没有自己想象的那么强大，不断地重复对听众灌输一个观点，多数时候都能够打破听众的心墙，使其慢慢开始接纳演讲者所说的一切。

总之，演讲，可能是现在社会中的一种基本技能，如果你连演讲都不敢或不会，何谈去影响他人？如果不能影响他人，又何谈成功呢？只有不断提升自己的能力，锻炼自己的演讲技巧，通过自己的演讲去感染他人，才可能更快地获得成功。

面试时的细节把控

面试是一个职场人走向成功的第一步，那么如何通过面试来获得企业的青睐，拿到高薪呢？这里首先要明确的一点是，企业为什么要设置面试这一程序，企业想要通过面试这个过程了解什么。

1. 工作背景的核实。

企业面试的一个目的就是核实求职者的工作背景。在面试过后，企业也会进行背景调查。因此，求职者不要试图对简历进行造假，别忘记“道高一尺，魔高一丈”。任何工作背景都可以通过面试交流、背景调查来核实。

2. 求职动机。

动机不同，得到的结果也就不同。候选人在回答企业的求职动机时，要站在企业的角度去思考问题，这样被录取的机会才最大。比如“我十分看好贵公司所在的行业，我认为贵公司十分重视人才，而且这项工作很适合我，相信自己一定能做好”，这样的动机就更容易被企业接受。

3. 能力和文化的匹配。

这点只能实事求是地来回答，因为你的喜好、性格和已经形成的能力是无法改变的。

4. 软性能力。

这点是要考察你除了满足该职位的能力以外的其他能力。

5. 职业规划。

一般在面试过程中，面试官都喜欢问你未来3—5年的规划。这一点主要考察你的是：第一，是否对未来发展有明确的要求；第二，侧面了解你将在该工作岗位上工作的时间长短等。

我曾经面试过一位候选人，当我问她未来5年的规划时，她说自己也想开一家这样的公司。很多领导听到这样的回答都会拒绝的，因为任何企业都不愿意培养竞争对手。

6. 薪资匹配。

在和企业谈薪酬的时候要有技巧性。如果是猎头推荐的职位，建议自己不要直接和企业谈薪酬，而是把谈薪酬的事情委托猎头来做。

那么，了解了企业的目的后，作为面试者，又应当怎样把控细节呢？首先要在流程上做到一丝不苟，在面试流程中，需要注意的是以下几点：

1. 熟悉自己的简历。企业面试基本都是围绕简历上的内容进行深度了解和交流的，作为候选人必须要对自己的简历非常熟悉，这样才能更流畅地回答企业面试官的提问。

2. 熟悉面试流程，了解客户信息和企业面试官的信息等。

知己知彼方能百战不殆，在企业了解你之前，你先要去了解企业。

3. 穿正装面试，提前 10 分钟到场，熟悉现场情况，给企业留下良好印象。

4. 进入企业面试，哪怕是碰到企业方前台的接待、HR 专员等都要表现得非常有礼貌和尊重，展现你的风度，给人留下非常好的印象。

5. 如遇到同级别面试人员，哪怕这位面试官非常不专业，都不要否定别人，要耐心地讲解，以争取其对你的认可、尊重。

6. 在面试过程中，如碰到自己一下子不知道如何回答的问题，可以让面试官重复一遍，你正好利用这些时间来调整你的思维和逻辑结构等。

7. 在回答面试官问题时要紧扣该职位的要求，要干练，勿拖泥带水，用数据和实例来说明你做过的项目的情况、曾经解决过哪些问题、创造过多大价值等。回答时不要夸张，要实事求是地讲，因为老板与老板的圈子很小。

8. 整个面试过程要认真对待，说话要有自信，且一定要谦虚、诚实。讲话时要用眼睛看着面试官，这是自信最直接的表现，如果有多个面试官，眼睛多关注主面试官及直接讲话的对象，同时也要兼顾到其他面试官。

9. 面试结束后，要礼貌地表示感谢，同时把你喝水的纸杯等垃圾放到垃圾桶然后礼貌离开。

以上是面试的基本流程，掌握了基本流程也就掌握了整个面试的大致方向，而在具体面试过程中，面试者还需要留意一些细节问题。

1. 一定要有清晰的思路和逻辑。

面试者最好能够在 3 分钟内层次分明地做完自我介绍、说明离职的原因、对自己的职业定位及优缺点等的表述。

2. 要展现出个人魅力。

在整个面试过程中，力争给企业一个良好的印象，决不能让面试官在印象这方面把你 pass 掉。

3. 不主动谈薪酬。

如被企业问到薪酬问题，要说机会比薪酬重要；如企业坚持问你薪酬，则要告诉对方一个薪酬范围，而不是具体薪酬。

4. 不要不懂装懂，说话要靠谱、接地气。

如果做不到这一点，不仅面试这一关通过不了，还会让面试官对你产生厌烦。我之前面试过一位新媒体人员，当我问他“如何展现情绪”时，他说新媒体需要的是干货，用干货来吸引用户关注和传播。听完他的回答，我就没有再问他任何问题，而是礼貌性地聊了一会儿就让他离开了。为什么呢?因为这个人就是不懂装懂。情绪，是通过情感的代入让某些观众想起从前的一些个人经历，从心底对故事产生共鸣。一个做媒体的人却不在意情绪的传达，只能说明他对这方面完全不懂。

5. 不要抱怨现在和以前的老板及同事。

最好能用接地气的语言对前老板、同事进行表扬。哪怕你恨死你的前老板，都不要表现出对前老板的不满、抱怨等。我曾经面试过一位互联网公司的高管Mark，面试之前，我私下了解到Mark的前老板因为期权的事情坑了他一把，但 Mark 在面试过程中，没有表现出对他前老板的抱怨和谴责，而是说他前老板也不容易等。这样的候选人就比较好，因为他不会让企业厌烦。如果 Mark 在面试的时候，一直抱怨前老板，估计其他企业很难录用他。原因很简单，因为一旦他离开这个地方，也会骂现在的老板。

6. 不要讨好或与面试官套近乎。

一味对别人讨好显示的是自己的懦弱和不自信，这样只会让人轻视和看不起；而在面试过程中向面试官套近乎，只能说明你善于处理人际关系，反而会让公司认为你可能是公司政治斗争的关键所在。

所以，有些面试官，特别是很多老板都不喜欢这样的求职者。我有一次陪同一位非常优秀的面试者去面试，在面试前我一直提醒对方不要和企业老板套近乎，因为这家公司的老板非常讨厌这些行为。对方口头答应，但在面试过程中还是刻意向老板套近乎，结果，本来说好的一个小时的面试，不到10 分钟就结束了。所以，在这里提醒大家：面试就是面试，不是套近乎的机会。

7. 面试过程中要自然，不要主动向面试官要电话等联系方式，更不要表现得非常非常想要这次机会。

哪怕你真的非常想要这次机会，都不要太过于表现出来，做到自然就好，不然别人会因为你非常想得到这次机会而压低你的薪酬或职位。

8. 面试后，即使企业方给你电话等联系方式，都不要主动向企业方咨询面试结果，要和猎头沟通，让猎头去周旋。

作为候选人，如果你非常主动向企业咨询面试结果，就把你非常着急的心态暴露了出来，这样企业很可能会降低你的薪酬和职位。这对你或猎头都不是好事。所以，整个面试过程中，你配合猎头就好，例如谈薪、入职时间等细节问题由猎头代你去谈判。这样，你既能省心，又能争取到更多对你有利的东西，如薪酬、职位等。

9. 如企业主动打电话和你谈薪，你也要把谈薪的事情交给猎头，由猎头和企业讨价还价。

职场隐形人

职场上总有些人勤勤恳恳，但却默默无闻。工龄数年，却依然是公司里面的隐形人，升职加薪更是从来没有他的份儿。这就是我们所谓的“职场隐形人”。

在我看来，职场隐形人的现象，其实是因为他们对工作存在一些认知误区，才导致如此结果。我们只有认识它，并攻克它，才能摆脱职场隐形人的处境，让机会源源不断地找来。

佳羽，某知名院校新闻专业毕业，今年28岁。她有段时间感到万分焦虑与迷茫，原因在于，她对自己现在的工作极度不满，想要跳槽又没有明确的方向。

佳羽几年前从国内一流名校新闻专业毕业，进入大型央企从事党务工作，干了没多久，觉得工作太清闲，并且对公文写作丝毫提不起兴趣，于是便跳槽到一家新媒体公司从事编辑工作。新的工作节奏快，需要员工在短时间内接触大量行业新知识并进行内容转化。一开始，佳羽还觉得挺有意思，但没过多久，佳羽又觉得公司规模小，管理混乱。看不惯这些的佳羽再次辞职，跳槽到现在的公司，一家业内领先的在线培训机构，从事运营的工作。后佳羽发现所在部门并非公司的事业中心，地位相当边缘，佳羽常常陷入无事可做的状态，逐渐丧失干劲。

再度起意跳槽的佳羽此时发现，自己已经28岁了，毕业后跳了几次槽，却依然什么都不会，也没有什么能展现她能力的业绩，名校的光环也逐渐褪去，此时跳槽实在没什么优势。因此佳羽一度陷入自暴自弃的状态中。直到某天，事情终于出现了转机。

那天，公司全体员工开展共创会议，请大家提出对公司发展的建议，然后再进行讨论。本来就很边缘的佳羽，在一番思想斗争后，豁了出去，跑到讲台上简短地提出了一个问题，并在接下来的分小组讨论时，作为话题发起者收集了大家的意见。佳羽再接再厉，在会后将收罗来的意见汇总，形成了一份报告，向领导展示。

没想到这一举动引起了领导的注意，领导意识到小姑娘平时虽然不起眼，没想到对公司的发展这么有想法！随后，领导与她进行了谈话，并对她下一步的工作做出了切实的计划和安排。经过这件事，佳羽似乎找到了工作的热情，变得比以前更有干劲，自己的才华也越来越得到重视。佳羽终于发现，通过恰当地展现自己的存在感来得到公司的认可和重视，对职业发展竟如此重要。

佳羽是在偶然之中破解了自己沦为“职场隐形人”的难题，相信很多职场人也有过类似经历，即便你没有，你身边也一定有许多这样的人。他们在公司里可有可无，虽然他们在工作上勤勉认真，兢兢业业，挑不出大毛病，但也拿不出值得称道的业绩。这一类人被称为“职场隐形人”。作为职场边缘人物的他们，甚至随时可以被替代。

面对隐形人的处境，如果是你，会选择潇洒离开重启职场生涯，还是选择继续埋头苦干、任劳任怨？在回答这个问题之前，不如先来看看“职场隐形人”究竟是如何诞生的。

第一，对自己的职业存在刻板印象，缺乏用全局视角来审视自身职业的能力，因而导致工作动力不足。

很多时候，大家都认为做好本职工作就好了，拿公司多少钱就干多少活，其他的何必理会？这类隐形人常常对本职工作有倦怠之心，并倾向于将对现状的不满全部推到外部原因上，认为工作就是这样，是公司不提供学习培训的机会和上升的通道，并不是自己不够努力。于是就这样，逐渐过上了当一天和尚撞一天钟的生活。

其实，这里存在着极大的认知误区。如今的工作，大多数已经不再具有明确的岗位职责，尤其是在新兴行业和岗位中，这种情况越发明显。大环境的改变，必须迎来认知的改变，否则只能被时代抛弃。

如果你能从公司发展的全局视角来重新审视手中的工作，去思考自己的工作如何能为公司整体业绩的提升做出贡献，换句话说，就是你能不能把你的工作当成一家公司来做。这种认知上的转变不仅能让你的工作业绩得到显著提高，还能为你带来一种主人翁意识，一个拥有主人翁意识的员工必然会引起领导和同事的关注。

第二，总觉得下一家会更好，却发现越跳越差。

对于许多“90后”来说，跳槽是一件稀松平常的事情，可以说一言不合就跳槽。跳槽的理由千奇百怪，领导太奇葩、跟同事合不来、工作内容毫无意义等。结果就是，几年下来，发现自己什么都不会，到哪都干着基层的工作，因为跳槽太频繁，也未积累有效的人脉圈子。而放眼身边的同龄人，有的已经走上了管理岗位。到了 35 岁后，这种人也只好无奈地陷入焦虑与迷茫的恶性循环。

这类隐形人恰恰是因为不满自己的隐形状态而不断更换跑道，也可以称之为职场快闪族，他们的问题就是对当下极其不满，但又不知道自己能做什么。

不得不说，这类隐形人所谓的“理想工作”，根本就是不存在的！每家公司、每份工作都有其短板，关键在于你需要了解你工作的本质是什么。其实，大多数工作无非就是帮助公司能更好地卖出自己的产品，你需要弄清楚你究竟是不喜欢这份工作本身还是工作中的一小部分。你必须学习将现有的资源为你的职业生涯服务。如此看来，你的工作是不是还有很多值得改进的地方？

第三，假装自己很努力，却总是在自欺欺人。

职场上有很多人并非不懂得提升自己，他们积极地去参加行业峰会积累人脉，坚持读书丰富知识，还会报名参加各种微课学习这个学习那个，等等，下班后的时间几乎都被安排满了。然而，一段时间后，却发现，这些所谓的积极努力并没有对工作有实质性的改善，自己依然在原地踏步。究其原因，不过在于，那些所谓的“输入”均未形成有效的“输出”，即那些学习并没有转化成生产力，反而自己被碎片化的学习害死了。专门化、系统化的思维才是职场人的破解之道。你参加的那些大会、微课，阅读的那些书籍等，虽然内容丰富，却很少能让你去思考个中的知识点，以及如何将它们运用到实际的生活、工作中去。

当下瞬息万变的时代，我们必须不断努力才能稳住现有的位置。努力这件事本身没有错，关键在于努力的方法。一定要找到最适合自己、最能显著改变困境的办法，并通过自身反复试验，逐渐形成自己的一套技能及应对法则，长此以往，才会逐渐形成你自己的品牌标签，摆脱隐形人的处境。同时，一定要养成系统化的思维模式，只有这样，你才不会误入歧途，才能走得更远。

最后想说的是，职场隐形人并不可怕，可怕的是明知如此却不想改变。只要你愿意将自己的工作当成一家公司来做，让现有的一切资源都为你所用，助力自身的职业生涯发展，且能够不断学习、不断将所学转化为生产力，那么，长久坚持下来，你想成为职场隐形人都难！

CHAPTER 4

第四章

解码人才地图与人才战略

昙花一现的高薪

对于很多公司的高管而言，想方设法为自己寻得一个好的东家，通过跳槽让自己的人生再上一个台阶，获得更高的劳动回报一直是他们梦寐以求的事情。当然，这也是我们很多普通人的梦想之一。不过，真正让高管们决定跳槽的原因究竟是好的东家还是单纯的高薪呢？为了高薪而跳槽的，又是否真的获得了高薪呢？为此，我曾经专门围绕跳槽的动机写下了三个问题，并进行了一个小小的调查：

1. 高薪机会。
2. 值得跟随的老板。
3. 其他原因。

在这次调查中，参与调查的20个人（随机抽取）里，就有12个人会为了高薪机会而跳槽，6个人会为了找一个值得跟随的老板而跳槽，剩余的人则是为了其他原因而跳槽。

在进行调查之前，我原本认为企业的高管们大多会为了找一个值得跟随的老板而跳槽，但这个并不算科学的数据结果显示，绝大部分的企业高管还是会为了高薪机会而跳槽。面对这样的调查结果，我不禁深思：企业高管是否应该仅仅为了高薪机会就跳槽呢？

答案应该是否定的，因为高薪跳槽的背后有可能并不是什么“馅饼”，而是一个巨大的“陷阱”，为了高薪机会而盲目地跳槽，只会让自己陷到坑里去。我们拿下面的三个案例来进行说明：

案例一：

网友A原本是某上市互联网公司的高管，薪酬是80多万元，虽然算不上太高，但也确实不低，算是一份较为理想的工作。然而，网友A却在去年跳槽到了另外一家做传统行业的公司，理由是这家公司承诺给他150万元的薪酬，并将其职位提升为VP，其他福利也十分优厚。

可是，好景不长，网友A在该公司工作了不到六个月的时候，公司进行战略调整，网友A负责的项目被砍掉了，公司向他支付了一些经济补偿后便让他离职了。

离职后，网友A和他的朋友们一致认为，像网友A这样的牛人，找一份新的高薪工作肯定是没有问题。可是，现实却截然相反——即便是在有多位猎头帮助的情况下，网友A还是花了半年多的时间才找到了一份新的工作，而且薪酬待遇和原来相去甚远。

案例二：

某公司为了做一个项目，特意高薪从其他公司将网友B挖了过来。在网友B的管理之下，该项目进展得十分顺利，不到一年的时间就完成了。

可是，该项目完成以后，问题来了：按理说，一个项目结束了，公司就应该换上其他项目，但网友B跳槽的这家公司却暂时没有其他的好项目跟进，因此，公司老板便不再愿意高薪养着网友B这位高管，私下闲聊之际给了网友B一大笔的奖金，暗示网友B主动辞职。

所谓“鸟尽弓藏”，情商高如网友B，他又怎么会不知道自己该怎么做呢？既然他在该公司的使命已经完成，那么主动离职才是最体面的选择。

讽刺的是，该公司老板还专门为网友B举行了一个盛大的欢送会，并在会上说了很多让员工们感动的致辞。而面对该公司老板如此堂而皇之的行为，除了苦笑，网友B又能做什么呢？或许，他也只能后悔自己不该轻易被这家公司挖过来，如今又被人家一脚踢开吧！

案例三：

网友C是某公司一位能力十分强悍的销售管理人员，后来却被该公司的竞争对手挖了过去。并且，在对手公司工作的三年间，他还将原公司的销售渠道和一些大的客户都转移了过来。

按理说，该对手公司享受了网友C为他带来的如此好的境遇，应该会很信任网友C吧？可事实上，该对手公司却在暗中培养自己的嫡系人员参与公司的日常销售管理。可怜网友C不明就里，还十分认真地将该公司培养的嫡系人员当成自己的嫡系助理来栽培。

就这样，三年后，该对手公司的销售团队和业绩增长基本上趋于稳定，便立刻以公司的名义将网友C的职位升到了公司的副总裁，还象征性地提升了网友C的薪酬，但却将他的提成去掉了。也就是说，表面上是公司升了网友C的职位，实际上却抹掉了网友C的一大部分薪酬。

面对公司这样的决定，网友C当然气不过，于是连续找了好几个该公司的老板试图进行理论，但公司的这些老板口径却是出奇的一致：做销售非常辛苦，到集团搞搞管理就可以了，劳逸结合一下也挺好……

沟通无果之后，网友C一气之下向公司提出了离职，试图通过离开使公司老板们改变想法，可岂料公司立刻便允了他的辞职，还答应给他几十万元人民币作为他这三年来为公司鞠躬尽瘁的补偿。

无奈之下，网友C只好着手办理业务交接，准备离职——既然公司老板们的意图已经如此明显了，他又何必死乞白赖降低身价呢？

可笑的是，网友C在办理业务交接的时候，还试图劝说他精心培养的嫡系助理跟随他一起跳槽到另外一家公司。

这位助理怎么会答应呢？网友C作为销售神人，却直到离职的那一刻，都没有明白过来：他辛辛苦苦培养的嫡系助理，不过是公司老板早早安排在他身边偷师学艺的嫡系人员罢了。

以上三个案例并非我的胡乱编造，都是生活中真实发生的事情。这三位网友的亲身经历告诉我们：对于高管而言，千万不要单纯地因为高薪就匆匆选择跳槽，因为相较于高薪，一个靠谱的、值得你信任和追随的老板带给你的职业发展前景一定会更好、更长远，而那些一直为高薪而跳槽的高管，虽然拿到了高薪，但拿高薪的时间却通常不会很长，只要其完成了自身的阶段性使命，高薪就会因为其使命的结束而消失。

一般而言，为了高薪机会就选择跳槽的人，通常都存在如下几个问题：

一是缺乏明确的跳槽目标，无法平衡自己需要达成的目的，因而盲目地选择了高薪；

二是缺乏对自己职业的长远规划，在还没有通过原公司为自己积累足够的技术和经验的情况下，就匆忙地选择了高薪跳槽，目光短浅；

三是缺乏对新公司的环境氛围、运作模式、发展前景等因素的全面深入的了解，只是为了高薪而跳槽，终致自食其果。

总之，无论是普通人还是企业高管，理性的跳槽必须是建立在对自己职业发展的详细、合理规划的基础之上，而不是盲目地看到高薪机会就立刻跳槽，否则，一旦进入误区，这种高薪就会变成职业发展的“毒药”，造成我们职业生涯的倒退，并且，这种倒退和影响往往都是不可逆的。

因此，我们一定要在高薪诱惑面前告诫自己应当慎之又慎，要在决定跳槽之前明确自己的职业发展定位，为自己觅得一个好的老板。因为一个愿意分享的好老板，一般给你的薪酬都不会太低，高薪只是时间问题。

所以，请大家切记：选择老板一定大于选择高薪，没有好的老板充当你职业发展的伯乐，再多的高薪机会也不过都是昙花一现，愿大家都能避开这样的陷阱！

被清退的从来不是年龄的原因

在这个世界上，时间是唯一不可抵挡的事物。年轻时，我们有面对未知与迷茫的巨大勇气，也有不计后果的推翻与尝试。可是那些被遗忘和搁置的问题，并不会随着时间的推移而消失不见，甚至有些反而会在一个不经意的拐角处，再次与我们不期而遇。这个拐角，也被称作“职场中年危机”，更有人将其具体概括为“35 岁危机”。

在职业规划咨询的生涯中，我遇见过很多境遇类似的咨询者。他们大多感觉迷茫和焦虑，找不到未来的方向，职场打拼十年，他们清楚自己不仅已经不再有犯错的资本，而且还会面对越来越严峻的职场环境。他们为职业生涯规划的迫切性所煎熬着，这也不禁让我想起一句电影台词：出来混的，总是要还的。

既然“35 岁危机”已经成为职场上的大概率事件，那么梳理这种现象的成因，找到病灶的源头，一定是有巨大价值的。究竟为什么会发生这种危机呢？

根据“生涯理论”，职场发展的路线大抵是沿着上升—维持—衰退的曲线行走。由于个人境遇的差别和行业环境的差别，发展周期的划分并不是刻板不变的。但平均来讲，在职场上 35 岁之前大多属于上升期，从 35 岁开始则进入一个相对平稳的维持期。

这种情况其实具有双重含义：如果 35 岁还没有进入中高管理层，那么就只能在基础岗位上不断与年轻人竞争，自然有一种被大浪淘沙的挫败感；如果 35 岁刚刚有了起色，也会感觉上升的趋势变得平缓，因此会产生力不从心的焦虑感。“35 岁危机”所针对的人群，大多是前一种。针对这种无力感，此时去做一个复盘和回溯，我们可以大概梳理出几种原因：

一、第一学历不理想。职场中从来就不缺获得高薪的机会，但除却能力之外，第一学历往往很重要。这个标准有时是隐形的，它没有明确写出来，但在 HR 筛选简历时，如果第一学历不过关，很可能连面试机会都没有。我曾经接触过很多第一学历是大专的朋友，虽然后来也很上进地去考了硕士学位，但在简历筛选或面试时还是被淘汰了。

职场是现实而残酷的，我和一位在世界 500 强企业负责人才发展的朋友聊天时，他很直接地回答过这个问题：“道理很简单，你虽然也考了硕士，但年龄大了，薪资期待一定比较高。那何不招聘一位年轻人，能力并不亚于你，薪资更合理，对待工作通常更有激情。”

二、跳槽频繁造成的简历混乱。35 岁之前跳槽过于频繁的人，大多是为了获得更好的机会、更高的薪水。跳槽本没有错，错就错在为了机会或薪水而频繁跳槽。35 岁被淘汰，最直接的原因就是简历不好看，跳槽太过频繁的人就是这样。我接触过一位“80 后”的职场人，平均跳槽周期不到一年半，现在求职要求月薪 6000—8000 元即可。这就是过度跳槽导致的职业发展不理想。

很多公司的 HR 在筛选简历时，只要看到跳槽平均周期达不到 3 年的，基本上直接 pass。所以，职场频繁跳槽，反而会丧失很多职业发展的机会。

三、缺乏黄金项目或大公司背景的背书。不管是猎头还是 HR，在筛选简历时首先考虑的一定是你是否满足企业的硬件要求，比如年龄、第一学历等；接下来会重点关注是否有大公司工作经历，或者有没有参与或主导过大项目；最后看你在某个项目中承担的角色、工作职责和完成的业绩。这些，才是简历上最核心的亮点。

很多人会说，“太好了，我也有大公司背景”，但先别高兴得太早，大公司背景只是一个方面，关键在于你是否参与过中大型项目、你在项目中的角色和达成的业绩，这才是重点。否则仅仅有大公司的经验，也不足以构成强势的竞争力。

四、情商有待于加强。没有人会否认，在职场上情商比智商更重要，除非你是一个与世无争的技术人员。情商表现在你和别人打交道时，对方是否愿意和你交流、你是否是玻璃心、你是否易被激怒等。职场上，玻璃心和易被激怒的人特别多。这样的人，在职场中一定不会顺利，总是磕磕碰碰，到头来，甚至不明白自己在职场上为什么会如此失败。

五、路线模糊：技术路线还是管理路线？很多人都有一个共识，中国的企业不缺管理者，缺少的是具有技术背景的管理者。这一点我们不做过多的讨论，但清晰的路线感，的确会容易让所有的努力更有效地兑换成经验。

以上这些问题都是“35岁危机”的成因，这似乎让人看起来有些悲观，难道职场打拼也要遵循“出身论”吗？事实并非如此，我见过很多起点不高，但后来职业发展一样非常好的例子。比如有一位朋友，他44岁，虽然是中专学历，但一样做到了VP阶段，他的团队里很多都是硕士、博士。为什么类似的起点，却有人突围呢？

首先，他们情商很高，虽然没有大公司背景，但都有黄金项目的加持。我接触过一位职业经理人，性格非常好，情商也高，第一学历是大专，财务专业，但他为了全程参与IPO项目，就想办法进入某公司，虽然薪酬不算高，但是他依然跟了项目全程。正是这个全程IPO的项目经历，使他的身价倍增。现在已经是年薪接近100万元的职业经理人了。

其次，他们知道自己的薄弱点和优势各在哪里，并懂得不断放大优势，这种人通常不太喜欢跳槽。这句话说起来很简单，但在职场上，很多人真的不知道自己的弱势所在，导致见别人学什么，自己就想学什么，见哪个行业挣钱，就想往哪个行业发展，职业发展路线非常混乱。

就像曾经有一位网友给我留言，说自己工作10多年，一直不顺利，看到现在区块链非常火，就问是不是可以参加零基础的区块链培训，这样薪酬是不是就提高了。这是典型的投机心理，这种心理永远不会找到自己的方向，搞不好，就会成为永远的失败者。想抓住潮流，就要在平时多积累，而不是潮流来了，才马上去投机。

最后，职场打拼最重要的是做事踏实，有始有终，能够成为老板信任的人。团队中最可怕的是没有人信任，特别是你的老板。这里的信任度和你在企业中的价值往往是成正比的，没有信任，就意味着没有价值。归根结底，是要踏实做事，帮助老板把问题解决好，以此来树立自己的品牌，成为不可替代的人。

或许你已经发现，所谓的“35岁危机”是职业探索的一个阶段性总结，它从来就不是什么人生的高峰或者低谷，而是中场整理。在职场上，其实没有人会被“35岁”这个年龄淘汰，而是早在35岁之前就已经被自己的选择所淘汰。缺乏核心竞争力，在职场上就永远存在被替代的可能性，无论处于哪一个年龄。解决“35 岁危机”，需要的不仅是有解决实际问题的能力，还要有高情商的沟通协作能力、清晰的职业路线规划，以及不断树立在行业内的影响力。做到这些，所有的年龄都是经验、都是资本，而不是弱点，更不可能是炸弹。

重新发现自我价值

职场上有一类人，他们本身能力并不算差，甚至颇有过人之处，但是他们对自己总是缺乏正确的认识，不能看到自己真正的价值，以至于真正的实力总是得不到发挥。有些人明明有很出色的见解，却从不显露于人，就这样，他们用沙尘遮盖住了自己，甚至把自己仅有的那一点光辉也掩藏了起来。

在登山的过程中，这样的人即是缺乏强者心态的人，他们既不相信自己有登顶的能力，也不敢在途中表露出自己的规划和想法，最后只能随波逐流，淹没在人群之中。如果你也是这样不自信的人，不妨想一想，既然已经决定了要走这段路，为什么不精神抖擞，自信地迈开步伐呢？

曾经有一位在职场上遇到问题的朋友向我咨询，其实，与其说是咨询，倒不如说他已经提出了十分出色的解决方案，只不过是来寻求我的认同。我问他，既然你已经有了答案，为什么还要我为你参考呢？他说，我是想通过你的判断，来证明自己是正确的。这是很多职场人容易犯的错误。自己早就有了答案，但就是不相信，偏要找别人来帮助参考。其实，这不是参考，只是想通过别人的认可来证明自己的判断是对的。

有一次，我和一个大公司的朋友聊天，也提到了这件事情。她说她也发现一个类似的问题，她的部门 VP 每次开会讲到重点内容的时候，总喜欢用眼睛看看身边的几位总监，如果这几位总监都点头了，这位 VP 才开始接着讲。

这就是职场的自我暗示，目的是通过别人的某种行为来证明自己说的是对的。我们中的很多人其实都会如此，每当有一个好的想法或做一个方案时，总会不自觉地先问问别人的看法。如果别人认可你的看法，你就非常有激情地开始做；反之别人不认可，你就感觉很泄气，甚至不敢做了。

其实，几年前的我也是如此。遇到问题，喜欢先问别人，问过之后却发现，别人其实根本不理解你要做的内容，更不理解你的想法，只会瞎评论。后来，我再做事情，只要先把问题思考清楚，经过逻辑推理和论证后是对的，就开始全力以赴去做，不再去征求别人的任何建议。

还有一次，我要做薪职网相关的项目，当时很多人都不认可，纷纷提出了质疑和批评，但他们并没能阻止我。

我不是固执，也不是自负，我只是已经充分了解了用户的需求，知道该怎么做才是对的。至于那些提出批评和质疑的人，他们其实根本不了解核心的商业模式，只是站在自己的角度思考问题。

任何事情不去“试对”，只停留在表面上去讨论，都是没有意义的。再说，很多事情只有在“试对”的过程中，不断调整方案，才可能成功。如果你连“试对”的勇气都没有，怎么会成功呢?

在生活中，一些女孩子被男孩子追求时，总喜欢拉着自己的闺密帮助参考，参考这个男孩子是否适合自己。事实是，如果她的闺密说出了这个男孩子的各种缺点，这位女孩子就会不高兴，甚至可能因此跟闺密直接产生矛盾；反之，如果闺密不停地夸这位男孩很帅、很有礼貌，等等，她又会乐得开花。这就是心理矛盾，你邀请别人帮助你判断，但别人说不好的时候，你就会生气；说好的时候，你又很开心。其实，你的心中早已经有了判断，只是当这种判断从别人口中说出，你才会更放心。

职场也是如此。如果你做出了一个很好的方案，准备给领导提报，但你又不自信，想让同事帮你看看，提提不同的看法。如果同事说方案做得不好，你肯定不高兴；如果同事拍马屁说，方案做得很好，你就会特别开心。或许你根本就没有发现，同事已经在心里默默吐槽你了。那么这种心理究竟是如何产生的？主要有这么几点原因：

第一，这是不自信的表现，你想通过别人的口，来印证自己的判断正确性。其实并没有人真的那么在乎你，是你自己太在乎别人了。我之前和几位创业者一起聊天时，聊到创业失败了该怎么办。一位三次创业的朋友说，创业失败与成功，没有人太关注你，只是你把自己想得太了不起了，天真地认为很多人在关注你。其实创业失败了，大不了从头再来，为什么要关注别人的评价？永远要记住，你最多是别人茶余饭后的谈资罢了。

第二，自卑倾向，不敢接纳自己，试图成为别人。总认为别人比自己强，比自己优秀，一直想通过别人来影响自己。通俗地说，就是错误地相信国外的月亮比中国的圆。这种心理的根源在于自卑，不敢接纳自己，即使接纳，也是要通过别人的判断。

第三，对自身价值的判断有一种与生俱来的不确定性。或者说，我们对自己的认识很大程度上取决于他人的看法。导致这种现象产生的根源，就是自我认知不清。既然已经知道了这种心理是错误的，我们又该如何去改变呢？如何去重新接纳自己，认清自己的价值？

首先，要自信，但决不能自负，更不能自卑，要清楚知道自己擅长什么，能解决什么等。记住你没有那么重要，没有那么多人关注你，你只是很平凡的一个人。你的缺点，就是平凡人都会有的缺点，别人并不会因为你的出色之处而把你摆上神坛，更不会因为你的不足之处把你踩进谷底。同时也要记住，你很重要，全世界只有一个你。你的优点与缺点，都是独属于你的东西。正是因为不必在意他人的眼光，所以你要做的，就是尽情追逐自己的梦想，攀登自己的那座高峰。

其次，要加强思维锻炼，提升自己的认知水平和理论修养，养成用理论来推理事物正确判断的习惯。身体好，心态就会相对阳光，所以，好身体才是职场的开始。同时，多进行深度思考和深度学习，来完善自己的知识结构和提高理论修养，遇事先用理论去推导你的判断，进而印证你的判断或找到其他的正确结论。用锻炼来武装自己的身体；用知识来武装自己的精神。当你浑身穿满了盔甲，你自然就会变得更加有自信。

最重要的，要记得放弃对别人错误的认知和依赖。还是那句话，相信自己才是最优秀的。同时还要清楚，在很多问题上，其他人和你同样模糊，甚至可能你反而是思路最清晰的那一个，当然，在一些专业领域或是经验领域的问题上，可能有人比你有发言权，你向他们请求建议也无可厚非，但即便如此，最后下结论时还是要经过自己的判断，你才是真正做出决定的那个人。如果对方跟你也同样没有什么专业素养，经验方面更是半斤八两，那就收起你的盲目依赖吧。

职场打拼，如同攀登一座高山。每个人走的路，迈出的步伐，都是不一样的。攀登的价值，体现在登顶的一瞬间，更体现在向上的每一步。所以，既然你有想看的风景，想走的路线，就不要轻易相信他人的判断。当然要听取专业的意见，以绕过那些危险与陷阱，其余的就可作为参考，而不是真理。因为任何评价和意见，都是基于他们的视角和逻辑做出的，未必适用于你。而你的判断和结论，一定得是经过自己的思考，并结合了个人实际情况而做出的。

无形中的时间杀手

在职场上，有这样一种人，他们看起来兢兢业业，每天都如同工蜂一般忙忙碌碌，但是到了年底算业绩的时候，他们的业绩却无比平庸，与那些日常偷工玩乐的人并没有什么不同。同样都是忙碌，有的人成了业界精英，而有的人却始终是平平庸庸。于是有人说，他们是命不好，缺少机会，如何忙碌都得不到重用。然而，真的只是因为命不好吗？

登山路途中，你也一定见过这样的人。他们装备齐全，侃侃而谈，看起来很厉害的样子。可是他们的身影从未出现在高山之巅。那是因为他们都把功夫做在了表面。那些看不见的时间杀手，已经悄没声儿地收回了他们的梦想。

我曾经收到过一封来自某位职场人的邮件，内容是这样的：

> 我是一个每天都很忙的人，因为我觉得自己有好多事情要做，想珍惜每分每秒充实自己。我经常加班，还利用业余时间去图书馆看书或者去约见客户。我很少和朋友出去玩，大家觉得吃吃喝喝、

唱K、打球很好玩儿，但我会感到非常无聊和压抑，觉得那就是在浪费时间。朋友和同事都觉得我是个非常尽心尽力的员工，而只有我才知道我其实是个伪君子。我的脑袋每天都昏昏沉沉，工作也毫无新意，开会培训根本听不进去，和客户谈判期间也是心情压抑，根本无法投入，别人看我是在忙，我其实只是自己骗自己。

看到这封邮件，让我想起了一句话："消耗时间最危险的方式不是玩乐，而是假装在工作。"

这样的人只是看起来很忙碌、很努力而已，实际上却是在浪费生命。就像我们在家看了一天电视，在关上电视的那一刻，内心便总是充满了空虚和懊恼，气愤自己又浪费了一整天的时间，并告诫自己以后不能再这样了。

如果我们是打了一天的游戏，逛了一天的街，也会产生同样懊恼的心情，会觉得自己玩物丧志，不思进取，并在心中对自己至少批斗半个小时。作为一个正常人，稍微过度的玩乐，都会让自己升起警惕心，毕竟大多数人还是希望自己能够好好上班，天天挣钱的。

但是假装在工作就不同了。我在电脑前坐了一天，键盘敲得啪啪响，午餐都是外卖解决的，眼睛酸涩，颈椎生疼，在倒水的片刻你脑子里还会升腾起——我工作真是太辛苦，我实在太努力了这样的感慨。

但是实际上，这一天你浏览了腾讯新闻上的每一个八卦消息，点开了每一个QQ弹窗，并且为新闻的离奇或悲催和同事唏嘘了几番；你在微信网页版上和大学同学群里的人吹了一个小时牛；中午在外卖App你看了各种推荐店、好评店、满减店，足足浏览了半小时才预订自己的午餐；你刷朋友圈若干次，转发鸡汤文几篇，给若干朋友点赞评论，忙得真是不亦乐乎。

于是下班的时候你发现，自己竟然还有那么多事没做完，又要加班了。就这样，你继续在朋友圈晒加班，晒泡面，边加班边每几分钟看一下朋友圈，谁又给我评论了，谁又给我点赞了。

你日复一日在假装工作，在消耗掉最好的时光。在年终奖和升职加薪无望的时候，你还愤愤不平地说：我整天加班，很少休息，我这么努力，为什么回报这么少？

几年前，我曾经遇到过一个房产中介，他就是典型的假装在工作的类型。自从我给他留下信息之后，他就不停给我打电话预约看房，当我真的抽出时间跟他到指定地点，他才发现房东早就把钥匙从物业处拿走了。于是他又火急火燎跑到房东家去拿钥匙，我也就只好一直等着他。最后，他终于拿到了钥匙，打开门进去一看，我才发现这个房子南北不通透，两卧都朝北，根本不是自己之前要求的房型。

他支支吾吾解释自己实在是太忙了，每天约客户看房子打电话，所以记错了，还说一定会帮我找到更合适的房子。

其实事情根本不需要那么麻烦，只要在我电话找到他要求去看房时，他能花几分钟时间跟房东联系一下，就不会临时忙乱找不到钥匙。如果他在给我打电话之前，能仔细筛选一下房源，确认一下我的要求，就不会出现这么严重的失误。这位中介一直在不停地忙碌，但是除了他自己，没人知道他在忙什么。别人只知道一个结果，就是他的工作做得一塌糊涂。

我的一位朋友曾经说过："有的人因为自身无能，所以要折腾出很多的事情让自己忙碌，通过忙碌的过程，来增强自己那可怜的自我价值感，同时用来忘记和逃避自己的无能。"我身边就有这样的人：程序员出身，在一家IT公司上班，干了几年后升为一个小领导。

他每天很忙碌，每次大家见面，他要么会不停地打电话，要么就是处理邮件或者回复微信。他觉得自己很努力很拼，而我们这群熟悉他的朋友则将他的这种努力命名为"瞎搞"。

他在工作中经常这样：比如他跟客户开会讨论为客户开发App，首先会议前他就没有仔细研究客户公司的资料；其次开会期间他也经常容易心不在焉，不能认真听取客户的意见以及理解客户的需要；于是会议结束后，他让手下员工做出来的产品，经常跟客户最开始的要求可以说是大相径庭。

自然，客户会对他进行投诉，结果就是，他这边要骂员工，那边又要给客户道歉，然后又要求宽限项目周期……

他的生活就是这样循环反复。一开始，他的公司还有许多客户，如今，大多数都不愿意跟他合作了。

他所谓的努力工作，在我看来不过是和那个房产中介一样。首先做事情缺乏条理，接着工作过程又不注重方法和策略，当出现了一系列的溃败后，再拼命采取各种补救措施，这样一来，他当然会忙个不停。毕竟本来只是打一个结的事情，他偏偏先把这条线变成一团乱麻，再花大量的力气去整理乱麻，这样一来，他怎么可能不忙碌？

有一句话说得很好："不要把自己的愚蠢、自欺欺人、无意义、无价值的消耗当成了努力工作，这才是无形中的时间杀手。"

不要瞎忙，不要无故浪费自己的时间。如果你对照上面两个例子，发现自己也有这方面的问题，那么我给你几条建议：

首先，要确定自己真的是在工作，而不是单纯摆出工作的样子。

如果你在看书，那么只有你自己清楚，你是真的在看书中的内容，还是眼睛盯着书本，心里却在想着昨天晚上的电视剧。如果你是在操作电脑，那么只有你自己清楚，你是认真在做 PPT，还是在刷论坛刷新闻。别人不可能住进你的脑子里，更不可能控制你的思维，你能骗得了别人，却骗不了你自己。

其次，工作之前先做好规划，不要做错了又不停补救。

比起做得乱七八糟的工作，还不如从一开始就不做。既然做了，那么就力求一次做好，不要反反复复，补救个不停。如果是单独完成的工作，那么先把事情做得乱七八糟，再花费时间和精力去弥补，最后消耗的只是你的精力和体力；如果你是在与他人合作，那么把工作做成一团乱麻，不过是在消耗他人对你的耐心罢了。

最后，把效率放在第一位。

工作做得久，不如做得又快又好。别人花一个小时就能做好的工作，你却要花上一天的时间，到头来，别人可以下班去喝酒、去唱歌，而你只能一身疲惫地加班，从做出的成果来看，你又远远不及人家。

总之，要多去学习，多去熟练技能，去提高自己的工作效率。时间就是金钱，效率就是生命。人的生命有限，时间有限，值得用在更有意义的事情上，不要再让那些无谓的事情杀掉自己的时间，更不要做一个假装工作的人。

慈不带兵

对员工来说，何为好老板？作为老板，如何才是称职？这就像在登山的过程中，思考如何成为一个合格的领队者一样。既然是领队者，肩上就多了一份责任——带领所有成员攀上高峰。做不到这一点的领队，就是失败的管理者。

一位公司的员工曾经向我抱怨，说公司老板对他们要求太严格，所以他准备离职。我并没有直接回复，而是在思考一个问题：因为老板要求严格就不愿意工作，究竟是不珍惜如此老板的员工的不幸，还是遇到这种只会抱怨的员工的老板更不幸？

与之相反，有一次我和某公司一位技术大牛聊天，希望能够让他跳槽。沟通几次，对方都没有跳槽的意向。我不死心，追问他不跳槽的原因。对方的理由出乎我的意料。他说不想跳槽的原因，是老板对他们要求比较严格，在这样的老板手下干活，提升最快，收入也比较高。我又进行了更深入的了解，发现该技术大牛公司的老板要求的确很严格，从其公司走出来的人员都能独当一面，收入也比同类型公司高很多。

同样是遇到严格要求的老板，心态不一样，得到的结果也就不一样。我见到过很多企业中的高管和技术人员，发现凡是在要求比较严格的老板手下工作的人，能力提升都很快，基本上出来都能独当一面；而那些在比较温和的老板手下做事的人，大多都成了“小白兔”，而“小白兔”的命运只能是任人宰割，成为别人餐桌上的美食。

那么，在职场上，对员工来说，究竟什么样的老板比较靠谱呢？答案是：真心对待员工，把员工当作人看，同时对员工要求比较严格，又能让员工学会本领，提升自身能力。

我们看到很多成功的企业，老板对员工或下属要求非常苛刻，但员工反而很尊敬这样的老板。原因很简单，就是老板会把员工当作人看，既能让员工收入高，有尊严地活着，又能给员工培训，提升个人能力，给员工一个很好的未来。遇到这样的老板，哪怕对方要求再苛刻，都能让自己产生幸福感。

好老板不仅给员工一个稳定的现在（收入高），还要给员工一个好的未来（成长快）。就好像有一年引起社会热议的那个收费员，除了在高速路上收费外，其他都不会。这样的人，在年轻的时候既没有想办法进行自我突破，也没有遇到对自己要求严格的老板。因为太过寻求安稳的工作，才导致自己除了在高速口收费之外，其他什么都不会，最后只能成为一个被社会淘汰的人。

如果一个老板从来不对员工做任何更高的技术要求，那么，要么是完全没有要长久雇用这个员工的想法，要么就是这个老板本身就缺乏带兵的能力，他只能带出一无是处的弱兵，带不出能够独当一面的强兵。

好老板能带领员工实现公司高收入，也能让员工高收入，这样的老板，就是好老板。有的老板是自己吃肉，员工连汤都喝不到。这样的老板，绝对没有跟随的价值。

一个值得跟随的老板，他必定是用发展的眼光看问题的。作为老板，如果只是把公司当作自己走上财富之路的垫脚石，通过压榨员工，来让自己获得更高的收入，那么这样的老板，可以说是极其短视的。甚至可以说，这样的老板，根本就没考虑公司的可持续性发展，他想的只是捞一笔就走，或者换个地方再捞一笔。给这样的老板打工，无疑是在浪费自己的生命。

那么，作为老板，又该怎么做，才能让员工心甘情愿跟随自己呢？前面所述是站在员工的立场上挑选老板的准则，同时，也是老板要求自己的准则。但除此之外，作为老板，要让员工死心塌地地跟随自己，这还远远不够。

我有一个朋友，曾经立下雄心壮志决定创业，最后以惨败告终，于是他对我哭诉自己的一败涂地。我真诚地安慰了他，又帮他分析了他的失败原因，最后总结出以下主要原因：

第一，没有树立自己的威信，自认为只要对员工好，员工就会感动，就有业绩。

对于一位创业者来说，对员工好当然没问题，但要有界限。对员工好，不是一味迁就，而是要教会员工技能，要把他们的能力发挥到极致。

这位创业失败的朋友为了能跟员工更好交流，经常组织大家一起喝酒、去 KTV 等活动。于是我忍不住对他说，和员工一起吃饭没有错，但喝酒尽量不要喝醉。更尽可能不要和员工一起去 KTV，因为你一旦喝醉，或者在 KTV 里失了态，一个小的动作就会影响你在员工心目中的威望。你一旦失去了威望，那么在创业团队中的考核标准，就会被诸多的人情、突发问题、借口等代替。

第二，管理不是“人情”，而是制度。

很多创业者特别是初创公司，都喜欢以人情为管理，却忽略了制度的管理。马云当年创业翻译社的时候，只有三个人，却也有制度。因为制度就是一条红线，每个人都要在这个红线范围内去全力以赴完成自己的工作，而不是随心所欲。所以，制度不是大公司的专利，小公司也要有制度。

第三，对销售人员管理过于仁慈，特别是没有完成目标的销售人员。

比如这位创业失败的朋友，就算公司的销售人员没有完成任务，他也没有做任何惩罚，这是他失败的根本原因。

“慈不带兵”是有其道理的，如果对没有完成目标的人员仁慈，就是对自己的残忍。管理者如果不能“严厉”对待员工，那么就是最大的不负责任。无论是只有几个员工的创业者，还是一个大公司的老板，抑或是高层管理者，你首先要做到的，就是要按照制度严格要求自己，并以同样标准去要求手下的人。

第四，要做好管理、吸引好的人才加盟，对自己不熟悉或不懂的领域就让专业人才放手去做。

重视和珍惜人才，是一个领导者应该具备的素质。一个公司想要发展，单纯靠一腔热血是不够的，单纯靠领导一个人的努力也是不够的。领导想要将一切事情都担在自己的肩上，只交给员工一些简单的事情，既不去要求员工拥有更高的能力，也不去努力争取得到更加有能力的员工，这样的领导，看似很有责任心，其实反而是对公司的不负责任。

第五，领导者，必须做到财务规划及销售的追踪，目标做到用户增长、销售增长、利润增长。

尽管公司都有自己的会计，但是作为老板，作为管理者，也必须在财务方面做到心中有数，否则，一个不会管账的老板，必然会把公司管理得一塌糊涂。不论是老板还是员工，目标都是一致的，就是希望公司能够发展得更好。一个盲目宽容、肆意纵容员工的老板，只会带出各种偷懒找借口的员工，这样的人组成的公司，绝不会走得太远。

持续更新的能力

媒体上经常出现类似于“某年薪两百万的总监被辞退”的消息，而且总是会引发热议。可以想象，不论什么样的人遭遇到如此情景，都会内心窝火。就像是一个快要抵达山巅的人，却一下子被迫重新归零，重新开始。

但是，一些媒体在讨论此事时将被辞退原因归咎为太“贵”了。对于这种观点，我并不认可。根据我多年来对职场的观察和作为猎头的经验，职业经理人被辞退，往往不是因为其“贵”，而是因为职业经理人的薪酬与其自我创造的价值相比是永远无法成正比的。一旦职业经理人自我创造价值的速度降低，就会面临被淘汰的风险，而当职业经理人的薪酬大于其自我创造的价值时，估计也早就被辞退了。因此，很多职业经理人不是因为“高薪被辞退”，而是因其自我创造价值的速度降低等原因导致被辞退，具体而言，主要包括以下三个方面：

一、持续性自我创造价值的速度在递减，导致其随时被替代。

W 先生是某上市公司通过猎头以年薪近 200 万元的价格从国内其他顶级公司挖猎到的一位顶级职业经理人。在刚入职的第一年，W 先生还十分受该上市公司老板的支持和肯定，然而，到了工作的第二年年底，W先生所在的部门团队组建并稳定运行后，该上市公司的高层发现W先生自我创造价值的速度在递减，且其目前的工作完全可以被公司现在的部门副总监替代，因此，经过协商，该上市公司最终通过支付一部分赔偿后将 W 先生辞退。

那么，W 先生为什么会在工作的第二年年底被公司设法辞退呢？

这是因为，职业经理人在跳槽后的一般价值规律便是在第二年就基本上达到峰值，随后价值便开始递减，并且，递减的速度非常快。

正如一位年薪 260 万元的职业经理人朋友所说：“一个人的价值在三年内基本上就被公司掏空、榨干榨净了，三年后，其价值已经非常小，而作为职业经理人，一旦其自我创造的价值减少，就很可能随时被替代，面临着不再续签劳动合同或被辞退的风险。不过，这可能也是职业经理人为什么要高薪的一个主要原因吧。”

二、主动学习和创新的能力降低，导致被其下属或其他年轻人超越。

最近，几位职场朋友找我做咨询，经过深度的沟通和交流之后，我发现，这些朋友都十分注重自我耕耘的地盘，却并不了解社会发展的现状和趋势。

这就说明了一个问题：很多职场精英往往会像“低头拉车”的老黄牛一般只顾潜心研究自己领域的内容，而忽略了自我对于现实的了解，缺少“抬头看路”的思维和习惯，以至于早就被别人远远地甩在了后面还不自知，最后真正成了“被后浪拍死在沙滩上”的人。

就像在银行系统工作了很多年的职场精英们，他们本身对银行业务非常精通，但却对互联网金融和区块链知之甚少，对于区块链究竟如何在金融行业应用并不十分清楚，甚至根本不知道区块链居然还可以应用于金融行业。

就像当年的方便面企业，自己还在一心一意搞行业内战的时候，就悄无声息地被外卖打败了。

还有前几年还十分强悍，以为自己可以垄断高速公路收费的 ETC，也在不知不觉间就快要被支付宝和微信支付打死了。所谓职场残酷，便是如此。

如果你放弃学习和创新，无法继续进步，迟早有一天，你会失败得连打败自己的对手是谁、怎么打败自己的都不知道。

一位外资企业的朋友就曾经告诉我，他几乎每隔两年就会将自己的简历更新一番，其目的就是了解一下自己的市场价格，一旦遇到薪酬翻倍的机会，他就会大胆跳槽。事实上，这位朋友已经连续三次都是薪酬翻倍跳槽的。

看过一则关于 AI 面试机器人的报道，AI 面试机器人可以利用刷脸技术、大数据等技术手段对求职者的声音、语速等表现进行综合判断，最后完成一对一的准确面试。尽管这项技术目前尚未完全成熟，但我不禁想到：一旦这种 AI 面试机器人达到技术完全成熟后，招聘人员和猎头会不会被它完全取代而因此失业呢？答案是十分明显的。尽管有些人不愿承认，甘愿做杠精，甚至在网络上炮轰他人以显示其存在感，但我相信其心里应该也是十分清楚的，只不过不敢面对现实罢了。

因此，还是那句话，人在职场，不仅要学会“低头拉车”，更要学会“抬头看路”。只有了解现实，才能更好地应对职场中的各种风险，成就自己更好的职业发展。

三、办公室政治斗争的影响，导致其离职或被辞退。

在实际的职场生活中，很多公司都存在严重的站队和小团伙之间的斗争，甚至因此升级为个人之间的斗争。并且，这种职场政治斗争往往不在底层，而是高层之间的站队和斗争，所以才会引得公司的其他人员纷纷站队。个中原因很简单，你不站队，就会被别人排挤得无立锥之地。

D 先生就是一位三观很正的职业经理人，但正因为其三观很正，在考虑问题时总是站在公司的整体利益的角度，结果被公司的另外一个人排挤走了。职业经理人三观不正，爱内斗，做事情只知道考虑如何在领导面前争宠以及挣公司的钱，这才是办公室政治斗争愈演愈烈的根源所在。

因此，年薪 200 多万元的职业经理人被辞退的原因也很有可能是受办公室的政治斗争的影响，和其薪酬的高低并无直接关系。实际上，只要职业经理人能够持续地为公司创造更多、更高的价值，即便其要求年薪 500 万元或者已经50岁高龄都没有关系，公司绝对不会轻易将其辞退。

既然如此，面对这些问题，职业经理人应该怎么做才算是明智之举呢？有如下方案可供大家借鉴：

1. 不断学习、主动创新。

“学如逆水行舟，不进则退。”身为职场人士，就必须要有“终身学习”的观念，要始终保持虚怀若谷的学习心态，主动学习、经常学习、深度学习，立足于社会实践和认知进行深度思考（缺少社会实践、社会认知和理论水平为基础的深度思考只能是胡思乱想），不断推陈出新。只有这样，才能使自己不断进步，不至于落伍或被他人替代。

2. 低头拉车，抬头看路。

当今社会，日新月异，职场人士要想不被自己的下属或者其他年轻人超越，就不能做井底之蛙，不能只知道像老黄牛一样低头拉车，而忘记了抬头看路、出井观天。职场人士要站得高，像长颈鹿一样，看得远，才能在职场上发展得更好、更长久。

3. 自我保护，减少斗争。

办公室政治斗争都是因为争宠和利益而进行的你死我活的较量，但结果却常常是“鹬蚌相争，渔翁得利”。因此，职场人士想要有效地躲避职场风险，畅通自己的职业发展之路，就必须学会自我保护，减少办公室政治斗争，否则，总有一天，你会沦为别人向上爬的梯子。

总而言之，职业经理人“高薪被辞退”并不是因为高薪。身为职场人士，要想避免被裁的命运，就必须不断学习，在认真“低头拉车”的同时也要“抬头看路”，持续更新自己的能力和价值。

不值钱的idea

职场中最不缺的是什么？就是idea。就像登山过程中，最容易做到的，也是对于登顶的路径规划。常常听到有人发表类似的言论——“当年我也想到过某个主意，要是当时去做了，今天就没有某某企业家什么事了。”说话的人总是带着某种莫名的优越感，仿佛终于证明了自己是被时势耽误的英雄。

某个人做的某件成功的事，其实自己也想到过。但遗憾的是，却不曾开始或者坚持下去，最后只能看着别人的辉煌望洋兴叹。这样的感慨实在充满了虚妄，毫无意义。除非，它能让你获得启发，让你终于意识到：在风口面前，“开始力”才是比智商、资历、经验更重要的核心推动力。

“万事俱备，只欠东风”这种理想状态，可遇不可求。好的开始，坏的开始，都是开始。只有迈出了这一步，才有后面的二三四五步。想得太多，而做得太少，是现在职场人的通病，尤其是针对有了一定工作经验，且处于上升期的职业经理人而言。

这样的优秀精英群体，大都对目前的职业情况还算满意。他们出身不凡，履历闪耀，对于市场也有一定的敏锐度。所以对于很多领域都有想法，也更容易看到别人看不到的机会，或者先于别人发掘出更多的潜力点。但是此时，如果没有一个原动力触动这些人迈出这一步，他们也不愿意鲁莽地放弃手上的一切而开始尝试。没有行动，没有尝试，所有的战略想法不过是海市蜃楼。

当一个人有了想法之后，做还是不做，什么时候做，能够做多久，这其实就决定了人与梦想之间的距离，也造成了人与人之间的差距：99% 的人表示自己想到过某个特别“与众不同”的想法；一半的人只零零散散地做了准备；另一半的人总希望条件凑齐再开始；一小部分人开始执行。就在这为数不多开始执行的人里面，大部分人又坚持不住、自我怀疑，最终半途而废……

剩下极少数的人，守着一口井挖出了水，终于用坚持换来了成功。看着别人的成功，一些人终于开始碎碎念起来：“这个想法我想到过、实践过，但是没去坚持。”……对于这种感慨，我们只能说：没有开始，一切等于空中楼阁。浅尝辄止的人，此刻也只能后悔不迭，感受与梦想擦肩而过的真实感，任由这种酸溜溜的情绪不断蔓延。由此可见，一个人具备开始力，就足以把很多人远远甩在后面。

这世上哪有那么多的“万事俱备，只欠东风”，所有的成功不过都是摸着石头过河。若是非要等到想法周全、条件成熟才去开始，恐怕早已换了一番天地。

所以我们佩服那些敢想敢做，并且坚持下来的人。这并不是鼓励鲁莽地开始，而是鼓励犹豫不决的人，努力踏出那一步。站在原有的立场上，无论如何也想不到再登上一层楼的景色是怎样的。所以，用原有的阅历格局去揣测未来的风险，不仅会带给自己观念上的偏颇，还会将自己的很多宝贵的想法扼杀在萌芽中。

所以在既往接触过的优秀的职业经理人中，我由衷佩服一个人。他在原有的岗位上已经小有成就，却勇于迈出舒适区。他经过详细思考和市场调研后，更加坚定了自己的抉择。

这位曾在某券商做到总监的职业经理人，刚刚年过 35 岁。因为想要突破所在行业发展到现阶段的一些局限，他看好了保险行业的市场前景，于是给自己做了一次新的职业规划。

那时候，他的孩子刚刚出生，妻子在休假。在这种精力被严重透支的情况下，他还是没有放任想法变成空想，而是争分夺秒地开始行动了。

他找到了保险行业排名靠前的几家大公司的总监去了解这个行业，比如需要哪些资质，现在处于怎样的发展阶段，客户特性如何以及目前需要突破的地方在哪里。

短短两个月的时间，他不停约见各种保险代理人，通过他们去熟悉这个行业。经过半年的准备，他成功跳槽到某知名保险公司做总监，并在极短的时间内组建了一支新团队。因为思路清晰，他组建的团队也非常出色，业绩增长速度获得了公司的认可。

开始很重要。那么，在开始之前，要做基本的分析和判断吗？当然要。有准备的开始，比冲动的开始更值得学习。市场上每天的机会成千上万，但是这些机会对于我们来说都值得一试吗？在决定动身以前，我们不妨仔细地分析这些机会，这些机会到底是潜力点还是风险点，只有认真思考过才有贴近现实的预期。

假如一次“风口”来临，只有巨头才能投身其中，那么它就不是普通人可以掘金的领域。比如办公室无人货架这种风口，风来得快吹得猛，需要团队短时间内就有赢利的能力，所以前期积累薄弱的团队几乎是耗不起的。而且由于市场大起大落，快速变化，就需要团队有良好的应付各种事件的心态，此时特别考验一个团队的韧性。也就是说，在激烈的市场竞争中，你禁不禁得起“耗”。

前期资源不够强、粮草弹药不够充足的团队和公司，往往禁不起这样的消耗，所以近期无人货架的创业公司纷纷传出裁员的消息，还有很多办公区的无人货架悄悄消失了。如果经过分析和判断，依然认定是一个可以操作的项目，那么接下来要做的只有四个字：立即开始！

开始，非常重要。不开始的后果是，我们可能会永远失去开始的资格。其实职场上的道理和情场上的道理相通。我们常说，没有一份工作会陪伴自己到最后，就好比这一生我们会遇见很多恋人，有些人教会自己成长，有些人用来相伴。追求机会，敢于开始，情场如此，职场亦是如此。心仪某位情人，就要勇敢地表达，认定了一个机会，就要坚定地开始。

曾经有一位非常优秀的职业经理人在自己喜欢的姑娘面前非常犹豫。彼此相处都觉得很愉快，但他却从来没有跟姑娘正式提起过喜欢她。他踟蹰不前：我要去表白吗？

闲谈间，我给出了坚定回答：既然彼此喜欢，那就去表白。不然一旦错过，对方或许已经被其他优秀男性“截和”了。这位职业经理人买了一大束鲜花到了姑娘的办公楼下等她下班，居然当天就表白成功。他非常激动地说，多亏了行动及时。事实上，那个女孩也一直等待他主动捅破窗户纸，如果再等不到表白就要考虑给别人机会了。

女孩也许还会等待，机会却从来不会等到。竞争激烈，稍有闪失，已经是差开了千万里。在这个时间就是金钱的市场环境下，任何的机会都容不得冗余的考虑和犹豫。要么开始行动，要么放弃并且永不后悔。

最怕的就是既不开始，又回头去看，望洋兴叹。古训有言：不要怕，不要悔。迈出这一步尝试，就不要思前想后。而一旦决定离场不再牵挂，也不要后悔。那种看到别人成功后，酸溜溜地说“如果当初”这样话的人，既没有胆量，也没有行动力，职场之路也未必会长久辉煌。

任何事情，都禁不起等待。因为机会不会等人，风口稍纵即逝。我们唯一能做的，就是努力抓住每一次机会。立刻开始，且持之以恒，人生才有翻盘的可能。通往成功的最有效路径：相对成熟的判断 + 坚定不移的开始 + 矢志不渝的坚持。

朋友圈的利与弊

如今是信息爆炸的时代，网络已经不再只是一个仅供人娱乐的平台，而是成了生活和工作的一部分。老板和 HR 们想要了解一个员工，也开始依靠网络的力量，朋友圈就是重要的途径之一。

有些人仅仅因为朋友圈的表现不当，就可能被掌握生杀大权的老板和 HR 打上“不适合、不靠谱”的标签，甚至还可能被开除。没能早点意识到这一点，相信他们都在后悔不迭。

朋友圈，也是一个“圈子”。在某个行业里，在某个公司里，也都是在这个“圈子”里，一言一行，都会被关注，被放大，被不断地理解。朋友圈就像是另一个自己，一句话，一张图，都反映出内心的世界。

我们想怎么被理解，就可以营造出什么样的形象。如若因为一些疏忽，而造成职场上别人对自己的偏见误解，显然是得不偿失的。相信因为在网络上言论不当或者不重视个人口碑的建立，很多人已经尝到了苦果。这几年接触了很多求职者，我们猎头也是第一时间从他们的朋友圈大致了解这个人。

互联网时代拉近了彼此的距离，也放大了彼此身上的优缺点，我们不得不更加注意自己的言行品德，不仅在现实生活中，更体现在网络上，比如在“朋友圈”里。几天前，某公司的几位在职员工和一个离职的同事吃了顿散伙饭。吃饭期间一时兴奋，就聊了些不恰当的内容，离职同事把那些内容发到朋友圈上，老板看到后大怒。不久，那场饭局上的其他人都陆续收到了公司的劝退通知。可见朋友圈的杀伤力有多大。

不久前，一位求职者找我做职业咨询，说起自己上次面试时，明明跟HR聊得很开心，面试后还和HR握了手，HR也亲自送她到电梯口，可后来她却没能收到入职 offer，问题到底出在哪里呢？我们仔细询问了她面试的过程和细节，最后分析，症结应该是在朋友圈上。

为什么这么说呢？关键点在于她面试的是公关总监的职位，但她的朋友圈里不仅信息庞杂，洋洋洒洒十分壮观，竟然还有些涉及别人隐私的内容，她也没给对方打上马赛克。这种不严谨的态度，的确让人担心她是否能胜任公关总监这种职位。

对企业来说，一个不能在生活细节上注意自己言行的人，在工作上，也很难保证她不会出现“无心之失”，雇用她，无疑是给企业自身埋下了“隐形炸弹”。

那么，朋友圈中的哪些言行会让自己被扣分呢？我们整理了几点“避雷指南”，希望正在阅读此书的你，能从中对比，并且随时提醒自己，不要无意间因为朋友圈的小瑕疵影响自己的职业发展。

1. 边工作，边兼职做微商。

毋庸置疑，每个企业都更希望员工把主要精力放在本职工作上。

2. 发泄负面情绪、发布明显的虚假信息，或看起来“低级”的内容。

负面情绪会传染，负面信息只会让别人厌烦，虚假信息会让人怀疑你的判断能力，太“低级”的内容会让人质疑你的品位。这些都会让别人更想屏蔽和拉黑你。尤其是，HR 和老板也可能在心里已经给你贴上了“负能量”标签。

3. 没有营养的朋友圈。

没有营养，一是指每天像流水账一样的内容，比如“下班了”“唉，又下雨了”，等等；还有一些是疯狂晒娃、晒自拍、晒加班等，这些要么是在宣泄自身的情感，要么是在刻意取悦老板。

孩子属于个人隐私，偶尔晒晒还好，频繁晒娃或自拍，只会引起他人的反感，毕竟，没有老板或同事会希望自己的员工或同事是个过于自恋的人。至于频繁晒加班，就更是妥妥地泄露了一个人狭隘的内心世界。在职场上，大家都是心照不宣的人，虽然不会对此类内容表示出激烈的反对，但会选择屏蔽这些没有营养的内容，悄悄远离这样做的人。

4. 发表不成熟的想法，或不该说的职业内容。

如果说前面 3 条是大多数的职场人都不会出现的错误和疏漏，那么第 4 条，各位职场人就要多留心了。

某知名社交公司曾经出现过一起非常严重的负面事件。某位公关总监仅仅出于个人理解，在没有掌握事实之前，凭自己的情绪在朋友圈对此事发布了一些极具个人色彩的看法，几分钟后，她又把这条朋友圈删除了。但是，网络是无情的。在她删除之前，很多人都将她的那条朋友圈内容截屏保存了。一时间，她那条朋友圈内容在网络上引发了公众的热烈讨论，甚至，有人开始因此攻击她所在的公司。很快，公司由领导出面对这起公关事件进行了处理。当天，这位公关总监就因为在朋友圈的不当言行被离职。

公司不是家，职场上关系再好的朋友，都不是从小的青梅竹马。只要身在职场，就要时刻提醒自己，什么能说，什么不能说。可以不说话，但是绝对不能乱说话。尤其是尚未经过证实的一些话，千万不要捕风捉影就在网络上大放厥词，传播负面消息，轻则为自己的前途带来影响，重则影响了公司的名誉。

5. 不随便屏蔽合作伙伴，尤其是老板。

在朋友圈屏蔽公司 HR、直接领导或公司大 Boss 的人，基本都是内心自卑、不自信，担心公司知道其行为的人。

前一段时间，我面试一位主编，细节都谈好了，准备让她入职。但是某天下班后，我无意查看她的朋友圈，发现自己竟然被屏蔽了。于是改变了主意，做出了对其不予录用的决定。原因很简单，这个人把即将入职公司的创始人都屏蔽了，这样的人，即使入职也很难生存。或者说，这样自负或自卑的人，是一定不会创造出好业绩的。

朋友圈，就像国民照妖镜，让伪装成精英的“戏精”们，分分钟现出“原形”。非常有经验的 HR 甚至可以通过看候选人的一条条朋友圈动态，佐证出谁是“人中龙凤”，谁在“哗众取宠”。

然而，我们更苦恼的是，朋友圈是个人的领域，是私人生活的一部分。为了工作，而不能随心所欲地发朋友圈，无异于桎梏天性。而且很多人都抱怨说，不希望工作和生活混为一谈，让自己心累。那么，如何在朋友圈把公事和私事分开？

首先，尝试对发送的内容进行隐私设置。

目前，大多社交软件都允许用户对朋友圈里的好友进行分组，比如你可以自己定义“工作”“家庭”“朋友”等分组。在发送一条消息前，你可以选择这条消息让哪些人看到或者不让哪些人看到。

不过，这种做法也不是万无一失，每个人的好友名单一直在变化，发出去的内容，被屏蔽的老同事看不到，但新同事却能看到，除非能重新给新同事也设置分组。所以，发任何一条朋友圈之前，最好都拿捏好分寸，以免给自己留下隐患。

其次，将工作微信号和个人微信号分开，这也是公私分明最好的办法。

张女士在一家媒体公司做商务总监，每天要联系的人很多，为了防止工作和生活分不清，互相干扰，她申请了两个微信号。

一个专门用于工作，头像是职业照，昵称是真实姓名，该微信号只用来联系合作对象和公司的人，在朋友圈转载一些公司的新闻和活动。另一个只用来生活，微信里都是家人和熟悉的朋友。

上班时间，她只看工作微信的内容，朋友圈里基本上都是工作。下班后，看个人微信号里的信息和动态。她说，这样分类以后，每天的工作和生活都变得很清晰。

职场无小事，谨言慎行是每个人为自己撑起的“保护伞”，口无遮拦无异于自毁前程。朋友圈说大不大，只存在于每个人的手机里；但说小也不小，窥斑见豹，可以无意中透露出一个人的本性甚至是对工作和公司的最基本态度。

所以，管好你的朋友圈，别让它成为你工作路上的绊脚石。

CHAPTER 5

第五章

思维方式决定命运

社交圈何必强融

我曾在工作中遇到过这样一个案例：

张某意欲进入某高层的圈子，所以请求其同学李某帮助其进入。而李某在对张某的综合能力进行了一番评估以后，竟然建议张某放弃进入该高层圈子的想法。为此，张某大发雷霆，还四处宣扬李某不顾同学情谊，话里话外满是对李某的抱怨。

其实，李某的同学之所以建议张某放弃进入该高层的圈子，一定是有客观原因的。就张某的能力而言，即便是其强行融入该高层的圈子，恐怕其结果也与张某的期待大相径庭。

不仅仅是张某，在实际生活和工作中，很多人都会因为自己无法融入某个圈子而苦恼，但我想说的是：既然不是自己的圈子，又何必强融呢？

所谓“圈子”，本质上就是一群有着共同的兴趣爱好，能力水平都在同一条线上，在一起思考问题的时候可以碰撞出火花，在利益面前可以互相帮助和成就的人，自然而然形成的组织。这样的解释或许非常具有功利性，但却是最贴切、最符合实际的一种解释。没有共同的爱好和利益，就不可能形成圈子，即使形成了，也一定会夭折。

通常来说，能够进入同一个圈子的人，其社会地位、财富状况都是差不多的。因为如果你的社会影响力不够，就很难真正融入这个圈子，如果你的消费能力不够，在这个圈子里也就根本“玩不起”，既然“玩不起”，又怎么可能真正融入这个圈子呢？既然无法真正融入这个圈子，那你求神拜佛强行融入，又有何意义呢？

想要认识高层圈子的顶级人物，如某些投资圈、互联网圈的大神等，其实也并非难事，或许找几个身边的朋友从中介绍一下，参加几次酒会饭局就可以做到。但问题是：认识这些大神、顶级人物，真的就能够帮助到你吗？

仅仅因为你“认识”这些大神、顶级人物，你的事业就可以如虎添翼、风生水起吗？

真相是残忍的：因为你的各方面条件都不符合这个圈子的水准，所以根本就不会有人邀请你、带你玩，即便是圈子里的一些人对你有好感，想要帮你一把，带你进入，进去以后你也会处在非常尴尬的境地——你没有那么多的钱和人脉，很多事情你搞不懂、玩不起。

最后圈子里面的人看清了你的实力以后，自然而然就会孤立你。你在这个圈子里会形同虚设，根本无法获得任何利益，还会压力满满、十分糟心。

也就是说，不是这个圈子里的人，即便强行融入，在里面也无法发挥作用。因为无法发挥作用，所以就会天然地遭到排斥，最后只能选择出局。你以为融入这个圈子难能可贵，但其实它根本帮不上你什么忙，强行融入事实上毫无意义可言。

所以，既然如此，与其整日因为无法进入某个圈子而自怨自艾、怨天尤人，倒不如放弃这种强行融入的错误想法，将精力专注于自己各方面条件的综合提升。有道是“你若盛开，蝴蝶自来”，说的就是这个道理。

在这里可以提供三个建议，用来帮助大家更加有效地真正融入某个心仪的圈子。按此做好基本功，方可如愿以偿、事半功倍。

首先，在进入某个圈子之前，先花精力让自己变得足够优秀。

在这一点上，读一读杜月笙的传记定能有所顿悟。我们都知道杜月笙是民国时期上海滩的顶层人物之一，却很少有人知道杜月笙在成为上海滩的大亨之前，也只不过是一个吃喝嫖赌的小人物而已。那么，杜月笙究竟经历了什么，才脱胎换骨、走上神坛的呢？

原因就在于杜月笙非常懂得如何克服一切困难来改变和提升自己。为了让自己变得更加优秀，杜月笙先是戒掉了最难的“赌”，然后又戒掉了更难的“色”，通过这种自我改变得到了黄金荣老婆林桂生的重用，进而一步步打入了黄金荣的核心圈子，进入上海滩的大亨圈，最后成功跻身该大亨圈的核心人物，就连大名鼎鼎的戴笠都成了他的徒弟，国民党领袖蒋介石也成了他的拜把子兄弟，其声势地位可谓盛极一时。

试想一下，如果当年的杜月笙没有足够的毅力克服掉自己的缺点，提升自己的素质和能力，又怎能得到黄金荣老婆林桂生的青睐？又怎么能够帮助黄金荣和林桂生很好地解决一个又一个棘手的问题而进入他们的圈子呢？又怎么可能最终实现成为上海滩顶级大亨的目标呢？

因此，想要有效地真正融入某个圈子，你自身必须首先足够优秀，如果不够优秀，就要努力克服困难和弱点，激励、提升自己，让自己变得足够优秀，否则，你将永远没有进入该圈子的机会。

其次，学会自我营销，让圈子里的核心人物看上你。

我们不得不承认的一点是，在这个世界上，优秀的人物根本就不缺，甚至多如牛毛。因此，我们仅仅使自己足够优秀远远不够，还必须学会自我营销，为自己创造进入某个圈子的机会，让圈子里的一个人或者一些人认识你、知道你。而且，这个人或者这些人还必须是这个圈子里的核心人物，有足够的优秀资源来带领你。

或许有些人会对这种做法不以为意，认为“酒香不怕巷子深”，但持有这种观点的人往往证明了自己不够成熟，还需要经历更多社会的磨炼才能明白自己的错误之处。因为真实的社会是“酒香也怕巷子深”。仅仅你认为自己足够优秀是绝对不行的，必须让别人也认为你足够优秀才行，而且，这个“别人”也得足够优秀，这样你才能提高身价，进而获得进入某个高层圈子的机会。

就像当年的杜月笙，他就算再改变自己、再优秀，没有了黄金荣老婆林桂生的“慧眼识英雄”，又怎能在上海滩一展拳脚？如果林桂生不是黄金荣的老婆，如果黄金荣不是上海滩的大亨之一，就算他们知道杜月笙是个顶优秀的人才又有什么用呢？如果不是因为他们自身已经足够优秀，就无法为杜月笙带来优质的引荐资源，也就没有杜月笙后来的巨大成功了。

最后，不骄不躁，相信等你优秀了自然有人会主动邀请你进入他们的圈子。

雪中送炭被认为是一种可贵的品质，更是很多普通人内心所盼望的美梦，但现实是，雪中送炭者少，锦上添花者多，能够不火上浇油则更是不易了。因此，无论你是否能够接受，现实就是如此，雪中送炭不过是我们一厢情愿的一个梦而已，即便真有送炭者，其行为背后也往往有着不为人知的图谋。

还以杜月笙为例。刚刚脱掉小人物的外衣，摇身变为黄家客卿的杜月笙便立刻因为被黄金荣老婆林桂生重用而受到了上海滩其他大亨们的竞相巴结和追捧。其实，这些大亨们巴结的真的是杜月笙吗？不是。他们真正巴结的是站在杜月笙背后的黄金荣和林桂生。此时的他们并没有真正赞赏杜月笙，而直到杜月笙接连干出一件又一件惊人又漂亮的事情，特别是在单枪匹马将黄金荣救出大狱后，杜月笙的能力和水准才真正得到了这些大亨们的认可，并开始受到这些大亨发自真心的拉拢和邀请，从而成功奠定了自己在上海滩这个圈子里的核心位置。

有句俗语说得好："是金子总会发光的。"当你真正足够优秀的时候，所谓的高层圈子已经不再是你心心念念、似乎遥不可及的事物，而是你拥有绝对选择权的一个领域罢了，也就是说，这个时候，是你选择是否进入某个圈子，而不再是一味追求被圈子选择。

总而言之，圈子不同，不可强融。要想真正有效地进入某个圈子，就必须先让自己变得足够优秀，并让更加优秀的人看上你，只有这样，这个圈子才会被你吸引，主动将你融入进来。

对手不是敌人

竞争对手一定是敌人吗？不一定。但竞争对手一定是与我们思维最接近的人，和我们的关注点最为一致。可以说，除了竞争对手，不会有人真的关心我们产品到底如何设计，战略是否有效。客户只是需要一个优异的交付结果，因此背后的点滴只有我们懂，还有就是我们的竞争对手也在同步探索。

在一定程度上，我们和竞争对手是同一时间内不同时空中，同一战壕里一起摸爬滚打的战友。在登山的路中，这样的关系也是亦敌亦友的一种存在。双方既较着劲，想要分出一个胜负，也彼此了解，相互同行，可谓半个旅伴。

既然我们和竞争对手的赛道高度一致，那么必然会有彼此值得学习的地方。研究对手，剖析对方的成功之法，失败之策。行走职场，运营之道，在于不断地学习。学习是多维度的，向竞争对手学习，将其变成我们前进的阶梯，以帮助我们领先一步走上巅峰。

2018 年，一位刚刚转型新媒体运营的人咨询我，怎么才能做好新媒体？这个问题太广泛了，或许对方根本没有先给自己一个答案。我反问了他一个问题："你关注多少竞争对手的新媒体？特别是做得比较好的 Top10？"

他的回答让我大吃一惊，他说："一个都没有。"

其实，无论是做自媒体还是任何一个行业，道理都是相通的。古语说，三人行必有我师，聪明的人应该懂得向所有竞争对手学习。这种学习更具有针对性，但也尤其需要良好的心态。摸透对手的方法、策略以及对市场的理解，你就占了先机，无论选择攻或守都不会盲目。从这个角度来看，竞争对手进步就等于自己进步。甚至也有高手可以和竞争对手成为朋友，强强联手，共同成长。

上述的这位新媒体运营人员，以目前状态来看明显还不成熟。不关注自己的竞争对手、不研究自己的用户，怎么能弯道超车超越对手呢？更不要说换到超车道了。

关注对手，是研究竞争对手给用户提供什么内容、服务，这些内容和服务是否也满足自己的用户等，对自己来说，这样可以带来事半功倍的效果，方便我们直接切入主题，便于弯道超车。如果在此过程中我们能发现对手的问题，甚至可以直接来一个换道超车。

有人可能会反驳说，陌陌的创始人唐岩从来不下载对手的 App，也不研究对手；微信之父张小龙自信地说，别人做产品是为了留住用户、粘住用户，我张小龙做微信是让用户用完就走；等等。有人会用这些例子来反驳上述我提出的理论。

无论是唐岩还是张小龙，都已经到了独孤求败的地步。高处不胜寒，他们已经不需要和别人一起遵循游戏规则，他们就是规则的制定者。如果一款产品垄断了市场，并且有足够的壁垒，无法让后来者打破，我们当然不必在乎竞争对手。因为此时，竞争对手的任何动作都是蚍蜉撼大树。

但是，请先超越唐岩、张小龙，请先做到行业内的佼佼者，我们再探讨另一个话题。这些大神的做法我们是不能学的，也不敢去学。这是因为他们现在的产品已经达到指数级别。在此之前，面对我们处于萌芽阶段的产品，面对我们仍旧不够完美的商业版图，面对仍旧渴望成长的自己，我们需要通过各种途径学习。而研究竞争对手尤其是不可或缺的一个环节。只有研究对手，才能有超越对手的底气，才会在未来从容地取代对手，或者是强强联合，挤压其他的对手。研究对手，也是为了更好地节省我们的时间，让我们快速切入，便于弯道超车。如果连对手都不研究，就美其名曰先做市场调研，再做判断，酌情采取对应战略和战术去和对手竞争。有这样不成熟的想法，不是太重视书面理论了，就是根本不适合做公司高层。

身为公司管理层，需要为自己的每一个决策负责。而每一个决策也要确保是高效的。没有深入一线，深入研究对手，就拿出战略决策，既不负责任也不高效。一个不愿承担责任的人，公司不可能在其带领下超越对手，实现指数增长。

研究对手，特别是TOP级别的对手，就是为了节省时间，找到对手的痛点，来一个致命一击，这样才能取代对手。长久地蛰伏只是为了突击的一瞬间。市场瞬息万变，留给我们的时间本就不多，如何在短时间内快速精准地出击，研究对手是其中的一个有效法宝。我们之所以把特定的对方作为竞争对手，是因为对方一定比我们强大，一定有值得我们学习的地方。如果对方非常渺小的话，也不会让其作为我们的竞争对手。

我曾和某招聘网站的负责人电话交流时提到：某网站把你们作为竞争对手，是不是你们之间要有一场战争？对方解释说，我们的对手不是某网站，我们也不愿意和一个这么渺小的对手去发生摩擦和战争。如果非要战争的话，我们何不直接把它收购了。如果对方不愿意被收购，我们就想办法通过竞争手段“打”死它或者通过猎头用超高薪的手段把它的中高层全部挖走。

瞧，这才是强者。如果我们不去研究强者，没有做好万全的准备，直接和强者去硬碰硬，恐怕输都输得莫名其妙。所以，竞争之前，有必要全方位审视和学习竞争对手，在细分领域偷师学习，便于我们弯道超车，最后来一个换道超车。

研究对手，便于我们发现对手的薄弱地方，而对手的薄弱地方，就是我们的机会，可以在这里换道，在这里加速超车，最后通过换道超车的方式超越对手。

如何换道超车呢？只有从对手尚未涉猎的细节之处着手，在这里进行换道、超车，才能快速超越对手。就拿猎头来说，大家都做猎头、猎头平台，而一家平台公司利用自己手中的大数据，开始做“预付款型的定制化的项目招聘”，主要采取候选人到场面试、专场面试、高端冷餐会、高端酒会等不同于猎头形式30多种猎头服务产品，解决了用户几乎“所有的”招聘问题。他们在这里进行换道，这样既不会让猎头同行知道，也减少同行去模仿，等他们做大了，其他游戏的参与者此时若入场，再想去超越已经很难了。

研究对手，通过对方战略来调整我方战略，便于我们通过他们的内容和产品服务，来了解他们创始人的思维模式，思维高度和他们公司的战略及公司各部门的配合是否默契等，便于我们更好地避开对手的强项，不要在战略上和对手硬碰硬，也从中挖掘我们的机会和优势，巧妙竞争。正如田忌赛马，用我下等马对他上等马，避免正面冲突，打侧翼战，从侧面换道、超车，超越对手。

现代商业战场，瞬息万变，新老对手交替登场。对于我们的策略应变能力很是考验。而在如此竞争激烈的环境下，如果不研究竞争对手的CEO和竞争对手的产品，想找对一个细分市场，来一个360°的换道，超越对手，最后取代对手，是非常难的。因为现在的商业格局已定，只有研究对手的短处，发现自己的机会，用自己的长处和对手的短处为用户提供更有价值的服务或产品，才能快速获取用户认可，从而积累用户，达到指数级别，才能在市场竞争中超越对手，取代对手。

成熟度的开始

很多人在面临问题的时候，常常会感到焦虑和迷茫，但这种焦虑和迷茫却常常不是源自他们自身的能力问题，而是因为“好面子”“不好意思”，无法越过自己心理上的门槛，敢想而不敢做，最后问题没办法解决，只能变得越来越焦虑和迷茫。然而，我要说的是，一个人真正的成熟，便是从放下面子开始的。

35 岁后的职场人士可以说是焦虑人群的代表。工作做得好的，这时候通常已经是公司高层了，而做得不好的，却最多只是刚刚迈入管理层的小职员而已，年龄已经变成了他们最大的压力，一不小心就可能会被公司淘汰。原因很简单，每年都有大批的优秀毕业生涌入社会，而且，作为初生牛犊，他们干劲十足，热爱学习，追求上进，很快就会将那些只知道为了面子而相互吹牛、酒肉笙歌的职场老油条比下去。

因此，作为35 岁后的职场人士，如果不能放下面子，而是沉溺于对高质量的生活和社交圈子的幻想中，高不成低不就，那么，焦虑感只会越来越严重。

此外，连续创业者也是高焦虑感的人群之一。很多连续创业者在项目面临失败的时候，往往因为害怕别人在背后讨论、嘲笑自己而不敢放弃、焦虑不堪，但事实上，一旦这些创业者能够放下面子，静下心来对自己的创业形势进行冷静客观的分析和判断，他们就能以更加放松的状态投入下一次的创业战斗之中，最终取得成功。

因此，我们必须明白的一点是，我们自己的成功和失败，无论多么轰轰烈烈，对于别人而言，充其量也只是茶余饭后的谈资罢了，所以，我们千万不要一味活在别人的眼睛里，死要面子只会让自己越活越迷茫，放下面子才能更容易接近成功。

还有一些本身相对成功、有大公司背景加持的职场人士，想要跳槽，却因为担心一旦失败，传出去太过丢人，自己面子上过不去而迟迟没有行动。

之所以出现这种情况，是因为曾经的成功造就了这类职场人士的虚荣心，使得他们在面对未来的时候反而更看重面子，束手束脚，无法让自己的职业发展更上一层楼。

由此可见，如果不能正确地看待面子问题，面子就会变成我们无法卸载的重大思想包袱，给我们的自我发展造成重重阻碍。但实际上，面子真的有那么重要吗？

某女性高管因为家庭原因而放弃了年薪60万元的工作，选择裸辞，但是，当她将家庭的事情处理完毕，重新回去找工作的时候，却将近四个月都没有找到适合自己的工作。无奈之下，她找到我进行职业咨询。在与之交流的过程中，我从她的声音、语速、语气和对事物的认知及判断上，发现她已经因为家庭的事情和找工作受挫而变得很是迷茫和焦虑。我了解到她在做高管期间也认识了很多朋友，同性、异性的都有，且都是十分值得信赖，能够说知心话的那种。因此，我建议其完全可以考虑一下发动她的这些朋友帮忙为她介绍工作，也就是选择俗称的“内推”，因为数据表明，无论是哪个层次的员工，内推成功的概率都是最大的，但是，这位女性高管居然告诉我，她也曾经想到过这一点，但自己实在不好意思向朋友们开口，最后只能不了了之。

看，又是一个囿于面子，担心向别人求助就会被人瞧不起而不愿表达，不知何去何从的鲜活案例。一个“不好意思开口”，便成了很多职场人士的绊脚石。幸好，在我的努力之下，这位女性高管最后还是接受了我的建议，在朋友们的帮助下，很快就面试了三家公司，如果不出意外的话，很快就可以将工作定下来。

无独有偶，网友小林是一位对社保和劳动法十分精通的人士，也因此有很多人会来向她请教这方面的问题。一开始，小林来者不拒，总是十分热情、耐心又专业地为前来向她求助的人解惑释疑，可是，随着求助者的数量越来越多，问题越来越漫无边际，本是业余的热心帮助变成了影响和困扰她本职工作的噩梦。所以，小林开始考虑将这种业余的热心帮助变成专业的收费咨询，但一想到向她求助的人大多是自己的亲朋好友或者熟人，她就觉得十分“不好意思”，难以拉下脸来问大家要钱。就这样，天长日久，小林的处境越来越糟糕，最后只好来向我求助。

我向小林讲了一个身边朋友的故事。大鹏在一家专门做 FA 的公司里工作，所以平日里，大鹏都恨不得在自己的脑门上也贴上“FA 和中介”的标签。我问他这样做是否会感到“不好意思”，但大鹏却大大咧咧地回答：“只要你足够专业，也付出了时间和成本，那么挣钱就应该是理所当然的，哪里有那么多的‘不好意思’。不然，你辛辛苦苦半天，免费为别人帮忙，最后别人还不一定对你心怀感激，何必呢？能够用钱解决的问题，就不要去考虑那么多的面子问题，否则就是作茧自缚。”

最后，小林听从我的建议，开始大胆、心安理得地向前来咨询她关于社保和劳动法问题的人收费，以弥补自己的时间成本。她告诉我，她要拿出“斜杠青年”的气魄、方法和服务水平出来，将精力放在用心经营个人品牌、个人标签上。抛开了“面子”的束缚，告别了“不好意思”的羞涩以后，她终于开始变得更加自信了。我相信，经过这样的转变之后，小林的未来发展之路一定会越来越顺畅。因为，放下了面子，就是解放了自己，就是突破了界限，就是离成功更近了一步。

我们必须清楚的一点是，在很多事情上，虽然你常常会感觉“不好意思”，但别人可能“很好意思”。比如，你费心费力甚至费钱帮朋友摆平了一件事情，因为“不好意思”而没有张口向朋友索要费用和补偿，结果朋友就真的什么都没有回报你，别说报酬或者请客吃饭了，甚至连一句“谢谢”都没有跟你说。你生气后，发誓下次再也不会为这个朋友帮忙了，而这个朋友呢？下次有困难还是会来向你求助，因为你不会拒绝他，而且你的帮助在他看来是理所当然的、免费的、义务的，而一旦你真的拒绝了他，可能他不但不会理解你的不易，反而会将你之前的好意一笔抹杀，反过来谴责和宣扬你的不仗义，毁坏你的声誉。

我有一位朋友，经常帮助和借钱给一位刘先生。后来有一段时间，我的朋友因为生意不好，资金压力大，当刘先生再次向他借钱时，他因资金紧张实在没办法就拒绝了。刘先生从那次之后就十分不满，到处散播我朋友的负面言论，十分难听。当言论传到这位朋友耳朵里，他无奈地摇了摇头，后悔自己没有把握好朋友间的边界。说到底，正是自己总“不好意思”拒绝，才导致好心被当作了驴肝肺，落得被人说三道四的下场。

再比如，你心仪某个女孩子很久了，但因为彼此实在是太熟悉了，所以一直“不好意思”张口向人家表白，结果女孩子还以为你对人家是“落花有意，流水无情”，最后接受了某个“很好意思”向她表白的其他男人，剩下你自己只能黯然神伤，后悔不已，但其实你当初如果能够放下面子，大胆行动起来，明确、主动地告诉女孩子你喜欢她，你们可能早就牵手成功，幸福地在一起了。

所以，人在江湖，人生苦短，实在不应该有那么多的“不好意思”，只要我们做的事情合情合理又合法，就不应该感到“不好意思”，否则，就是拿面子问题来自我折磨。无论是在职场还是在生活中，我们都必须放下面子，忘记自己的“不好意思”，大胆地将自己的游戏规则和底线原则说出去、传播出去。此时，我们就会发现，事情本就没有我们想象的那么可怕，我们根本不必为了面子问题而如此焦虑。

职场只相信结果

职场生活是现实而残酷的，这一点我们谁都无法否认。无论是新入职的菜鸟，还是叱咤职场多年的老司机，都一样会在职场中遇到诸如加班等令人心累的事情，或者十分棘手、难以解决的问题，甚至遭遇离职和被离职的悲剧。面对这些，我只能告诉大家，虽然我们都很想哭，但职场不相信眼泪，与其坐以待毙，不如含泪奔跑。

阿梅是一位新入职的北京女孩。她说自己入职后几乎每天都要加班，回到家的时间几乎都在十二点以后了，对此，她感觉自己身体十分吃不消，精神也有些疲累，甚至还因此影响到了和男朋友的相处，最终导致两人分手。从此以后，她只要一听到“加班”这两个字就会火冒三丈，十分暴躁，对加班的厌恶简直到了心理极限，所以阿梅感到十分苦恼，想向我讨教一下如何调整自己面对加班的这种状态，谋求自己未来职业的更好发展。

其实，无论在哪个城市、哪个公司、哪个行业，加班都是职场人士的家常便饭，尤其是在北京这种人才济济的大城市，如果你不想加班，就只能离职重新找工作，但很有可能你永远也找不到一份从来都不会加班的工作。因此，对于阿梅的这种情况，我能够建议她的就是正视自己对于加班的这种厌恶状态，试着去自我接纳，时间长了，慢慢就会好起来，或者干脆请假出去走一走、玩一玩，看看这偌大的世界，换一种生活环境，尝试另外一种生活方式，调整自己看问题的角度和心情，聆听自我的心声，不知不觉，就可以走出加班的阴影，重新做回优秀的职场人士。

都说男儿有泪不轻弹，但 26 岁的某互联网公司高级程序员亮亮却在加班到凌晨三点后泪流满面。和阿梅不同的是，亮亮不是因为厌恶加班而流泪，而是因为自己已经如此绞尽脑汁了却还是找不到问题的解决思路而流泪。自从毕业之后，白驹过隙，转眼间他已经进入职场四年之久了，这是他第一次为工作而流泪。

不过，在我看来，亮亮这种因为找不到解决问题的思路而流下的眼泪是十分可贵的，因为这样的眼泪反而可以促使亮亮更加系统地学习新技术、新知识来提升自己，进行更有深度的思考，从而在遇到其他问题时能够突破自我，更为顺利地寻找到解决问题的方案。

如果说亮亮的眼泪是具有鞭策性的，那么 45 岁的某企业总监老陈的眼泪可就真的是到了伤心处了。老陈因为遭遇中年危机而被公司无情地辞退，尽管拿到了一笔数目不菲的赔偿金，但老陈却在被辞退后连续半年都没有重新找到适合自己的工作。面对我，老陈哭得十分伤心。这种伤心，包含了一种对职场的绝望。

看到老陈哭了，我也忍不住眼圈泛红，但我深知哭泣对于职场毫无意义，要想真的帮助老陈脱离困境，不是陪他一起哭泣，而是鼓励他振作起来，调整心态，重新审视和挖掘自己的价值，尽快找到新的工作，哪怕收入少一些、职位低一些，都比沉湎于悲伤而被职场淘汰的要好。

而且，相比较而言，老陈的处境已经算是不错的了，因为老陈好歹还在原公司屹立了那么多年，甚至干到了企业总监的位置，其能力水平是不容置疑的，但有些人却没有那么幸运了，他们很可能在试用期便遭到无情的辞退。

之前曾经遇到这样一个案例。陈露希通过猎头被推荐到某公司做产品经理，但由于该公司是创业型公司，而且一直没有招聘到合适的运营，因此在陈露希以产品经理的身份入职后又让其兼任了公司的运营，结果陈露希不但没有按时完成产品，在运营上也未见起色，最后被公司以不胜任运营岗位为由在试用期便辞退了。虽然她也获得了公司一个月的经济补偿，但这件事对陈露希的打击还是很大的。在和陈露希交流的过程中，我可以很明显地感受到她内心的迷茫和委屈。

陈露希问了我三个问题：

1. 自己未来是继续做产品经理，还是选择“从哪里跌倒就从哪里爬起来”？

2. 被公司辞退后，会不会进入猎头的黑名单？

3. 试用期就被辞退的经历对她未来的求职会不会有很大的影响？

听了陈露希的提问后，我并没有直接回答她，而是先用几个真实的相关案例来分析了一下职场人士被辞退的几大原因。

原因一：人品问题。

某公司的UI设计师李小姐将为客户设计好的某一线明星代言的产品设计上传到了某图片网站，结果被客户发现后，以侵权为由将李小姐所在公司起诉到了法院，最后双方私下协商，由公司赔偿了该客户100万元。然而，在整个事件过程中，李小姐始终矢口否认是自己将设计上传到了图片网站，即便证据确凿，她也仍在为自己辩解，结果被公司老板直接开除了。像李小姐这种因为人品问题被辞退后，是很难再找到好的工作了。

还有某公司的白女士，从其他城市到北京工作，由于没有业绩而被公司辞退。她在离职的时候竟然报复性地把公司电脑清空了。像这种事情一旦传播出去，估计她在北京的职业生涯很难再走下去了。能力不足，可以慢慢学习积累，人品不足，则只能被“敬而远之”。

原因二：定位不清。

小张原来一直在某公司做设计师，但因为挣钱不多，所以辞职去另外一家公司干起了销售，结果又因为连续三个月都没有做出业绩而被公司辞退了。后来，在我的建议下，小张重新回到了设计岗位，现在在某公司担任高级 UI 设计师，薪酬比原来丰厚了不少。像小张的这种情况，因为自我定位不清而离职的，对以后的发展影响不大，甚至算得上是一个很好的经历，至少他不会再盲目地离开自己擅长的岗位了。

原因三：乱站队。

齐某是一家公司的市场部经理，水平一般，但十分擅长跟随领导，拍领导马屁。后来他跳槽到了另外一家公司后，立刻打听了一下该公司各个团队之间的关系，并选择了站队其他部门 VP 那边，因为其他部门 VP 有实权，可以罩着他，但这个事情很快被他所在的部门 VP 发现，最后以齐某不能胜任市场部经理为由把他辞退了。像齐某这种因为乱站队而被辞退的，将来找到好工作的概率就非常小了，特别是那些本身内部斗争就很严重的公司，对员工乱站队都是十分忌讳的。

原因四：公司自身调整。

老秦原是某公司的海外市场部经理，后来通过猎头跳槽到另外一家公司负责海外某区域的业务，但由于公司资金的问题，该海外市场部被解散，公司想要将老秦调剂到其他部门，但老秦选择拿一个月的经济补偿后离职。像老秦这种情况，离职并不能说明什么，充其量是当初跳槽时对公司的了解不够深入而已，所以即使离职了也不会对未来的发展造成任何影响。

原因五：没有做好工作交接。

小张是一名程序员，他在拿到另外一家公司的高薪 offer 后，连工作交接都没有做就直接离职了，原公司出具的离职证明上也明确写道“没有做工作交接而离职”这一点，因此，当他到新公司办理入职手续的时候，被告知因为在上家公司没有做工作交接，故不予入职。没错，任何跳槽的前提都是做好工作交接，这也是职场人士应有的基本职业素养。

分析完这些原因之后，我告诉陈露希：

1. 职业发展原则一定是做熟不做生，所以陈露希还是要继续做自己的产品经理。

2. 猎头并没有什么黑名单，因为这种黑名单是非法的，即使有，也只是猎头内心的“黑名单”而已，但陈露希的这种情况并不会影响到她和猎头的关系。

3. 试用期就被辞退的经历对陈露希的进一步求职有影响，但不会很大，只要积极去想正能量的事情，调整好心态，其他的事情也一定会跟着好起来的，不要想太多。实际上，无论是离职还是被离职，只要不是因为人品有问题，将来都能找到好工作。

总之，职场只相信结果而不相信泪水，希望所有的职场人士都能够在看清楚这一点之后，更加勇敢地走下去。努力才是最好的武器！

固化的职业思维

不同领域的职场人士，往往观念有所不同。因为长期待在一种环境下，很容易产生牢不可破的职业思维。这种职业思维一旦固化下来，也是十分可怕的。我们常常对某一职业的人形成刻板印象，其中虽然有脸谱化的简单粗暴，但不得不说，也蕴含着一些规则和道理。惯有的职业思维，在某一职业群体中繁衍裂变着，它们看起来很有道理，但实质上却未必是正确的。

曾经有一家公司在面试时，就遇到了这样一位候选人：当面试官询问他，对该项工作的态度和看法时，他竟然不假思索地说：给多少钱，就干多少活，因为这样比较公平。

这样的理论听上去似乎很有道理，毕竟打工就是用自己的时间和脑力劳动来换取对等的钱财。但如果深入研究这种观点，却不难发现，这种“等价”的思维方式经不起推敲，不只是在浪费时间，更是在浪费生命。

思维方式是一种习惯，也是一种看问题的态度，它决定的是做事情的方法，更会决定职场的命运。这种常规思维方式的形成，或许能让职场新人很快适应环境，但如果一味固守传统，比如刚刚提到的那种“等价”交换的思维方式，那么就会离高薪、成功这一类的词汇越来越远。到那个时候人们才会发现，看似很普遍的想法其实不仅没有成为职场的正确注脚，反而会成为一块进步的绊脚石，让人寸步难行。

上面提到的那位候选人的观点，应该说在职场中是存在“认同性”的。因为在很多人的固有思维里，老板不涨工资，自己干活就没激情，与其“剃头挑子一头热”，不如和老板干耗着，等到老板什么时候想开了，给自己涨工资再开始认真干活。如果他们一直不涨工资，那就索性消极怠工，反正到最后，吃亏的终归是老板一方。

在这种思维的引导下，这类职场人关心的，不是如何更好地完成工作任务，而是如何才能让老板涨工资。认知出现了问题，格局不够大，职业生涯怎么可能走得顺。在山顶理论中，这就是典型的没有强大的心态，从一开始就不认为自己是一个强者，更没有将工作看作自我攀登的过程。

在这一类人的认知中，狭隘的思维稳稳占据了上风。他们固执地认为，工作都是为老板做的，最后成就的也只是老板而已。陷在这样的思维牢笼里，自己就注定只能做一个打工仔。一个没有将心思都投入在工作上的打工仔，总是患得患失，认为事情没有如想象般那样发展，总是与升职和涨工资擦肩而过。自此，这个人就会陷入一种“打工仔”困境里，甚至连自己慢慢被推进死胡同，也浑然不觉。

对于这些人，最根本的误区就在于：没有认清现实。老板涨工资才干活的逻辑固然可以自圆其说，但这样的思维，就注定了一个人失去了“攀登”的主动权，永远被动地成为工作的奴隶。其实，努力做好本职工作，与涨薪是两件不同的事情。

职场人出来养家糊口，对工资看重是无可厚非的事情，但还是要自己先付出，出色完成工作才是永远真正的使命和职责。职场上，只有出色做好本职工作，才会有加薪的可能，如果凭性子和老板耗着，不要说能不能加薪了，就连下一次裁员能否保住职位或许都是个问题！

这些年来，我面试过的职业经理人多达3500人。其中，有一位在国贸上班年薪超过百万的职业经理人和我说过一番意味深长的话。他说：入职之前可以谈薪酬，入职后，就不要谈薪酬了。因为那个时候，想办法做好自己的工作，让用户、老板和客户感到满意，才是你的使命。至于公司给不给加薪，那就是老板应该考虑的事情。因为如果你做得非常好，就算现在的老板不给你加薪，自然会有别的老板给你高薪。计较与否都不会有太大的影响，想办法调动资源，做好本职工作才是让自己更有价值的关键所在。

其实，和这位面试者相反，那些最终获得高薪酬、高职位的人都有一个特点，那就是：他们不把获得多少报酬作为工作的衡量标准，而是将如何全力以赴地完成工作当作职场的奋斗目标。

他们之所以能成功，是因为跳出了“等价”的惯性思维，如果职场里的不如意者能够和他们一样，跳出传统思维的束缚，意识到工作是给自己干的，而不是为了成就别人，那么高薪酬、高职位都不会太远。而这，才是职场人本该有的正确思维方式。

关于思维方式和加薪之间的关系，这里还有一个例子和大家分享。我曾经面试过一位职业经理人，他的思维也和刚刚开篇的那个候选人一样，认为“给多少钱，干多少活”。面试时，面对“从业20多年，最后悔的事情是什么”这个问题，这位职业经理人的回答是：最后悔的事情，是在某公司就职时，自己因为衡量错了一个项目的个人投入产出比，拒绝了老板的安排，反而使另外一个同事接任了这个项目，并用两年的时间，把这个项目做成标杆，而后被提拔为公司副总，薪酬也跟着翻了三倍。

很显然，这位职业经理人对自己这番经历是十分后悔的，因为在他看来，这事本该属于他，结果却因为自己判断失误，反而成就了别人的荣耀。

从固有思维的角度上来讲，能说出这番忏悔，说明他已经意识到自己曾经的局限，所以跳出原有的条条框框应该不难。可是，就在我追问他“是否清楚造成自己和别人之间差距的原因”时，他的回答却让我很是吃惊。

他说：“原因可能是我没有碰到好的机会，也没遇上懂得赏识我的老板吧。”

听完这个答复，我突然意识到：这个职业经理人表面上意识到了固有思维存在错误，但内心深处依然被其紧紧地捆绑着。因为，就算他真的遇上了好的机会和好的老板，那种对工作付出与回报的计较也会让他错失机会，并最终没有办法取得成功。

这个例子虽然简短，但它说明的正是“思维决定命运，思维方式决定行为方式，行为方式决定结果”的逻辑关系。正如富兰克林说的那样：“有些人25岁就死了，但他们却要在75岁才会被埋葬。”工作二十年和一年没有太大的区别。因为很多时候，中间的十九年都会因为惯性思维的禁锢，而变成第一年的循环往复。

看到别人成功，满心艳羡是自然的，但深入去看，别人的成功都不是轻而易举的。媒体上永远不会缺乏成功学的案例，“李叫兽”25岁成为某个上市公司的副总裁，陈天桥虽然才27岁但已经富可敌国……这些遥不可及的故事让人羡慕，但他们的成功绝不是偶然。当然，你可以说他们的成功是天时、地利、人和综合的结果，成功虽然不能复制，但成功的方法论和思考方式却是可以学习和借鉴的。

在一次小范围的聚会上，我认识了一个年收入七位数的“85后”年轻人，他虽然脸庞稚嫩，但身上的品质让我很佩服。具体而言，他身上具备的，可以改变他命运的特点主要有三点：

1. 年纪虽轻，但思维方式却不落俗套，而且十分系统。在与他的交流中，他虽然声音不大，但仍能感受到他因为思维独特而散发出来的强大气场。

2. 对自己所属的行业了如指掌，十分精通。无论是谁，只要和他谈起行业的相关问题，他都能对答如流，甚至连回答问询时的观点都不落俗套，完全是从问题的本质入手，让倾听者十分佩服。

3. 穿着普通，十分低调，待人接物毫不狂妄，没有好高骛远的状态，而是谦逊认真，给人儒雅随和的印象。

因为思维方式的不同，这位“85后”的年轻人看待问题的观点显得很与众不同，因为“腹有经纶”，所以他谈吐不凡，就算面对周围人的质疑、询问，他也能从容应对。靠吹牛或许能带来一时的强大气场，但思维方式不对，根基不牢，一开口，就很容易被别人戳穿，其价值也自然会被贬低。

所以，思维方式决定一个人的价值，只有真正从思维层面改造过来，才能用全新的视角看待自己的工作、岗位和行业，并逐渐形成自己独一无二的理论体系。而当你成为千万职场人中不可取代的那一个时，命运的转机也将随之来临。

判断思维

在市场经济化的条件下，一个人的价值常常以薪酬这一数字化的表现形式来加以衡量。因此，薪酬的高低便直接代表了一个人能力的强弱。于是，很多人便认为，只要能够跳槽，薪酬就一定高，而不跳槽的话，薪酬自然就低，这也是为什么市场上会出现不良的“薪酬倒挂”现象。

对此我想说的是，月薪三千的人和月薪三万的人之间的差距，绝对不是一次单纯的跳槽机会，而是其看问题的水准。简言之，即是否具有透过现象直达本质的判断思维和判断能力。

什么是判断思维呢？我认为，判断思维就是一个人在做事情之前，本身就具备了一定的认知，然后可以根据自己的认知及事情前后的矛盾提出自己的假设结论，最后对自己的假设结论进行严格的论证。如果能够论证成功，说明其假设的结论是正确的，那么其找到的解决方案便是对的。

我曾经在创业大街的某咖啡馆里约见一位“90 后”做运营的姑娘，并与她进行了长达一个半小时的交流。在聊天的过程中我感觉到这位姑娘对运营的理解和把握十分成体系，因为她不像其他一些人一样，聊半天也聊不到点子上，最后弄得别人连和他对话的欲望都没有了。相反，她看问题的眼光相当毒辣，不仅能够站在一定的高度来思考和回答问题，而且懂得如何将问题分解落地，可以说得句句都在点子上。对于这位姑娘，我只能感慨：这就是所谓工作人员和人才的不同吧！只有她这样的运营人才，才可以称得上是真正的运营。

那么，为什么这位“90 后”姑娘能够一眼就看到问题的实质，而其他人却只能浮于表面呢？区别就在于这位姑娘具有一般人不具备的判断思维，也就是说，每当遇到一个问题，这位姑娘总能够结合自己的知识体系和运营经历来准确地分析和判断问题的根本所在，并告诉你解决方案。而那些不具备这种判断思维的人，仅仅通过跳槽就能够获得涨薪吗？显然不能。

所以说，自身如果不具备解决问题的好的方法论，哪怕已经工作了十几年，实际上也和工作了一年没有什么太大的区别，不过是在年龄上虚长了十几岁而已。

还有一次，一位猎头向我做付费咨询。他告诉我，自己每天只是待在公司不停地打电话，但就是不敢出去会见候选人，即使见了候选人也不知道究竟该怎么和对方沟通，或者和候选人沟通后，总是觉得对方哪里都说得不错，根本无法对候选人到底是否适合自己要推荐的职位做准确的分析和判断。对此，我根据自己的思考和经验给出了以下解决方案：

首先，作为猎头，树立自信是第一位的。这位猎头不敢出去会见候选人的原因之一就是内心缺乏自信，生怕在和候选人的交流中做错或者说错些什么。但是，你必须要明白和认清的是，虽然你手里拿的是仅仅可以解决温饱的薪水，而你要与之打交道的却是年薪几十万甚至上百万的职场精英，但是如果你自己都缺乏信心的话，是根本无法与之进行沟通的。

其次，在做事情之前，不要给自己设限。想要成为厉害的人物，其实并没有你想象的那么难，你心里产生的种种矛盾，究其原因，大多是在做事情之前就提前为自己设限而导致的。因此，想要解决和改变的话，就必须抛弃自我设限的心理，敞开心扉，坚持刻意练习调整自己的心理素质和状态，久而久之，就会有很好的效果。

最后，在会见候选人之前，预先准备好自己的问题和参考答案。这位猎头在和候选人聊天以后，总是会认为对方哪里都说得不错，这也是他根本无法对候选人到底是否适合自己要推荐的职位做准确的分析和判断的主要原因，还有就是其在与候选人见面之前其实就潜意识地带有想要将他推荐成功以多赚取猎头费的想法限制了他，再者，最重要的一点，其对于候选人讲话的内容或者候选人所在的领域也并不是真的了解和知晓。因此，要想解决这一问题，我建议这位猎头在会见候选人之前，根据其简历内容或者所在行业提前设计、准备一些有价值的问题以及自己对于这些问题所预设的“参考答案”，即候选人要回答到什么程度才算达到了你心目中的“正确答案”。如此坚持下去，这位猎头对于候选人的判断力一定会大大增强，用不了多久就可以成为一名出色的猎头。

像上面这种看问题的方法和思路，是一次单纯的跳槽机会就可以解决的吗？显然不是。

想要获得这种看问题的判断思维和能力，不是通过简简单单的培训就可以获得的，而是要敢于带着问题和比自己优秀的人进行交流。很多人出于羞涩，担心自己的问题在别人面前显得太过低级，引起别人对自己的轻视，所以常常不好意思同他人特别是比自己优秀很多的人聊天。但事实上，只要你勇敢尝试过一次，你就会知道，在优秀的人眼里，为了解决问题而敢于向别人请教的人，其实是非常可爱、非常值得别人尊敬的人。

就像上面提到的那位“90后”做运营的姑娘，她在遇到自己不懂或者不会实际操作的内容时，哪怕是自掏腰包也愿意主动找资深的人士请教。因为她很清楚，这样做，她获得提升的不仅仅是实际操作能力，更是思维能力。我也经常如此，有时候，遇到自己不懂的问题，就算不远万里或者按小时付费去拜访高人进行解决，我也心甘情愿，因为我知道自己不仅仅是在寻找解决问题的方案，更是在同比自己优秀的人学习对问题的思考和判断方式，这才是真正关键和划算的地方。

另外，要在不提前为自己设限的情况下，进行积极的、不断的学习和思考，否则，你还是无法找到问题的根本。例如，当你怀疑某位候选人的简历有造假嫌疑时，你该怎么做呢？你可以对该候选人的简历进行分析，找到你认为有问题的地方，然后在面试的时候像掰玉米一样层层对其进行提问，同时观察候选人的回答是否流利，眼神是否躲闪等。并且，你还可以在最后告诉候选人，公司在补充一个背景调查，一旦发现简历造假，候选人便会进入该公司的内部黑名单，永不录用。说完后，仔细观察候选人的脸色、眼睛和手上动作的变化，因为这三个部位是最能出卖人内心矛盾的，除非经过特殊训练，否则一般的候选人是很容易被察觉的。根据这些，你便可以很轻松地判断出候选人的简历是否造假。

其实，这些都是通过工作的积累就可以获得的心得。只要足够用心，工作和生活中时时刻刻都可以进行学习和思考，而这种学习和思考的过程，便是你的认知水平提升的过程。你只有经过系统的、不断的学习，使自己的认识水平达到一定的高度时，才能真正建立起透过现象直达本质的判断思维和判断能力，并通过刻意的练习，成长为一个真正优秀的人才。

“高薪被辞退”的魔咒

“明月几时有，把酒问青天……”读到苏轼这首千古流传的《水调歌头》，不禁让人深深地感慨：“高处不胜寒，高处不胜寒啊！”

之所以会有这样的感慨，是因为我想起了前不久的一则消息：某公司一位年薪百万的高管在六个月试用期的最后一天被其直接领导以“试用期不合格”为由辞退了。

对此，网友们众说纷纭，有的人认为是这位高管自身能力不够，配不上如此高的薪酬才会在试用期内被辞退，但有的人却认为这是公司为了节省猎头费而故意为之。而我认为，这位年薪百万的高管在试用期的最后一天被通知“试用期不合格”的真正原因，恐怕和他岗位使命的完成以及自身能力强大到给其直接领导带来压力和恐惧有关。

因为，经过深入了解，这位高管原本是在一家外企工作，一次偶然的机会才被其原直接领导挖去加入了这家知名民企。但在他入职后不久，他的直接领导便离职了，而他为了在公司里留下来，才拼命地努力工作，以至于大领导交给他的一个原本预估周期是十个月完成的项目，他竟然只用了四个多月就完成了。不料，项目完成后，他和新来的直接领导进行沟通，却遭到了这位新领导的不断“吹毛求疵”，甚至最后竟然认为他不胜任该岗位，以“试用期不合格”为由通知他到人力资源部办理离职手续。

那么，这样一位努力工作、能力强大的高管，为什么反而在试用期最后一天这样关键的时刻被自己的直接领导给“坑”了呢？根据多年来的观察和思考，主要原因是违背了中国古人的“中庸”之道，忘记了“枪打出头鸟”。

这位年薪百万的高管竟然只用了四个多月就完成了原本预估周期是十个月完成的项目，在试用期就急于表现出自己如此强大的才华和能力，再加上其较好的背景，势必要引来公司其他人员尤其是其直接领导的嫉恨，这位高管给他们带来了巨大的职场压力和恐惧。很多人以为公司的高层整天忙于制定公司的战略，帮助公司对接资源，但其实他们基本上一半的时间都是在考虑如何保住自己的位置。因此，这位忘记了职场生存原理的高管才会在试用期的最后一天被其直接领导辞退，这样一来，他所有的功劳都将归功于其直接领导，真正是“螳螂捕蝉，黄雀在后”。

所以，对于空降到新公司、想要更好地生存的职场人员，我有以下几点建议：

1. 刚进入新公司，千万不要急于表现自己的能力，在解决问题的过程中，一定要多多和自己的直接领导进行沟通，听取和揣摩自己的直接领导的内心想法，如此才能避免被自己的直接领导猜忌和坑害。

2. 少说多看。想要知道新公司里哪些才是真正有“势力”的人，最好的办法不是私下里到处打听谁和谁是什么关系，而是闭上嘴巴，多用自己的眼睛、耳朵和逻辑去观察推理，否则，急于站队，只会害了自己。

3. 在一些非正式的场合中，要能够不吝赞美你的直接领导和平级的同事，千万不要说他们的不好，即便你心里真的这样认为。相信我，这样做的效果绝对会出乎你的意料。

如何谈薪的问题

一、和企业谈薪的次数太多，结果适得其反。

拿到高薪是所有职场人士的共同梦想，但并没有多少人真的懂得应该如何与企业谈薪。绝大多数人都认为，只要最后能够达到自己满意，谈薪次数的多少无所谓，可这种想法其实是大错特错。

你与企业谈薪的次数越多，越说明企业其实只是急需你来解决某个问题，并没有考虑你的长期发展，所以企业是真的不想给你开那么高的薪酬。那位年薪百万的高管提前完成项目后反而在试用期就被辞退，便是这个道理。

令你满意的薪酬一定会让你的老板不满意，因为你这样做无异于是在割他的肉，所以，一旦你的岗位使命结束，老板就会立刻想方设法让你走人。

因此，作为职场人士，你必须明白的是，即便你人品过硬、能力高强，和企业谈薪的次数多了，也照样会被辞退。对此，我给出的建议是：

1. 做事要果断，不要拖拉，谈薪次数不要超过三次。

正如俗话所说："事不过三。"职场人士和企业关于薪酬的谈判原则上最好不要超过三次，因为一旦次数过多，必然会导致企业内部对自己产生怀疑甚至留下极差的印象，这就为自己的被离职埋下了伏笔。当然，如果薪酬相差太大，比如你期望企业给你的薪酬是 5 万元，而企业最开始给出的薪酬标准是 2 万元，那我建议你干脆不要谈，直接拒绝即可。

或许有人认为自己本身非常优秀，有和企业多次谈薪的资本，拖拖拉拉也没有关系，但这和职场人士自身的能力水平没有关系，而是取决于老板的心疼程度。你为了要达到自己满意的薪酬而需要与企业谈判的次数越多，越证明老板非常心疼他给你开的薪酬，所以，即便最后老板真的开出了令你满意的薪酬，但你别忘记了他是不满意的，他必然会在给你开出高薪后对你百般要求，督促你尽快为公司解决问题，好尽快把你辞退。

2. 要坚持自己原本的想法，不要轻易给自己降价。

一旦你向企业提出了自己的薪酬标准，就要坚持自己的标准和想法，千万不要轻易接受降价，否则，会让别人认为你是心虚或者根本就是一个没有原则、可以随时改变的人，从而在心里对你产生轻视和鄙夷。

二、缺少对企业背景和性格的了解，稀里糊涂进入职场。

企业在招聘员工的时候，通常会恨不得将求职者的背景调查个底朝天，祖宗十八代都不放过。然而，很多职场人士在入职前却往往没有对企业背景和行为习惯、做事风格等进行调查的想法和渠道，结果常常是为了获得高薪就稀里糊涂地进入了一家自己原本甚至根本不愿意进入的企业，例如那位在试用期的最后一天被辞退的高管，其不也是因为没有对自己的新雇主进行背景调查才会有如此的结局吗？

在某年春节的前一天，一位朋友付费咨询我应该如何选择他的 offer。我在通过自己的人脉圈子和大数据工具对该朋友收到的三个 offer 进行深入了解分析之后，果断建议其放弃其中两个。因为根据我的调查结果，这两家公司的幕后老板都有非常多的黑历史，公司本身被自己员工仲裁的次数也很多，并且，在已经离职的员工中口碑极差。这位朋友最终听取了我的建议，现在在公司里表现得很好，获得了老板的极大信任和赏识。

因此，在入职新公司之前，职场人士一定要尽可能对自己的新雇主进行详细的调查，这样才能避免夭折职场。

总而言之，那位年薪百万却在试用期最后一天被辞退的高管给我们的启示是：想要摆脱“高薪被辞退”的魔咒，就必须懂得“善刀而藏”的道理，妥善处理好同自己的直接领导和其他同事的关系，不要过多地同公司进行关于薪酬的谈判，在入职前就做好对公司背景和环境的调查。只有这样，高薪才不会成为职场人士的“催命符”。

是否跟随

有一次，我在杭州出差，接到一位职场朋友的咨询。她说自己刚刚入职一家新公司，目前这家公司成立 1 年零 1 个月，工资待遇还不错，工作也蛮开心，但近期她的主管领导准备跳槽，一直游说她，让她和自己一起跳槽进入竞争对手公司。她现在很迷茫，问我要不要跟着领导一起跳槽。关于她的这个问题，让我想起了另外两个职场上的案例。

某公司的一位高级经理，也遇到过这种情况，领导想跳槽，最后他选择了跟着领导跳槽。但问题来了，他的领导跳槽到新公司后，入职不到 3 个月，就被公司辞退了。这位高级经理虽然没有被波及，但在新公司，没有领导扶持，工作特别难开展，最后在第 5 个月的时候，他在无奈之下选择了再次跳槽。这个经历对他的职业发展不是加分，而是减分。

还有一位，是某公司前 100 号员工，也是跟着自己的领导跳槽了。跳槽后，虽然自己的工资提升了不少，但前公司一些原本并不如自己的员工的工资提升得更多，有的人甚至已经实现了财富自由，反观跳槽到新公司的自己却还在拿着每个月不到 3 万元的工资。

在这两个案例中，都是跟着领导跳槽后，却惨遭滑铁卢的结果。当然，职场跳槽也有很多成功的案例。比如某员工跟着自己的领导跳槽，结果把领导熬走，自己接替了领导，成为某公司的 VP，这样的案例也非常多。所以职场上，到底该不该跟着领导一起跳槽呢？

职场上有一种成功，叫作“抱大腿”，所谓抱大腿，就是跟对人、跟对领导。有一次，我和一位职场高人聊天，他说，人在职场，要做到：如果你不能让别人成为你的心腹，你就想办法成为别人的心腹。这就是职场抱大腿的思维。

其实，职场本来就是利益相伴，只有通过彼此之间的利益来成就和加强的友谊，才能更长久。也就是说，你要不要跟着你的领导跳槽，这个问题的关键点要看你的领导值不值得让你跳槽去跟随他，具体表现在：

第一，你的领导是否大气、不抠门，是否愿意与他人分享。

职场上，有一些领导，根本就不能被称为领导。比如一些领导遇事后，自己不敢承担责任，总喜欢让下属垫背、让下属背黑锅。还有些领导，利用手中的权力，经常责骂自己的下属，来发泄自己的情绪、减少自己的压力，等等。

有一些职场人存在一种思维定式，他们觉得，领导之所以能坐到领导的位置上，必定是因为他们有过人之处，因此，当一个领导具备领导下属的权力时，属下的一些职场人便自动认为，该领导做的任何事情都是有道理的，该领导的任何行为都是领导自带的素质。

这是一种严重错误的思维。事实上，并不是一个人能够坐到领导的位置，他就一定比没有坐到这个位置的人更正确。一个领导能够成为领导，可能有许多原因，比如他可能更懂得讨好上级，也可能是因为他有着强大的背景，还可能是他某次运气好完成了某个重要的项目。总之，并不是所有领导，都是因为其具备足够的领导能力和强大的工作能力才成了领导。而那些其实未必胜任其位置的领导，他们最喜欢做的事情就是压榨下属，甚至拿下属撒气。

当然，也有的领导，他们本身的确工作能力出众，但工作能力强并不意味着领导能力强，有些并没有什么领导能力的人，他能做好自己的事情，却可能在领导他人方面一塌糊涂，跟随这样的领导，也只是在浪费时间。

北京一位职场朋友告诉我，说他们部门的领导就是这样，领导的工作压力大，为了给自己减压，总喜欢拿下属开骂，最后整个部门人都罢工了，剩下他一个光秃老将。之后，这位领导的行径终于被公司发现，他被开除了。像这种领导，即使给你薪酬翻3倍，也不要跟随。

第二，你的领导是否有很强的领导力，是否能让你跟着他学到很多知识，让你在未来更值钱。

你要明白，你跟着领导跳槽的动机是什么？除了薪酬增加外，还有哪些让你心动的地方？要跟着领导跳槽，首先应当是你的领导有很多值得你学习的地方，跟着你的领导可以学习到更好的知识，还能学到一些做人的道理；其次，你要考虑，跟着你的领导跳槽，是否能让你在未来更值钱。虽然能让你眼前的薪酬增加，但不能让你未来或下次跳槽时更值钱，这种情况下，不要考虑跟着你的领导一起跳槽。

第三，你的领导是否真心愿意带你、是否愿意把他的人脉资源介绍给你。

最关键，也是最核心的一点是，你跟着你的领导跳槽可以，但问题在于你的领导是否真心愿意带你。这主要表现在，领导是否用心教你，是否真心愿意把他身边的人脉资源给你，让你独立去解决问题。

一位朋友说，他跟着自己的领导跳槽后，他的领导不但教会了他很多做人的道理和处事的方法，同时，自己现在很多人脉资源也都是他的领导介绍给他的。有一次，他对他的领导说，想跳槽去另外一家公司，他的领导虽然不想让他跳槽，但考虑到这个机会对他来说非常不易，最终还是支持了他的跳槽，甚至还专门给他即将跳槽公司的 CEO 打电话，让其照顾一下自己的小兄弟。这样的领导，才是真正的好领导。

第四，你们领导跳槽的公司是否有前景？他的职位又是什么？在新公司是不是核心高管或者是否有话语权？

在决定是否和领导一起跳槽前，一定要思考几个问题：新公司文化如何？是否有前景？领导的职位是什么？是否具有话语权？多思，不是优柔寡断，而是给自己的判断增加一些科学的成分。

你可能觉得，既然领导自己已经跳槽了，就说明领导已经将该考虑的事情都考虑进去了，跟着他准没错。但实际上，你的领导可能未必真的考虑了那么多，不管是领导还是员工，都应当学会独立思考，学会用自己的逻辑去看清楚问题，而不是被别人牵着走。

那种并没有看清楚现实，因为一时糊涂就要跳槽，还拉着下属跳槽的领导，也是存在的，到最后就是领导带着下属一起跳进了坑里，下属又不能将错全都怪在领导的身上，毕竟做出跟随领导跳槽决定的人终究还是自己。

第五，给你的薪酬多少，以及你的职位是否上升。

说到职场，必然会想到利益，毕竟我们打工的目的就是养家糊口、让自己的生活更加美好！所以，最后一点，就是要考虑你自身的利益了。必须考虑你的薪酬是否增加、你的职位是否上升。而这一点，只有你自己知道，别人是无法给出更多建议的。

职场上，要不要跟着领导跳槽，关键取决于你的领导值不值得你跟随，这点尤为重要。事实上，在职场中，并不是所有的领导都值得你跟随，有时候为了生计你不得不选择委曲求全，但在考虑要不要跟着你的领导跳槽的问题时，你必须擦亮双眼，绝不能委曲求全，如果是值得跟随的领导，自然可以考虑跟随，如果从一开始就不是值得托付的领导，那么当领导跳槽时，反而是你摆脱这种领导的一个好时机。

关于裸辞

职场上，很多人都在冲动时动过裸辞的心思：每天醒来想到冗杂的工作，毫无意义的应对，喋喋不休的老板就头疼。心里哀号一声，不如辞职。

裸辞，是一件潇洒的行为，想一想，再也不用赶早班车拥挤的地铁，也不用面对甲方和上司无情的嘴脸，还可以不时来一场说走就走的旅行。裸辞不是问题，问题是，裸辞后的求职之路该何去何从？职场人在面临是否跳槽的时候，时常会在这两者间举棋不定。是彻底放下，潇洒裸辞后再找工作，还是骑驴找马，为自己上一个双保险？

作为猎头，于公于私，对内对外，我都是不太赞同裸辞的。

首先，无论是 HR 还是猎头，在面试候选者时，都希望找到一位“靠谱”的候选者。

这个社会对于靠谱的定义，一定程度上来说，还是比较狭隘的。如果太特立独行，坚持自己的想法，可能会被贴上“固执”的标签。职业期断档时间太久，难免引人遐想，其中的空间太大，未免让猎头觉得候选者是个“不靠谱”的人。

职业断档越久，越难以解释。无论理由多么完美，HR 可能都难以接受。毕竟，相较于背调（背景调查）一个裸辞断档的候选者，另一位在职的职业经理人，看起来会更为可靠。

从候选人自身的角度考虑，需要承受“裸辞”带来的更大压力。在当今社会，除去财富自由以及仅靠投资就可以支撑生计的少数人之外，大部分人还是要靠薪水养活自己。裸辞后，经济压力陡然增大，当面试十几次后仍旧拿不到心仪的 offer，求职者看着日渐变少的银行存款，以及越来越长的职业空档期，很容易产生抑郁的心情。此时，身边的父母、爱人也会为此增加压力。

其次，离开职场，会错失方向感。

很多人裸辞，是因为不满意目前的工作环境以及工作内容。但是要知道，同样的岗位，即使在不同的公司，工作内容90%都是一致的。如果因为不满意目前的工作内容而辞职，却不知道自己到底想要什么，那么裸辞时间越久，失落感就会越大。

我们都不要太高估自己的自律性以及行动力。本以为在裸辞的几个月期间会认真思考未来的职业规划的人，大多数在裸辞后也不过是毫无头绪地挥霍光阴，然后积累了越来越多的迷茫。毕竟，如果真的有规划，也早在还身处职场时就已经想好了。当初没有想好的事情，并不会因为裸辞后有了大把的自由时间而发生改变。

最后，如今社会上对于“信用”的重视，使得我们对工作连续性越来越重视。

尤其在北上广这样的一线城市，裸辞经常发生在初入职场五年内的新人身上，而这部分人恰恰是物质条件的刚需群体。比如在北京和上海，需要连续缴纳60个月社保才有资格购房。如果社保中断，购房资格受到影响，就会非常麻烦。尽管现在银行信用并没有将连续在职时间考虑进去，但是一份连续的薪资流水，是贷款时最被重视的信用凭证。

近一段时间，人心浮躁，各个行业也是动荡不安，作为猎头，身边有不少朋友在冲动之下选择裸辞，这样的案例实在不可谓不多。

一位职场朋友近来状态十分颓废。他已经裸辞了6个月，兜兜转转至今依然没有找到工作。长时间脱离职场已经让他变得焦虑与不自信，再想到未来的种种不确定性，他顿时陷入了深不见底的惶恐，向我询问该怎么办。

这又是一个裸辞的案例，在回答这位朋友的问题之前，我们还是先来分析问题的核心在哪里。

一旦选择了裸辞，至少3个月以上找不到工作（找到合适工作的平均时间是3—6个月），这样不管是从收入来说，还是对自信心来讲，都会面临很大的打击。

你或许此时心里正窝着火，每当看到直属领导时，都极其不爽，恨不得立刻夺门而去，让自己远离这个部门，远离这家公司。是的，大部分人的离职或多或少都和直属领导的管理风格有关。但是一天24小时，就算领导每天吵你1个小时，至少还有23个小时是自由和轻松的。关键是要调整情绪，让自己变得更加强大和自信才对。

大家都知道，很多网红型的自媒体人，只要写文章，总会有人骂。总不能因为别人在网上骂你，就不写文章了，这样，岂不是白白让机会从身边溜走？所以，成为网红的第一个条件就是自信，就是拥有一颗强大的心脏。否则，还是尽早放弃成为网红和自媒体人。

我曾与某位自媒体大咖聊天。他笑着说，他的文章经常被人骂，但这和自己没有关系，骂的又不是他这个人，只是文字而已。所以，人在职场，必须做到内心强大。千万不要玻璃心，一旦心碎了，职场前途也就碎了。

一位中型互联网公司的HRVP，因为家里老人病重的原因，选择了裸辞。当送走了老人，回到北京重新找工作时，她发现就业市场的局面已经超出了她的想象。她调动身边的猎头、朋友帮忙介绍工作，先后经历了6个多月，才找到一家适合并喜欢的公司。

一位HRVP裸辞尚且需要6个多月的时间来适应人才市场的挑选，更何况其他人员呢？所以职场上千万不要裸辞，一次裸辞，就很可能导致职业走下坡路。

我辅导过另外一位职场朋友，他在裸辞后，有近一年的时间没有找到工作。这让他都有些不敢相信，因为他是技术出身的运营总监，按理说，应该好找工作的。但他说，工作好找，但适合自己的工作非常难找。他对裸辞的冲动行为感到非常后悔。每一次面试的时候，HR们一定会揪着一个问题打破砂锅问到底：请问你为何整整一年没有工作？这个问题不管怎么回答，HR都不会满意，只会在心里为你的能力打上一个问号。这样几番折腾下来，任何人都会在质疑中丢了自信。一位裸辞的HRD自己裸辞后，连续面试了近10家公司，不是他看不上企业，就是企业看不上他，最后搞得非常崩溃。

如果已经做出了裸辞的举动，又该怎么办呢？既然已经做了，后悔也无济于事，还是立刻想办法解决问题为好。对于已经发生的事情，摆正心态最为重要。不要急于找工作，从一个坑跳到另一个坑里。冷静下来，亡羊补牢也不晚，对自己的职业做一个全面的规划。无论是继续在此赛道奔跑还是转行换赛道，都要想清楚再行动。对此，我们有几点意见：

第一，把简历挂到招聘网站上，对所有人都开放。

这样便于让更多企业 HR 或猎头找到你。简历可以挂到招聘网站上，但别忘记了，不是所有的岗位都要去涉足。一定要做到在去面试之前对该岗位、公司情况、公司组织架构、薪酬范围（如果说薪酬 open 的公司，建议赶快放弃，因为说薪酬 open 的 HR 或猎头，都是要流氓）等进行详细的了解。如果不能做到详细了解，千万不要去面试。这样既浪费时间和精力，又会打击自信心。

第二，发动身边靠谱的猎头。

如果身边没有 20 位以上的靠谱猎头，说明你还不是一位成熟的职业经理人。有人觉得，如果一个人跳槽还要通过猎头，只能说明这个人不值钱。有这种想法的人，只能说明自己的格局太小、思想狭隘，更不懂猎头。就像一位财务总监曾说，自己被公司老板亲自上门挖，就没有谈薪酬。等到入职后，才发现薪酬居然比原来低很多，最后只得离职。她最后说：跳槽一定要找靠谱的猎头来推荐，这样，自己的价值才会更高。

第三，内推也许是最可靠的一种求职手段。

很多职场人都认为内推只适应一般人员的招聘，其实不然，内推其实适应所有的岗位招聘。某招聘服务商的数据显示，内推的成功概率是 60%，猎头的成功概率是 20%，而网络招聘的成功概率不到 1%。所以，裸辞后，想更高效地找工作，不妨想办法找身边的朋友给你做内推。

一位职场朋友曾经咨询，跳槽时通过哪些渠道求职最好。他认识的猎头不多，我建议他找原来的同事、领导做内推。这样，不到一个月，他就成功接到了 offer。

作为求职者，永远让自己在职场上掌握主动权。让自己保有竞争力和市场价值，好工作才会追着你跑，而不用费力地拿着简历四处碰壁。辞职不可怕，但是尽量不要冲动之下裸辞，裸辞很大程度上会让求职者处于被动地位，丧失主动权。经常裸辞可能会将一手好牌打烂。唯有保持清晰的头脑，明确心中的职场规划，才能够百战不殆。

另外，裸辞后，也不必惊慌，动用身边的优势资源，一边积累一边尝试，一定会找到可以栖居的理想职场。

CHAPTER 6

第六章

重新定义自我

管住嘴，避免祸从口出

在职场上，最避免不了的事情就是人与人之间的沟通。无论是上下级之间的指令传递反馈，抑或是平级同事之间的信息传递，无时无刻不通过沟通来推动工作的进展。有效的沟通，取决于好好说话。好好说话，四个字，掰开揉碎了说，就是管住嘴，避免祸从口出。话说出去一定是甜的，而绝不是到处扔刀子，让对方厌烦你。

我们经常会遇到一些人，口无遮拦。他们的字句在冲出大脑的一瞬间，完全不经过加工，想怎么说就怎么说。而这一定程度也反映出其短见与无知。

我曾经接触过一个人，对方一再和我沟通，非要给我做兼职，我感觉很有意思，就问她准备要多少工资。她却说自己价值很高、很贵，你用不起我。这更让我纳闷，既然自恃身价不菲，为什么还要主动给别人做兼职？既然敢说大话，或许真有些能力。她说："一个月 5000 元（税后），怎么样？开得起吗？"

我不禁莞尔，真是井底之蛙。我给客户写一篇软文，都要税后 3 万元的价格。对方是真的不知天高地厚，还是专门用令别人不舒服的字眼来搅乱这一场沟通呢？本来是件小事，却点出了职场人与人沟通的实质。

沟通，一是有效，二是让双方彼此舒服，能够接受达成的共识。如何做好职场沟通呢？在职场中，层次越高的人，在沟通交流时，越注意以下六点。而我们在日常的工作中，更要时刻牢记以下六点。这样时间久了，一定能够收获高质量的职场朋友。

第一，尊重对方，不轻易反驳别人。

刚踏入职场的小朋友尤其容易忽略这一点。太急于表达自己的人，往往在面对不同声音的时候，急于辩解证明自己。曾经带过的几个实习生，年轻气盛，刚走出象牙塔，确实不太容易耐心听别人讲话。话语间开头结尾都喜欢用否定词，给对方的暗示及沟通体验都不够友好。

哪怕不同意，也要尊重别人的观点。对方表述的内容很可能你没有经历过，也根本没听懂其中隐含的内容。此时随意的反驳会显示自己的轻佻。

法国启蒙思想家伏尔泰说：“我不同意你的观点，但誓死捍卫你说话的权利。”认真倾听，不随意反驳否定，这是对人和人权最基本的尊重。职场中，我们会发现一个奇特的现象：有些人不认可别人的观点，连别人说话的权利都给剥夺了。不是人人都可以有福尔摩斯的智商，更不是谁谁都可以像卷福一样说“安德森，闭嘴，整条街的智商都被你拉低了”。话不投机半句多，直至搞得双方争论得面红耳赤，到了有你没我的尴尬境地，久而久之职场矛盾就产生了。这正是职场矛盾根源的核心点之一。

有人诉苦说，她一个同事，每句话都把人噎死，要不要反击。面对这样的同事，反击显然不是上上策，少说话、少接触就是了。如果没有深仇大恨就不要去得罪一个本就和我们话不投机的人。本不是同一个频道上的，就不要拧巴地进行沟通。淡然处之，放过彼此，避免矛盾。

第二，学会倾听。

如果细心，我们一定会在职场上找到这样一类人，他们在和别人交流时，哪怕没有听懂或根本就听不懂，也会面带微笑、不断点头。聊一会儿之后，他们会借机说道，眼下有一件棘手的事情，先聊到这里，改天登门拜访。这样做，既顾及自身的时间，也照顾到对方的面子。

细节之处不仅体现了身为职场人的专业性，耐心的倾听更显示了自身的教养。真正的倾听，是像俞伯牙与钟子期那样。但这样的事情，可遇不可求。不管如何，还是要真心学会倾听，尊重对方，让别人觉得与你沟通是一件舒服的事情。

第三，不要吝啬于赞赏。

赞赏别人是一件既容易又困难的事情。容易在于，说出赞赏之词，没有人因此受损，不造成任何的利益冲突，绿色环保低碳，短短几句话，会给别人带来无限的精神鼓舞。有时候，赞美和肯定比加薪能带给员工更多的成就感。而对于太多人来说，这又太难了，因为人们总是趋向于对一切熟视无睹，非常吝啬赞赏。

最近，一位非常优秀的程序员告诉我他准备离职了。我很诧异，以他的技术水平，绝对是业内不可多得的人才，老板怎么舍得放他走？原来，他的老板是一个非常吝啬赞赏的人。员工辛苦地加班，奋力拼搏，有时搞到半夜两点才下班，但老板连一句“真心”的赞赏都没有，平时也是批评居多。“要以公司利益为重”是老板常常挂在嘴边的。如此辛劳，没有换来哪怕是口头上的奖励，员工的委屈嘴上不说，却埋在了心里，积累到一定程度，自然会爆发出问题。

第四，不打断别人讲话。

职场中，无论是就某个话题探讨还是深入解析，总有一些人很不礼貌地打断别人讲话，或转移话题。

有一次，我和一位朋友在咖啡厅聊天，突然来了一位不速之客，积极地要加入话题的讨论。在别人说话时，这位不速之客总喜欢打断别人，让说话的人很尴尬！我发现并及时告诉他，既然是朋友介绍过来，那就好好地聊天，不要总打断别人说话，那样很不尊重别人。

别人在谈事或说话时，千万不要打断别人，即使想打断别人，也要很有礼貌地询问能否提个问题。不然，别人会认为你层次太低，久而久之，就不愿意再和你谈话沟通分享，甚至彻底将你屏蔽在白名单之外。

第五，不钻牛角尖。

做新媒体的朋友可能对此感触会很大。每一篇文章从选题立意到成文，都凝结着作者的心血，并且代表了作者独立思考的观点。一样米养百样人，一千个人眼中就有一千个哈姆雷特，同样一件事情，每个人看法都有迥异。或许你经历的事情，他没有经历过，但总有一些人在网上谩骂作者，诋毁文章，公开挑战质疑。

大到职场，小到生活，我们总能遇到这样一类人，本想与其聊天、开玩笑，对方总是钻牛角尖，认为你错了或你说的不对，等等。这是典型的钻牛角尖之人。

科学研究需要钻牛角尖，因为正确的答案是唯一的，但在职场中，千万不要钻牛角尖。围绕着“人”这样一个变量，怎么会有唯一答案呢？

第六，永远不要诋毁别人。

关于这个话题，道理很明显，不再赘述。但是关于其中一点，需要再次强调，那就是：面对新老板，永远不要诋毁老东家，这几乎就是职场铁律。

面试官喜欢询问离职的理由，很多人回答都是想找一个更大的发展平台，而有些人却开始喋喋不休地说老东家的不好导致自己离职。我碰到一位候选人，问他为什么离职，他说因为原来的老板的问题而导致自己离职。面对这样的求职者，真是无言以对，只好让他回家等面试结果了。不管在哪里面试，都不要对老东家进行评价，如非要评价，一定要用折中而不虚夸的词语来评价。

在职场，没有一帆风顺，每个人都可能面对老板对自己的责骂，这是很正常的。我碰到过一位职场高人，他可以被称为神人级别的高人，他说，不管在哪里，你都要面对领导，你一定会有一位领导。不管你的领导做了什么让你不满的事，你都要去赞美他；即使你的领导一天骂你 1 个小时，别忘记了，你还有 23 个小时可以享受生活。

这位高人对于职场的理解，可以说，已经超过了很多人。虽然不要求每个人都做到这样的境界，但是由此我们仍旧可以借鉴很多。在职场中，不管对直接老板有多大的怨言，或者遭受到了多少不公平的待遇，都不要在面试时表现出来，这不仅仅是职业素质的体现，也是面试成功的关键因素。因为，你的面试官将要成为你的新老板，你的新老板永远不会找一个未来离职的下属来骂自己吧。尤其在面试的时候，永远不要说你老东家的坏话，永远要用发自内心的词语来赞美你的老东家，哪怕他深深伤害过你。

职场虽然没有战争那么血腥，但也有很多委屈、不被理解或无事受伤，这些再正常不过。我们要用一颗阳光的心去面对，用一颗阳光的心去照耀职场上的阴暗角落。

在离职后，永远要用赞美的词语来评价老东家，赞美别人，反映出我们的素质高；别人诋毁我们，是他的素质低下。我们永远改变不了别人，唯有努力提高能力改变自己。

职场中矛盾和斗争的发生，源于不愉快或者无效的交流和沟通，即便生有一张“好嘴”，若是话不得体，也会祸从口出。懂得职场沟通交流技巧，侧面证明自己格局大、层次高，会迎来更多的肯定与支持。沟通是为了解决问题，推动事情的发展，而不是互相诋毁。提高自身能力，将注意点放在工作本身，如此，方能屹立于职场。

借口是一种思想病

在现代人的生活里，“忙碌”这个词仿佛已经慢慢地成了一种常态，甚至慢慢地演变成了一种习惯。因为忙，所以时间紧缺；因为忙，所以精力有限；因为忙，所以一切都顺理成章地被有意识或者无意识地搁浅。

然而，当试着停下脚步静下心来细细思考时，你会发现，很多事情并不是因为太忙而耽搁，而是因为拖延和借口。这种不断为自己寻找借口的人，缺乏精英意识，或许他从不认为自己可以攀登至顶峰。这样的人，失败几乎是必然的。悲观一些说，我甚至会想起当初项羽在乌江自刎时的借口：天亡我，非战之罪也！其实，哪有什么天意，一切皆是人为。

对于创业型的公司而言，所要面临的问题其实很多，而其中尤为重要的销售环节则会面临更多需要发挥主观能动性的部分。所以，对于销售人员而言，他们首先应该思考和应该优先做的，是想办法解决本公司所面临的种种实际销售问题，而不是以自我为中心，要求公司为销售人员提供足够的资源，进而不断地给公司出难题。

小李是一家公司的销售人员，在过去的3个月里，他已经连续出现了三次月度零业绩。在面临公司相关问责的时候，小李并未意识到这个问题与自己的能力相关，而是毫不掩饰地解释道：因为公司没有任何销售优势，这是他无法顺利创造业绩的根源。在他看来，公司的采购无法拿到低价产品，导致产品在市场上没有竞争力；因为公司营销费用太少，所以无法营销客户、开拓市场……总之在他的口中，公司的种种配置不仅不能有力地推动销售业绩上升，反而带来了负能量，拖了销售人员的后腿。

小李的这些说辞也许是很多销售能力欠缺的人常常引用的借口。显然，他们这样的想法并不是在帮助公司解决问题，相反地，他们是在不断地给公司出难题。在他们的潜意识里，公司必须先帮他们解决销售面临的所有问题，待这些问题都解决好了再轮到他们去攻克客户。就好像打仗一样，等其他战友把敌人先抓过来、绑到树上之后，再让他们用枪对着敌人的脑袋开上一枪，的确，这样的战绩根本不费吹灰之力。可细想想，这世界上难道就真有这样的好事儿？答案当然是否定的。

真正的销售人员，就是在公司资源有限的前提下，充分调动自己的积极性和主观能动性，在看似无路可走的沙漠或是荒原上走出一条属于自己的路，解决尚未有人解决的问题、做尚未有人能做的工作。只有这样的销售，才算得上是最牛的销售！换个角度想想，如果公司什么资源都给你提供好了，你就不能称为销售了，而与此同时，你也随时有可能被替代，随时有可能卷铺盖走人。

曾经有一个想离职的猎头对我倾诉，说她所在的公司什么都没有，客户需要自己找不说，连候选人也需要自己找，感觉在这家公司什么都得不到支持，很想离开。

对此，我曾直截了当地告诉她：说白了，其实不是公司的问题，而是心态的问题。试想一下，如果公司不用招聘员工，就可以挣很多钱，那他们也犯不上特意出资、声势浩大地招人了。在我看来，这个猎头所拥有的是抱怨的心态，而不是解决问题的心态。如果这种心态不调整，到哪家公司工作都不会感觉到幸福。

关于抱怨心态的话题，其实还有一个例子。小张是一个能力非常强的员工，但是，他的抱怨心态却太过严重。这种类型的员工，对于创业型公司来说，还是有职位匹配的，然而，他只要完成他阶段性的使命就已经没什么价值了。

起初，小张被推荐到一家创业型公司就职，但在入职第二天，他就悄无声息地辞职了。理由很简单，就是这个公司太小，连个独立的办公室都没有。

一眨眼六年的时间过去了，原来那家没有独立办公室的创业公司已经在创业板成功实现 IPO，而当初嫌弃它的小张却仍在不断地换着工作。经朋友介绍，小张找到了我，让我帮助他做一下职业规划。我同他做了简短的交流后，就问他人生最后悔的事情是什么。他想了想说：最后悔的事情就是当初从那家创业型公司离了职，不然，自己早就可以实现财富自由了。

我听完半开玩笑地说，是不是当初的借口让他失去了财富自由？他不置可否地看着我，笑了笑，没再继续往下说。在与他的交流中，我能明显地感觉到他无处不在的抱怨情绪。说实话，我非常不喜欢这种人，于是简单地聊了几句之后便离开了。不是我不愿意帮助他，而是他的借口实在太多、抱怨声委实过重。我能感觉到，在他的内心深处其实负能量是十分巨大的，似乎对任何事情都有解不开的心结一样。试问，如此这般的心境又怎么可能静下心来反思自己？

小张并非个例，在职场上，我们时不时会遇到一些随意抱怨、处处找借口的人。碰到自己没有能力解决的问题时，他们便自然而然地找出借口来推脱或者抱怨周围环境的种种不公，好像问题都出在别人身上一样，而自己却始终是一副很委屈、很受伤的样子。

以我多年的猎头经验，确定接触过不少这样的人，甚至是一些已经坐上高管位置的人也会有这样的情绪。

很多人不知道，怀揣着这种情绪的人到底是如何坐上高管的位置的，而对我来说，这个问题并不是一个解不开的谜，而是不愿意解开而已。很多时候，借口和抱怨更像是一对孪生姐妹。因为只要你开始找借口了，心中的怨气就悄然而至，因而就容易产生出各种抱怨。而一旦你开始抱怨了，就又会不知不觉地养成了找借口的习惯。

在竞争无处不在的职场上，一旦有了这一对孪生姐妹相伴，你就注定不会飞得太高、飞得太远，因为你飞翔的翅膀已经被“借口和抱怨”折断。

在国贸的一个咖啡厅里，我曾和一位做产品的朋友聊天。他说自己找到一个解决用户痛点的刚需产品，也有了清晰的思路和令人憧憬的未来，当时的他已经在着手准备创业了。

可在一年后，我突然收到了他的简历，说自己想换一份工作。我当时的第一反应是，他创业失败了，还是在创业路上碰到了什么别的问题？经过询问，他才告诉我：自己根本就没去创业，因为一直担心，如果失败的话，会面临没有任何收入来源的难题。听到这里我才明白，事实上，他并不是没有独立创业的能力，问题出在他顾虑太多。这种类型的人压根就不适合创业，于他而言，更好的选择还是找份相对稳定的工作，踏踏实实地养家糊口为好。

在我的咨询生涯中，常有网友问我，自己适合不适合做猎头。每每听完，我都会直接回答不适合。为什么呢？因为问出这样的问题，至少说明他对自己没有信心，也没有想明白自己的方向，遇到问题都让别人帮助他做决策，这样的个性，已经不适合做猎头了。

还有一位职场人有了创业的想法，来询问我的意见。我听完也直接给出了否定的答案。原因很简单，创业这种事如果犹犹豫豫，已经缺失了一个创业者该有的自信、果敢和敢为天下先的勇气。

为什么这些人连自己的理想、自己的职业选择都要去问别人的意见？原因是他们压根就没有攀登到山顶的强烈欲望，在迈出步伐之前，就早早找好了失败的借口和理由。因此而产生的不自信，为未来的每一步都打下了薄弱的基础。我想，这样的人哪怕在沿途遇到再小的困难，都会有放弃的可能，甚至是早早准备好了退缩的路线。

事实上，他们从来都不相信自己，才会寄希望于别人的决策。我们所熟悉的或不熟悉的各种借口，正在悄悄地毁掉我们的未来，慢慢地毁掉我们自己。

如何判断公司文化

企业文化是企业的灵魂，是推动企业发展的不竭动力。好的企业文化能够增加员工的自豪感，使员工凝聚力更强。企业文化赋予了员工荣誉感与成就感，一定程度上也为员工创造了归属感。

面试是一个双向选择的过程，在被用人单位选择的时候，每个人都希望选择一个值得追随的直属上司和值得加入的公司。有时候，领导层就代表了企业文化，也是领导层创造并带动了企业文化。

所以判断公司文化，第一步，是判断这个老板是否靠谱，老板的作为是否值得追随。真正的职场人，应该与企业相互选择，而不是一直被别人选择。面试不是单方面选择，而是相互选择、相互淘汰的过程。人在职场，想要做到主动选择别人，自己首先要靠谱、有水平。面试的时候，到底该如何选择靠谱的领导呢？根据我对职场的观察和多年的猎头经验，总结出以下几点：

第一，在面试之前，对新公司进行基本情况了解。

一定要在网站搜索一下自己新公司的基本情况，看看新公司在网上是否有负面消息，都是什么负面消息。如果一家公司本身口碑就很差，就已经无所谓去思考未来领导是否靠谱了。如果一家公司都不靠谱，这家公司也培养不出什么值得信任的人才，因为，物以类聚，人以群分。

曾经有位咨询者，说他在网上看到某公司负面消息非常多，大部分都是公司离职员工发的。这样公司的机会还要不要考虑？对于任何一家公司来说，有负面消息都是正常的，关键我们要看消息来源是哪里。如果是自己离职员工且实名发布的消息，这样的公司就不要选择了。别忘记了，总有一天，你也会成为一位离职的员工。基于这些思考，最好不要选择此类公司。

第二，在面试的时候，通过各种细节判断自己未来部门领导是否专业、靠谱。

一位咨询者说，他去一家公司面试，也通过了面试。由于到吃饭的时间了，部门领导就安排他们两个人去吃一点简餐，在吃饭的时候，这位未来部门领导喝了一瓶啤酒后，就开始滔滔不绝地抱怨，把公司内部很多对员工处理不当的事情都抖搂出来。最后，这位部门领导竟然表示自己马上就要离职，建议这位候选人不要入职。

且不说这位管理人员的做法在职场上完全不专业，这件事从另一方面也透露出公司的管理有着很大的漏洞。

在面试的时候，我们可以通过观察未来部门领导眼睛的变化，认真聆听这位领导说话的逻辑和专业性，从其说话的细节中判断他领导的格局。如果未来的部门领导在面试的时候，眼睛不是在观察候选人，而是在观察其他，或与 HR 描述有冲突，或者说话没有逻辑性，想到哪里就说到哪里，或说话给人的感觉很随便等，遇到这种情况，就可以找机会终止面试了。

这里有一个真实的例子，一位资深的经理人去面试，当面试进行到 30 分钟左右的时候，候选人突然说，今天的面试就到这里，以后有机会再交流，场面一度很尴尬。

猎头得知后，问候选人，没有面试提前离场原因是什么？该候选人说：该部门负责人和 HR 表达的观点相悖，同时，在面试的时候，该部门负责人和 HR 还进行争执等。当然这些并不是核心原因，最重要的原因在于该部门负责人逻辑性不强，做派官僚。并且作为部门负责人参加面试，应该了解的是候选人的专业性，而不是一直盯着候选人的薪酬来询问。

除此之外，该部门负责人表现欲很强，但从其说话的逻辑性来判断，水平又太一般。做这样领导的下属，只会吃力不讨好。

第三，判断部门负责人面试的时候，是否认真倾听候选人表达。

很多职场人面试他人，已经练就了一张“能言善辩”的嘴，只想自己讲，不愿意听别人说。有人抱怨过，在 1 个多小时的面试时间内，他感觉自己在听这位部门领导培训，自己讲的不到 10 分钟。这是谁在面试谁呢？

还有一个更有意思的故事。一位求职者去一家公司面试，面试 45 分钟的时间，他一直在听该公司一位领导吹嘘他们老板多牛，然后就开始说以前该岗位离职的两任候选人犯了什么错误、工作做得多么不好。该候选人当场就拒绝复试了，只留下一句话：如果哪天我从这个岗位上离职，是不是也和前两任一样，一文不值了。

我曾经在几个问答网站都看到“面试的时候，销售经理让你把1瓶矿泉水卖300块，你会怎么应对”的面试题，很多人还非常高兴地为这种面试题献计献策，殊不知，这就是非常短视的骗子思维和典型的忽悠思维，要不得的。

公司应该立即辞退提出“把一瓶矿泉水卖到300块钱”的面试官。面试题就要符合正常的逻辑，而这道题能考察求职者什么能力呢？发散思维或是骗子、忽悠思维还是回扣思维呢？能够提出这样问题的公司，所拥护的价值观，所崇尚的企业文化一定是值得质疑的。

就像当年大家都在讨论如何把梳子卖给和尚的“经典”营销案例一样，我到现在都不认可这种思维。恰恰马云在一次公开演讲的时候，说把梳子卖给和尚的人都是骗子，这种人直接开除。从此，再也没有人讨论如何把梳子卖给和尚的“经典”案例了。

接下来又如何判断公司文化是否适合自己呢？这个相对容易一些。一件事情，是否与自我的三观匹配，每个人感受下来，心里基本都会有数。你要看一看未来新公司的产品是不是自己想要做的，符合不符合内驱力原理，也就是发自内心地热爱和喜欢；还要看一看未来新公司的文化与目前自己的生活追求是否一致。如果一家公司文化追求无底线、无节操，而你又是一个非常在意文化道德品质的人，从文化的角度来说，这家公司的企业文化与你肯定是不合适的。

最后，未来新公司所提倡的价值观是否和自己以往做事的价值观一致，如果不一致，就没有必要强求自己去改变并适应这种文化。

针对以上条件，哪怕有一点不适合自己，就不要考虑了。作为职场人，无论处于什么岗位，在跳槽前，在需要作出决策前，这三点是首要考虑的。如果仅仅为了昙花一现的高薪而跳槽，可能会为未来的职场发展埋下隐患。

虽然跳槽的时候，高薪是首要选择，但千万不要把高薪作为唯一的选择，否则，我们永远无法拿到长时间的高薪。记住：只有合适自己的才是最好的。

职场有诱惑也有圈套，尤其对于职场精英来说，机会纵然很多，也要学会筛选。在双向选择的时代，求职者也有一定的主动权来选择企业。在此情况下，若要吸引更优秀的人才，企业无须用虚假的美好自我包装，而应该将精力更多地用于提升企业文化形象，这样自然会吸引志同道合的人才。

职场人的焦虑

职场人出现焦虑的状态，这已经不是什么稀罕的事情，甚至可以说，这已经是当今职场上的一个普遍现象。为什么会焦虑以及怎样解决焦虑，就成了许多职场人迫切需要解决的问题。

某公司的一位总监，平日里工作表现一直都很认真，但偶尔还是会被老板批评。有一次，因为公司原因导致某个项目进展比较慢，这位总监就受到了老板的严厉批评。他感到心里特别委屈，产生了要离职的想法。于是，他来找我喝酒，诉说了内心的委屈和憋闷，想要离职，问我有没有好的机会。

由于该公司也是我的客户，我当然是不愿意挖客户的人，就和他深度探讨了究竟是什么原因导致他被老板批评。通过了解我明白，是因为公司和政府关系处理的问题，导致项目一直推进比较难。

于是我告诉他：职场人不要因为被老板批评两句，就想要逃避、想要放弃，如果保持这种心态，那么永远都不会找到令他满意的好公司。毕竟任何公司都是这样，老板也是人，也不可能每一次都以最公正的角度去看待和处理问题。

作为职场人，与其在这里焦虑和发泄委屈，不如想办法把公司的问题解决掉。就算要离职，也要先解决了问题再离职，这样才会更值钱。如果只是因为被老板批评两句，感觉心里委屈不想做了，就想放弃，这样是不会有新的公司敢录用你的。

经过开导，这位朋友最终没有选择跳槽，而是去努力解决问题了。后来他的项目进展终于开始顺利起来。也正因为项目完成得漂亮，在近 8 个月后，他被提拔为公司的副总经理。

这个案例是想告诉职场的朋友们，其实职场上所有的焦虑和迷茫都是因为：每天接触或看到的成功案例太多，看到那些案例，你就会马上想起自己还“一无所有”，焦虑和迷茫立刻涌上心头。

我曾经接到过一位朋友的电话，他说，当他看到年薪 200 万元的 1983 年职场人跳槽的故事时，突然意识到自己的年龄已经不小了，可他 3 年的工资总和都没有人家一年的工资高，于是彻底陷入了焦虑。

这就是比较带来的焦虑。其实，攀登一座高山，走好自己脚下的路即可，不要和别人进行横向比较，应该和自己进行纵向比较，看看每天进步多少。何况，薪酬高低，有时候和能力并没有太大的关系，更多的时候是和选择的行业、公司关系更大。就像一位朋友说，他大学毕业的同学最高薪酬不到 50 万元，而他现在薪酬 200 万元，是因为他选择了一个好行业和一个超级大的房地产公司。

还有一些焦虑，来源于缺少深度思考和学习的能力。所谓深度思考，就是看问题不能只看表面，而是根据知识和理论来对问题进行深度分析，找到问题的本质。

总会有些职场人，完全根据个人兴趣和爱好，带有偏见地去批评、谩骂甚至做出违反公司制度和国家法律的事情。比如网上曾经曝光过一家公司的保安，领导说业主的车堵门了，让他赶快把车给砸掉。这位脑袋短路的保安，立即去砸业主的车。最后被警察叔叔带走时，两个人还傻傻地辩解是领导让砸的……

因为缺少思考，才会做出出格的事情。职场的确有很多人，根本不考虑什么是法律，只要领导说了立马就去做，最后受到法律的惩罚，苦果只好自己咽下。

另外造成很多人焦虑的根源在于，他们的视野虽然变大，目标也大，却缺少执行力。

很多人都喜欢财富自由，但只是停留在“财富自由”这四个字上面，却不知道实现财富自由的路径是什么。比如某天，一位陌生人加我的微信，说自己擅长裂变营销。因为我对裂变营销有过研究，就问了他几个关于裂变营销的深度问题，他讲了半个多小时，我都没有找到他讲的核心在哪里。最后，我只能放弃和他交流。这就是典型的视野和目标都很大，但是缺乏落地能力。

2016 年年底，一位猎头专门从其他城市来找我见面交流，说自己开始做猎头，计划 2017 年完成个人收入 200 万元的目标。我看到他雄心勃勃，也不好意思打击他的信心，就建议他不要定义个人 200 万元的收入，要先想如何在两年之内成为百万猎头再说。我说完后，他看起来并不是很高兴。有意思的是，后来的某天他告诉我，他决定去某公司做招聘主管了。

视野大、目标大都可以，但一定要有执行这个目标的方法和能力，不然，所谓目标，不过都是瞎想。正是这种瞎想，会让自己变得越来越焦虑和迷茫。

其实，人之所以焦虑，是因为有追求、有上进心，又不能接受现状。从这一点上来看，焦虑本身也并不算一件糟糕的事情。只不过，这种焦虑情绪偶尔出现还好，如果一直持续，就会带来精神上的伤害。要想停止焦虑，结束迷茫，就要做到以下几点：

第一，不要和别人进行横向比较，要和自己进行纵向比较。

如同前面所说，别人不论是年薪百万也好，千万也好，那都只是别人的人生。你有自己的职业生涯，得按照自己的步伐，走好脚下的路。与其一直盯着别人看，让自己陷入彻底的焦虑，倒不如收起你的目光，专注当下，专注眼前。

第二，做到深度学习和思考，多分析他人成功背后的原因，但绝对不能迷信他人的成功。

说起来，深度思考是个很容易理解的词汇，但做起来却并不容易，要想做到深度思考，必须得多学习、多分析。只有拥有了足够的底蕴，才能具备深度思考的条件。

第三，目标要根据自己的能力来设定，绝不要把目标设置得远超过自己的能力范围。

当然，人还是应当有梦想的，但梦想与目标的区别是，梦想是暂时无法实现的，而目标却是你以现在的能力可以去实现的东西。你只有实现一个又一个目标，才有可能在最后触碰到梦想。而在那之前，先收回你的目光，先着眼于以你目前的能力，着眼于你可以实现的那个目标。

当然，除了上述三点，还要做到尽量去享受自己的生活和工作带来的乐趣以避免焦虑。而当你设置好适合自己能力的目标，并全力以赴去执行，去直面挑战，逢山开路，遇水搭桥，焦虑与迷茫也就不复存在了。

35 岁创业失败后还能做什么

“年轻那会儿，不知道什么是奋斗，更不知道如何珍惜生活，总觉得自己还年轻，有的是机会。但转眼 35 岁了，我感觉自己一无所有，有时候生活真叫人欲哭无泪……”

说完，他紧闭着双眼，用牙咬着自己的拳头，想竭力停止抽泣。但悲观和绝望没能阻止他的泪水。终于，一个堂堂男子汉像孩子一样哇哇大哭。就在这一瞬间，我仿佛听见了全世界崩溃的声音。

这是我的一位好友 Kevin，经历两次创业失败后，他的心里无比难受和委屈，于是他来找我一起喝酒，想要借酒消愁。

看到 Kevin 悲伤的样子，我试着安慰他：你不是创业失败了两次，你只是经历了人生中两次成功的尝试，今后的道路还很长，你还有许多机会。只要振作起来，任何时候重新开始都不晚。

其实，Kevin 并不是一个特例。在当今的职场上，有太多太多如他这样中年创业失败的创业者了。在这些人中，有些人无法接受失败，想到自己当前尴尬的年纪，看到其他同龄人功成名就、意气风发的模样，再想到自己几乎看不到任何光芒的前方，会彻底陷入绝望，甚至选择直接结束自己的生命。

其实，35 岁，说年轻不算年轻，但说老也没有多老，按照未来现代人的寿命标准来说，35 岁很可能才刚刚过完人生的 1/3。但是如果因为创业失败而选择结束生命，那么，35 岁就成了他人生的终点，而且还是一个不光彩的、用失败写成的终点。

然而，难道真的是如此吗？35 岁创业失败，真的就意味着永远抬不起头来了吗？难道以后真的就没有翻身的机会了吗？我看未必。

对于那些因为在中年创业失败，就彻底对人生失去信心的人，我想告诉他们几句话：

第一，世界上没有常胜将军。

这句话恐怕人人都听说过，但真正能在失败后，战胜自己的内心恐惧，重新出发的人又有几个呢？强者面对失败，总是抱有积极的心态，他们会克服内心对失败的恐惧，之后再重新振作起来，真正做到从哪里跌倒就从哪里爬起来。

我的另一位朋友，也是一位连续创业者。他很幸运，很早就创业成功，实现了财富自由。之后，他开始进行跨界投资，连续投资了很多项目，但很不幸，所有项目全部阵亡。成功对他来说，来得太快，去得也太快。

说起来，他可能比 Kevin 更惨。Kevin 只是创业不成功，而这位朋友，他却是成功后又一败涂地，真正地从天堂跌到了地狱。他除了房子，其他钱全部亏空。但他并没有选择放弃，而是沉默地苦干了三年，又重新站起来。目前他正在上海创业，已经获得了著名投资机构的资本注入，公司正在 IPO 的道路上行走。

第二，从失败中可以总结教训。

我一直认为，创业失败是人生最大的一笔财富，如果你没有经历过创业失败，那说明你的人生还不够完美。

早在 2009 年的时候，我就提出过一个大数据自动匹配的招聘概念性质网站。但由于对互联网不熟悉和资金有限，最后失败了。那一次，我也是把前几年挣的钱全部花光，除了房子之外，一无所有。

但是我没有对失败产生恐惧，而是不断在思考导致失败的主、客观原因和未来该如何避免再次失败。同时，这段创业经历也让我对互联网、新媒体的认识达到了一定高度，现在我可以毫不客气地说，我对新媒体的了解，基本上已经超越了某些所谓的“大师”。

我一直坚信，从失败中总结教训和研究失败案例得出的结论，会远比从成功案例中得到的结论更具有指导意义和说服力。

第三，坚持，要相信美好的奇迹一定会发生。

任何人都不可能随随便便成功，也不可能一次就成功。这世上的绝大多数人，都是经历过多次失败，才有了成功的可能。只要不三心二意，不随便换赛道，坚持下来，就可能会成功；但是不坚持，就一定会失败。

我认识一位小兄弟，他天天抱着实现财富自由的梦想，看到别人做什么挣钱，自己就做什么。搞了很多年，钱没挣到，债倒是欠了一屁股。一次在北京国贸某咖啡厅里，他对我说，这几年比较倒霉，没有挣到钱。我发现他根本不知道自己为什么没有挣到钱，只会用倒霉来掩盖自己的懦弱和无知。

我毫不客气地说：你不是倒霉，而是想法太多、变化太快。就好像圆规为什么可以画圆？因为脚在走，心不变。你呢？你的失败是因为心在动，脚不动，或者是心也动，脚也动，六神无主岂能不失败？

很多人碰到一点困难或失败，就会在不断放弃和不断选择的怪圈里转来转去，最终还是看不到成功的曙光。只有屡败屡战，始终坚持站定一个点，那么，总有一天，会精诚所至，金石为开。

此外，对于创业失败者，我还有一个比较现实的建议。当然，如果创业失败者在重整旗鼓后，愿意继续创业，我的建议就是前面的几条，调整好心态，正视失败本身，不要惧怕失败，从失败中总结教训，一心一意，继续努力。

但是，我接下来的这条建议，是给创业失败者提供的另一条路，那就是，去打工。可能有一些人认为，从老板变成打工者，这种身份的转变是他们无法接受的。但如果你冷静下来，意识到自己可能真的并不适合创业，那么打工反而是你更好的选择。

我曾经拜访过一些公司的HR和企业的老总，发现有这么几个问题：

第一，互联网公司接受创业失败者加入其公司工作的可能性远远大于传统企业。

第二，愿意录用创业失败者的老板，都是公司管理规范、观念较超前。这类Boss的人数远远大于传统守旧思想的Boss。

第三，有大公司管理者工作经验或出身的Boss比没有受过正规训练的Boss更愿意接受创业失败者。

这种现象是很有意思的，上面这几个问题基本上说明，一些观念超前的，且有眼界有卓见的老板，他们反而更加喜欢雇用那些创业失败者。

通过多方面的了解，我总结出了他们在这方面的思路重点。在他们看来，创业失败者不是仅看到某一个或两个部门的利益，而是从整体的角度来思考问题的处理方式和达成的结果。创业失败者知道创业不易，会非常珍惜自己的工作，会用创业的心态要求自己来做工作和担起责任。创业失败者知道钱来之不易。在处理事情过程中，能不花钱处理就不花钱处理，但是在达成效果上有时还会超越一些花钱处理的事情。

综上所述，创业失败者在有眼界、有见识的老板眼中，反而是潜力股，是值得培养的重要员工。如果创业失败者暂时不知道该如何处置自己，不妨先去寻找一家这样的公司，为其做一个打工者，这样或许能使自己发挥出更大的价值。

当然，在从创业者变成打工者的过程中，也要调整好自己的情绪和心态，要将自己摆在一个正确的位置上，不然，你放不下作为老板的架子，在打工的过程中时常心理不平衡，那就只会令你自己别扭，也会让公司感到别扭。

其实，对于中年创业失败的人而言，不论你是选择继续创业，还是选择打工，摆正心态都是一个重要的问题。很多时候，心态可以决定一切。只要你能摆正心态，那么不论是失败还是成功，不论是创业还是打工，你所遇到的问题，都不会是太大的问题。

个人品牌

我刚踏入职场不久，就遇见了我的伯乐之一——一位年近四十的女性。她独立果断，当时是在美国创业后归国二次创业，带着一批人马从零到一搭建团队做项目。我们都非常喜欢她，觉得她情商高，因为无论内部员工还是外部客户，与她相处都非常舒服。

她教导我们，行走职场，每个人都是一个品牌。每个人都是独一无二的，所以一定要在任何细节上建立自己的口碑。罗马不是一天建成的，见微知著，以小见大，在小事上注意自己的专业职业素养，经年累月，就会赢得别人的尊重。

一些职场人，工作了几年后，不但薪酬和职位没有提升，反而不断被新人超越；还有一些人，迷失了方向不说，还进入了没有上进心的养老模式。因为缺少业内的认同感，这样的职场人，纵然有多年工作经验，仍会对未来的发展迷茫失措。

时代的变化是巨大的，从前我们在本职岗位上建立自己的个人品牌，打造好口碑。而如今时过境迁，已是互联网的天下，每个人都是一个媒体，每个人都是信息的传播源，打造个人品牌从来就没有比现在更容易的年代。只要你想，只要你愿意坚持，找准受众，找准平台，持之以恒，将自我在职场上的优势通过网络不断放大，优秀个人品牌的成功建立只是时间的问题。

朋友的一位同事，能力中等，但十分擅长做自己的品牌，目前不但薪酬和职位都有提升，还有其他不错的收入。可谓追了一把潮流，成了现在大热的“斜杠青年”。

个人品牌的定义，要从自我价值开始。而价值被外化到最高值的时候，就很容易待价而沽了。思考一下，有没有这样的经历：你与人聊天时，当对方提到一个完全陌生又小有名气的人时，你会倾向于给他很高的评价。如果当别人问你，假设你是老板，你会给这个人多少薪水的时候，你一定会给得很高，甚至超出这个人的要求。

为什么会出现这种现象呢？原因很简单，因为个人品牌已经树立起来，这影响了你对真实情况的判断，或不由自主提高了对方在你心中的位置。

为了搞清楚这个案例背后的逻辑，某品牌营销专家分别拿出两个近似品牌的瓶子，分别在这两个瓶子里装上同样的饮料，让你品尝并判断哪种饮料好喝。很多人都会选择品牌知名度高的那个饮料。殊不知，这两种饮料完全一样。为什么会出现这种现象呢？这就是品牌的价值。

再说一个案例。你参加某聚会，遇到一个帅哥，虽然你对他没有感觉，但你身边的闺密都不断夸奖他，说他会很多技能，人也好，等等。这时候，一定会影响你对这位帅哥的正常判断，或许就是因为你身边的闺密对这位帅哥的褒奖，你真的会喜欢上他。

这就是品牌的影响力。职场也一样。同样水平的人，为什么薪酬和职位相差这么大呢？一般的原因是个人品牌价值的不同。你没有品牌，就需要从零开始建立信任度，而有品牌的人根本就不需要。这就是职场人为什么要打造个人品牌的根本原因。

那么，到底该如何打造个人品牌呢？首先就必须做到忘记木桶原理，重构你的知识体系，在某一领域一定要成为专家级别的人。

进入个人品牌时代，想真正建立好个人品牌，就必须做到在某一个细分领域成为专家。建议从与自己本职工作最为相关的垂直领域入手，而不必追潮流赶时尚。近几年，个人成长、金融理财、娱乐八卦、心灵鸡汤、情感解读这样的自媒体不可谓不火，但这样的套路并不适合每个人。假如不是金融专业出身，非要打造理财公众号，树立自我品牌，不仅事倍功半，而且容易产生挫败感。

不必因为本职工作是一个冷门细分领域而灰心丧气，每个人都一定是他就职的某个领域、某一个环节的专家。我认识一个团队，早些年做文玩核桃，自媒体开始流行的时候，就转到线上运营文玩核桃的论坛和公众号。这是一个小众的领域，但是因为早年积累的经验，并且起步早时间长，这个团队居然在市场上拔得头筹，获得了不小的成就。最关键的是，建立了知名品牌和自己的圈子。现在，只要一提到文玩核桃，大家立刻会想到这个公众号。

我认识一位职场人，没有大公司的背景加持，工作简历也并不出彩，但PPT做得美轮美奂。现在他专门帮助一些大咖或企业高管做PPT，目前每天收入近1万块钱。同时，偶尔做线下分享以及运营社区，不仅收入显著提高，而且已经在圈子内有很高的知名度。

打造个人品牌，还要牢记扩大影响力，建立人脉，经营好你的圈子，选择好传播渠道，做好个人品牌的裂变传播。大家都想要优质的人脉，都急于结识优秀的人才，都渴望加入再上一个梯队的圈子。但是反过来自问，别人凭什么甘愿成为你的人脉？

人与人的交往与合作是平等的。想要有更优质的人脉，首选需要打磨自己，将自己变得优秀。你的磁场越大，人脉圈子就越大。还有一点就是，已经存在的人脉，一定要经营好，帮助个人品牌进一步传播。

不管在哪里，都要有一个自己品牌的传播渠道，如微信、微博、头条、一点资讯、百家号、微信公众号、知乎等，但要根据你的用户群体来选择你的传播渠道。这样，个人品牌传播才能更快，才能形成裂变式传播。

相信罗马不是一日建成的，持之以恒，坚持下去，你的个人品牌自然就会形成。有人会质疑，自己一直非常注重个人品牌和个人口碑的建设，为什么达不到理想的效果呢？这些人往往做事情太急，又目的性太强，这是建立个人品牌的大忌。在个人品牌没有建成时，不要有太强的目的性，顺其自然。建立个人品牌的早期，切忌急功近利。总之，必须用心，不要急，坚持下去，就一定会有成就。

10年前，一个店铺可以养活一家人的日常开销；现在对职场人来说，一个好的个人品牌，可一生受益无穷。职场人，想要拿到真正的高薪，就要从建立个人品牌开始。不过，个人品牌并不是一夕造就的，需要终生打造与悉心维护，它是一个人一辈子的免费广告，是最有力量的无形资产，如此看来，个人品牌打造，值得你投入最好的年华与最滚烫的汗水。

薪酬天花板

对于职场人来说，薪酬可谓是人生大事，甚至可以说，薪酬是一个职场人在职场上生存的基石，离了薪酬，什么都是空谈。对一条正常的职场发展之路来说，薪酬应当是呈阶梯状，不断向上的。但也有很多人，当薪酬上升到一定阶段后，就再也升不上去了。他们就像是停止在途中的登山者，对待目标有心无力，不知道如何才能抵达目标。

有很多这样的朋友，他们经常说的是：我的工资月薪 3 万元就无法突破了，到底怎么做才能达到月薪 5 万元呢？我的工资月薪 5 万元，怎么做才能得到更好的突破呢？

其实在职场上，工资遇到天花板是很正常的事情。之前我和一位友人聊天，他说起自己目前的工作，几年来月薪一直是 3.5 万元，没有突破，现在感到很迷茫和焦虑，不知道该如何提升自己，让自己的薪酬达到 5 万元以上。

还有一位朋友跟我说，为了突破工资的天花板，他盲目采纳了某个所谓大师的建议：想拿高薪，就要连续跳槽。最后他因为跳槽不谨慎，导致自己的整个职业发展都受到了影响。

那么，为什么你的薪酬会遇到天花板呢？根据我对职场的观察和分析，主要原因在于以下几点：

第一，薪酬的天花板和你所在的行业有直接关系。

实际上，许多时候，你的薪酬高低或许与能力并没有特别大的关系，你的薪酬往往是由你所在的行业以及该职位当时的市场行情所决定的。这一点很多人未必认可，但却是事实。

之前我和一位做区块链技术的朋友聊天，他说他的月薪 4.8 万元，而他的高中同学月薪却不到 1.5 万元。是什么造成了这么大的差距呢？就是行业本身。还有一次，我帮助一位非常优秀的职业经理人做跳槽咨询，根据他的能力，如果换一个行业，薪酬至少百万以上，而他现在所处的是非常传统的行业，年薪才30多万元，实际在他这个行业中，年薪30多万元，已经是非常高的薪酬了。

还有一位职场朋友，他是某上市公司的内部网络管理人员，月薪8000元，我和他沟通时，发现他对运维等技术非常熟悉和精通，就建议他去云计算公司投一下简历。后来他告诉我，他已经接到某云计算公司的offer，月薪1.8万元。

所以说，你的薪酬天花板和你所在的行业，存在着直接关系。

第二，薪酬的天花板和你对薪酬的"满足感"有很大的关系。

对任何人来说，只要你对某件事或工作有"满足感"，你的薪酬天花板就会马上出现。这些带来"满足感"的薪酬天花板出现后，基本上就无法改变了。

你之所以出现了满足感，是因为你达到预期目标时就停止了前进。我接触过很多职场人，发现其中一些人，认为自己的能力水平就是这样，有现在的薪酬已经不错了，不想再努力和前进。对此我想说，当你对你的薪酬有了"满足感"之后，你的薪酬只可能减少，绝不会升高。因为人无法突破自己给自己设置的天花板。

第三，薪酬的天花板和你的经历有非常大的关系。

对于很多职场人来说，你的第一份工作几乎决定了你未来的薪酬高低和职业走向。根据我的观察，得出了一个结论：凡是第一份工作（包括实习工作）进入十分优秀公司的人，一般后期工作环境和工资都会很不错。但有一个前提，是你必须努力，如果你不努力，即使你的第一份实习工作非常好，最后也一样会被淘汰。那么到底该如何突破薪酬的天花板呢？

第一，同职位薪酬对比，采取外力推动的方法来改变自己的薪酬现状。

假设你是一位猎头，想成为百万顾问，这时，你就应该研究百万顾问所具备的能力和工作方法。通过研究，你会发现，你的能力并不差，那么差的就是方法和实践了。

假设你是新媒体人员，你现在的薪酬是1.2万元，而你想达到月薪3万元，这个时候，你就要研究月薪3万元的新媒体人员，了解他们的素质模型和工作方法，然后结合自己的能力，进行分步提升。在研究之后你会发现，月薪1.2万元和月薪3万元的人区别并不大，如果自己想达到月薪3万元，只需要外力稍微改变和推动一下。

当你与高薪的同事并没有太多能力上的差别时，你只要去思考为什么对方能够获得高薪而你不能，思考对方获得了怎样的助力，思考自己是否能够获得同样的助力，以及要想得到这样的助力应当如何去努力即可。

任何事情都有其因果，高薪的人能够获得高薪必然有其原因，只要找到那个原因，就能找到自己的突破点。

第二，重新发现自己的价值，通过对自己擅长的知识进行深度学习，让自己成为行业高手，从而改变自己的薪酬现状。

人与人之间最大的差距就是深度学习。现在很多人，在大学毕业踏入社会后，渐渐变得很浮躁，感到很焦虑、很迷茫，其实就是因为缺少读书、学习和深度思考。几年前的我自己就是如此，后来我认识到了自己的问题，开始思考这个问题到底该如何解决，以及怎么学习。深度思考基本上帮助我解决了这些问题。所以，深度学习和深度思考才是人与人之间的区别。

俗话说，活到老，学到老，一个职场人要想在薪酬上有所突破，首先要在自身的能力上有所突破，当你的能力能够更上一层楼，你的薪酬自然也很容易更上一层楼。最怕的就是薪酬有了天花板，自己对自己的要求也有了天花板，自己先停止了继续上升，那么薪酬自然也就会停止上升。

当然，这里的学习并不是盲目地学习，并不是随便什么新知识都值得花时间和精力去学，是要去学习那些真正能够对自己的职业发展有帮助的东西，去学习那些能够让自己的能力有更深层次发展的东西。

第三，拥抱新事物，深度思考和深度总结，也可以找行业高手进行交流。

总之，不能让自己的大脑处于真空或落后的状态。说到新事物，很多人对其的态度不是接受，而是排斥。为什么会排斥呢？就是因为自己不学习，大脑处于真空状态，也不去了解，就认为新事物是错误的。就像现在最火的区块链技术，很多人不认为区块链技术是趋势。但事实上，区块链技术就是具有颠覆性的技术。

之前我和一位朋友探讨，谈到如何利用区块链技术“去中心化”的话题时，我又对区块链技术进行了一次深度的理解和思考。

拥抱新事物，保持清醒的大脑，进行深度思考和总结，你一定不会差。当然，对于不理解或排斥新事物的人，你也没必要对他人进行认知的普及，做好自己即可。

如果遇到不懂和不会的问题，最好的学习方法，就是与业内知名人士进行探讨，哪怕是付费也可以。这样，会给你一个整体概念性的认识，让你更直观、更深度地对新事物和新观点进行理解和消化。

每个人都会遇到薪酬的天花板，很多人都认为这种薪酬的天花板根本无法改变。实际上，并不是你不能改变你的薪酬，而是你对薪酬的满足感无法改变、你的价值无法得到再次发现和放大、你的深度学习能力无法得到提升，以及你不敢面对现状，更不敢和高手交流等原因，导致你的薪酬天花板无法得到突破。要想突破薪酬的天花板，唯一的方法，就是大胆地去尝试！

对健康的透支

2018 年深秋，太多陪伴我们成长的熟悉的人，离我们而去。先是李咏告别了钟爱一生的话筒，因为癌症，生命永远停在了 50 岁。接下来，金庸也回归了他的“江湖”。当年“靓绝五台山”的蓝洁瑛也永远在自己的寓所里睡着了。

说到突如其来的病痛和猝死，创业者占据大部分席位，其中，互联网领域又是排名第一。

不知从什么时候开始，很多企业开始有了“996”的工作习惯：朝九晚九，一周六天工作日。这还不算什么，很多互联网企业都将工作时间拉长再拉长，凌晨两三点员工们还在处理工作，在这样的公司里都是司空见惯的事情。

时间向前翻，每一年，我们都可以看到一张互联网死亡名单。多少创业者被压力压垮，无时无刻不牵挂着企业的资金链和市场地位，想着企业如何活下去，最后，却撒手人寰。

比企业如何活下去更重要的命题，是自己如何健康地活下去。健康是 1，没有这个 1，后面有多少个 0 都毫无意义。2016 年，春雨医生创始人去世，他的夫人发长文悼念。在文中，反复提及健康与工作的关系。然而，一切都悔不当初。让我们再次回归问题本身，长时间地深夜加班，让工作时间无休止地侵蚀生活，真的有意义吗？

我曾经和身边一位程序员朋友讨论过这个问题，为什么你们要在午饭以后才能够基本进入工作状态呢？为何不将整体的工作时间向前调整？

前不久一位职场朋友来找我做职业咨询。当我与她面谈时，感觉她气色欠佳，整个人的精神状态不太好。果然，刚刚交流不到 10 分钟，她就开始一个接一个打起了哈欠。虽然她礼貌地用手捂住嘴，但还是让我感觉心里不舒服。我直接问她：你是不是经常加班导致身体比较疲惫，容易犯困？听此，她就抱歉地回答：“真对不起，我们互联网公司的人，经常加班，所以才会这么累。”

是的，互联网公司加班到半夜甚至凌晨，似乎已经成为业界常态，很多互联网人每天只能靠咖啡因来提神。这就不由得让人发出疑问：这些互联网人，每天的工作究竟都是在做什么呢？

加班到凌晨两点，看起来是在拼命地努力，但是其中的有效工作时长到底有多久，恐怕只有身在其中的职场人才最为清楚。晚饭后，人的注意力明显不如清晨，工作效率变低。而熬夜后，又无法做到早起，所以恶性循环后，就变成了临近中午才上班，凌晨下班的作息习惯。

真的有这么多工作，需要凌晨来处理吗？互联网人的时间，都去哪儿了？带着这个疑问，我和几位大厂的朋友聊了聊互联网公司加班的事情。根据几位朋友的回答，互联网人的工作常规总结如下：

1. 在互联网行业，大部分人都是 10 点以后到公司打卡。到公司第一件事通常是喝杯咖啡，处理一下邮件和自己的日程安排。

2. 转眼间，马上就到吃午饭的时间了。吃完午饭的互联网人开始进入会议模式，大会小会接连不断地讨论问题，再加上琐碎的其他事宜，下午时间也很快过去。

3. 会议结束，还没有来得及消化和落实内容，就已经是晚餐时间。

4. 就这样，他们拖着已经疲惫不堪的身体，吃完晚餐，才开始自己真正的工作时间。

5. 在工作中，他们需要不断翻看手机，因为总担心领导会拉群布置任务。万一不能及时在群里面回复领导，就可能被扣上各种负面的帽子。

比如某电商平台，凌晨2点时公司服务器忽然崩溃，领导立刻呼叫技术人员解决问题。由于是凌晨2点，很多员工已经进入梦境。这本是人之常情，可第二天，这些人就被公司领导扣上了“工作不用心”“凌晨2点就睡觉”之类的帽子。就这样，好好的工作说没有就没有了，虽然可以拿到一笔赔偿金，但每一个亲历者都感到很委屈。

每天在大会小会上浪费着宝贵的时间，只有晚餐后才有真正属于自己的工作时间。然而即使这样，还要24小时随时待命，不然就会面临被解雇的风险。这样的工作节奏和压力，想让人心安，实在不易。由此可见，恶性的熬夜，长时间工作的问题源头，除了业内不成文的作息时间，老板们的工作习惯也是很重要的一点。

抱着调研的心情，我曾和一位互联网公司的leader促膝长谈，询问了她一个问题：凌晨2点，你们是在加班还是在睡觉？她说：这个时间刚刚洗漱完，得先看看公司微信群，有没有领导的工作指示。如果领导有指示，自己却不回复，就可能面临淘汰。你看，他们凌晨2点不睡觉，就是因为担心领导半夜有什么工作的指示。这简直是职场人最大的悲哀。

员工需要随时待命，转换角度，老板的工作状态也是这样吗？随后我和几位创始人朋友聊了几句，问他们：只要想到问题，是不是不管什么时间，都会发到群里面？他们给出了无比肯定的答案：是。

他们说，有时自己凌晨3点下飞机后，感觉一些工作还没有处理好，就发到公司群里面。很多互联网公司的领导们，都习惯于拉群安排工作。某公司的朋友说过，他们的手机里面有快100个群了，都是公司领导建的工作群。为此，他们还专门买了一个手机，里面全是公司同事。看到这里，我们内心都清楚，那些凌晨2点没有休息的职场朋友到底在忙什么了。

我的一位老友，原来也是“加班到凌晨2点”大军中的一员，但当他们送走一位因加班而猝死的同事后，他就再也不加班了。哪怕被公司开除，他都不会再加班到凌晨，每天最晚工作到晚上9点多一定回家。

每个人都有不同的工作习惯，但为了健康考虑，最晚在晚上10点之前，一定要处理好工作的事情，更不要参加一些无效的社交活动，拖着已经疲惫不堪的身体去迎合一些不必要的人。

人到中年，是家庭的中流砥柱，决不能把自己的身体搞垮了。我们都只是职场上的一棵草，却是家里的一棵树。那么人在职场，到底该怎样安排自己的作息时间呢？

俗话讲：有命赚钱也要有命花。辛苦了大半生，不就求一个家庭团圆美满，父母妻儿身体健康吗？不要本末倒置，如若奋斗一辈子，结果却是提早撒手人寰，留下的金钱不过是给别人享福罢了。物质不过身外之物，生不带来死不带去，自己的健康，快乐的心情才是最重要的。生活的每一天，都有它的美丽之处，从冗杂的工作中抬头看看四周，活动一下生锈的身体，这些，都远比为看不见尽头的工作卖命来得聪明。

永远记住，工作再重要，都是生命中的一小部分。加班可以，但晚上10点之前必须结束工作。其实再加班下去，也未必能把问题解决掉。人每天的精力是有限的，透支精力，不光是透支健康，更是透支生命。

好的公司，都会注重员工的身体健康。比如某大厂就会进行关于员工健康的KPI考核，员工业绩再好，但只要身体健康KPI不过关，就一样会被淘汰。该公司的一位职位比较高、业绩也非常好的领导，就是因为太胖、身体超级不健康，在连续两次员工健康KPI考核都没有通过，最后照样被公司开除了。

其实，只有关注员工健康的公司，才是好公司。人在职场，不迎合领导、不会拍马屁的人很难得到提升，这样的规则的确在某些公司依然存在。但人各有志，最重要的还是做好自己的工作。不论如何，绝不要通过牺牲健康和休息时间去迎合领导，否则对自己来说，真的是得不偿失。

作为领导，不要只考虑让员工为公司挣钱，也要考虑员工的健康和心理接受程度，尽量不要半夜三更在公司微信群里面安排工作。作为员工，请利用好自己的8小时，少在上班的时候聊微信、处理私事，做好工作安排，完成自己的KPI，才是王道。无论是领导还是员工，健康才是最重要的。停止透支健康，从每一天的及早、高效开展工作做起。

懂得远离

行走职场日子久了，什么样的人都会遇到。就如登山过程中，也难免遇上三教九流，让人心情莫名其妙坏掉的人。这样的人，或者过河拆桥，或者小人谄媚，或者不择手段，或者背后放箭，或者情绪冲动……总之，浑身散发着满满的负能量，随时准备将心理垃圾扔到别人身上。远离这样的职场“垃圾人”，不要成为他们的垃圾桶。

首先，不要与这样的负能量垃圾人过多纠缠。

“君子不立危墙之下”，危险的地方，非君子久留之处。我们生存的职场社会，各个阶层，形形色色的人都有。每个人的生活环境和心理状态都是千差万别的，一些我们觉得美好的事物，在他们眼里也许就是堕落和肮脏的。每件事物都有正反两面，走两个极端的人不占少数。

与这样的人周旋，只会拉低自己的身份，浪费自己的时间。在小事上纠结的人，他们的时间往往是不值钱的。所以，与这类人相处，尽早离场便好。不过多解释，也不过多纠缠，任其发挥。斩断与这些人的联系，是我们唯一能做的对自己最有利的事情。

其次，避免用情绪化的办法和这些人打交道。

垃圾人往往拥有一项“瞬间激怒别人”的本事。他们无时无刻不将负面情绪散发出来，让人内心极度受伤。不要试图用“以其人之道还治其人之身”的方法应对他们，不要试图和这些人争论对错。如果真的争论起来，站在他们的底层逻辑之上，我们是没有任何优势可言的。远离是非旋涡，让自己清净。职场上的垃圾人，不仅给身边的人带来负面影响，更像是蛀虫一样，让团队内部动摇，这也是管理者应该尤为重视的问题。

曾经有一位职场人在一家新公司刚入职的时候，遇见一位老员工主动靠近和她拉近距离，然后不断吐槽公司，从管理制度到薪酬薪资，无论是供应商还是上下级都被这位老员工抱怨一遍。这位老员工怂恿团队新入职的同事离职，并暗示说自己也在着手寻找新机会。

这位职场人观察下来，两年来，老员工用这种方法明里暗里让本部门不少的年轻同事离职了，自己却仍旧稳坐在原来的位置上。原来，这位老员工就是用这种手段清除自己职业道路上潜在的威胁。这样的垃圾人存在于团队里，会对团队的凝聚力产生极大负面影响。我们要尽量从上帝视角审视，掌握主动权，不过多计较。

曾有一位陌生人加我的私人微信，自称是××公司 CEO，让我帮忙介绍一位合伙人和两位公司高管。我欣然允诺，积极寻找人选，但提到需要支付猎头服务费的时候，这位自称 CEO 的人却瞬间变脸。

他说："我经常读你的文章才找到你介绍人才，没想到你也这么俗气，竟然还收费。找你介绍人才，又不是找你搞猎头服务，别搞错概念了好不好……"看完他的留言，我很窝火，本想大骂他一顿，但想想还是算了。如此格局的人不值得我再浪费时间。

还有一件事，有一位职业咨询者，工作经验长达 10 多年，发展却非常一般，一直没有被提拔，向我咨询是否还有调整的余地。

说实话，如果一个人工作 10 年了还在做基层工作，或没有被提拔，一定不是职业发展的问题，而是有其自身难以克服的问题，比如性格、情商、心态、格局或认知等。

但不管怎么样，当时我还是想给一些力所能及的建议，至少让他重新认识自己，或少走一些弯路。当我把付费链接发给他时，他说：找你电话聊聊天，最多占一个小时，还要收费？有必要吗？你就这么缺钱吗……他接着又说，这是典型的挂羊头卖狗肉，算是他看错了人。

问题来了，他认为公众人物就应该有义务去帮他。如果不帮他，就马上上升到道德的高度来骂你。这样的人，职业发展不好一定不是能力问题，而是心态、态度、格局等出现了问题。

这件事让我想到了上海的一位猎头大牛，他也和我分享过一件类似的事。求职者莫名其妙地找到他帮助介绍工作。当这位猎头大牛看完简历后，觉得职位太低了，没有职位给他推荐。这位求职者马上就骂："你还号称猎头界的大牛呢，连这么小的职位都不能解决……"这种人根本就不会反思自身问题，而是永远将未来发展的机会和责任推给别人。没有得到帮助，他就恼羞成怒。

我们要记得，永远不要被垃圾人拖到尴尬的境地。某 HRD 想跳槽，打着搞活动的名义邀请了近 40 位猎头，也包括我在内。开始大家都以为在搞活动，谁知道活动一开始，他就演示起 PPT 简历，阐述自己履历多么优秀，目的昭然若揭，让在场的40 位猎头瞠目结舌。没有听到最后，我就默默离开了。

想找工作就找工作，想搞活动就搞活动，没有必要以搞活动的名义把大家都"骗"来，听一场荒谬的"求职发布会"，一点意思都没有。遇到这样的情形请立即走人，别再浪费自己的时间。

还有几位猎头爆料称，一些职业经理人求职跳槽时，会拉一个微信群，里面除他之外都是猎头，然后在微信群里面搞自己的"求职发布会"，场面同样十分尴尬。

求职可以，"求职发布会"也行，但千万不要打着搞活动的名义把大家"骗"过去，听你来吹牛。遇到这样的求职者，猎头朋友也请远离，否则，只会让自己陷入更尴尬的境地。

我曾用软件检测了一下，看看哪些人删除了我。当看到检测结果时真的大吃了一惊，有 3 个人把我删除了。

第一个是一位认识多年的朋友，原来向我借过 5 万块钱，我借给他了，他很高兴。后来又找我借50 万元，我没有给他，他把我的微信删除了。我在想：判断一个人不能掺杂个人情感在里面，不然，很难对一个人进行深度的认识和判断；一次不借钱给他，他就把你当成陌生人，真要远离这样的人，越早越好。

第二个是一位我曾多次帮助过的人，我只拒绝了他一次，他就把我的微信删除了。有些人，你帮他一百次，他不记恩；一次不帮助他，他就记仇，像这种小人，必须远离！

第三个是一位在南京大学读博士的人，当时加我微信说还在读博，没有钱，让我帮助他做做职场规划。我就免费帮助他做了职业规划，他找到工作后还给我发了一些表示感谢的话。但一个月后，他把我拉黑了。这就是人性！人性需要时间的考验，没有原则的人性也很难经受住考验。

是的，经过考验才是真朋友。6 年前，当我投资一个项目失败时，手中实在没有资金了。考虑到公司要运营，急需10 万元资金进行短期周转。我就找到一位老友希望救急，他二话没说就转了 10 万块钱，资金周转过来后我很快归还了欠款。像这样的朋友，在最困难的时候雪中送炭，才值得珍惜一生。雪中送炭才是真情谊，锦上添花未必是真朋友。一些虚伪的人，看中的是你手中的权力、资源、人脉或其他。如果遇到这样的人，请远离！

如果生活在较小的工作和生活圈子里，或许不会体会到人与人之间的巨大差异。因为人以群分，能够长期和谐相处的，必然是三观相近的人；而如果想成为公众人物，成为行业的KOL，并因此不断突破现有圈层，接触形形色色的人，一定会深刻体会，社会上原来有各类人群，而与他们的交往又总是伴随着烦恼。

想成为优秀的职场人，请先准备好一颗强大的心脏，随时准备面对各种事情，并从这些人与事中完美地脱身。理解，并且远离，让我们的职场之路走得更长久、更顺利。

“加薪被拒”的深意

在职场中，能够得到加薪是件美事，但要求加薪被拒也是常有的事，我之前就曾遇到过这样一个案例：

A 同学大学毕业后，在一家事务所工作。工作时尽心尽力、任劳任怨，不仅漂亮地完成了工作绩效，对加班加点也毫无怨言，很快就掌握了主人翁思想，将自己当成公司的主人来要求自己。经历了一年半高效的职场磨炼后，A 同学成长了许多，但烦恼也随之而来。A 同学通过努力能够独当一面了，由此她想报个夜读班，继续深造，还想给家里置办点礼物，但由于带着实习生的标签，转正后的她依然薪水微薄，无法完成这些除了基本生活外的心愿支出，这让她苦不堪言。

她觉得自己有资格获得一份更高的薪水，于是，在同事的鼓励下，终于鼓足勇气向领导开口："来公司也一年多了，我觉得现在也比较胜任自己的工作，是不是可以考虑一下我的工资情况……"当她将心中打好的草稿完全说出后，领导却委婉地拒绝了她："你这段时间工作确实很出色，我们也会考虑给你加薪，但是目前来看公司情况不稳定……希望你能理解。"

A 同学为此懊悔羞愧了很久，她不知道是自己没说好，还是自己的能力不被认可。总之，领导堂而皇之的理由让她百思不得其解。她想问，但是又不敢问，这也成了她的一个心结。她甚至想到了离开。

无独有偶，之前我的另一位网友的留言，说自己在一家公司工作三年多，找老板要求加薪 2000 元被拒后，感觉自己很没有面子，就任性地离职了。在她办理离职交接的时候，让她万万没有想到的是，来替代她岗位的员工薪酬竟然比她现在的薪酬高出整整 5000 元。

公司为什么不愿意给老员工加薪 2000 元，却愿意加薪 5000 元来招聘新员工呢？我认为，原因如下：

首先，一方面担心给你加薪后，达不到加薪的预期效果，又担心引起老员工的加薪潮。加薪对任何公司来说，都可以实现，但不管是用人部门、HR 部门还是老板，都担心两个问题：一是加薪后是否能达到加薪的效果；二是担心其他老员工知道后，都纷纷提出加薪的要求。

某创业型公司的一位运营人员在其公司工作了 3 年后找老板加薪，她的老板同意给她加薪 1000 元，但让她老板没有想到的是，其他员工也纷纷提出加薪。无奈，老板只好给几个技术骨干加薪，其他员工逐步淘汰。最后，该公司用了半年的时间，把公司人员换了一遍，这才慢慢恢复正常运营。

由此可见，这样的加薪，对任何老板都是非常可怕和致命的。这也是为什么很多老板不愿意给员工加薪，而宁可高薪从外面挖人的重要原因。

而另一方面，一个员工在一家公司工作 3 年左右，他的知识储备和能力基本上都被公司榨干净了，再加上老员工自带天生的自豪感和优越感，不利于新人的引进和公司的发展。于是，老板只好用拒绝加薪这种方式，来对相应的人员进行淘汰，又不至于引起法律赔偿。

其次，防止“小白兔”式的员工走向管理岗位，又能起到鲇鱼效应。目前，不管是马云还是周鸿祎，都开始公开对“小白兔”式的员工进行淘汰。为什么这些公司要对“小白兔”式的员工进行淘汰呢？根据我的观察和以往的面试经验，我认为，很多公司在发展过程中，一些能力不错的人会因为薪酬低而跳槽，一旦跳槽后，薪酬会很快增加，职位也会提升。正如我约谈的一位外资企业的高管所说，他们这样的人基本上每 3 年跳槽一次，这样不管是薪酬还是职位，都会得到提升，但也不排除每 2 年跳槽一次，关键是看企业的实力和薪酬范围是否具有很大的吸引力。这种观点虽然片面，但也说明一个问题：能力强的人，一般都会根据自己的能力来选择企业和自己的薪酬，而那些“小白兔”式的人员，根本就不敢跳槽，总担心跳槽失败，在一家公司待的时间非常长，久而久之基本上就成了死鱼，能力不足，无法创造业绩，而一旦成为这种员工，则势必会被公司淘汰，且真的被公司淘汰后，或许马上就会进入焦虑和迷茫期。

在一家公司长期效力，公司却不给你加薪，其实就是想变相劝退你，重新招聘一批人，这样，新人的加入，马上就会起到鲇鱼效应，刺激“小白兔”式的员工，而“小白兔”式的员工，面对企业的这种调整是毫无抵抗之力的。

最后，变相进行人员结构调整，为公司增加新鲜血液。我接触的一些职场人，总认为自己能力很牛，其离职后，公司项目便推进不了甚至停止，所以就可以用此要挟公司给自己加薪，可我想说，这种想法真的是天真至极、大错特错，绝不是成年人应该有的想法。例如，某 B2C 电商平台公司的某部门出现了问题，该公司领导宁可把数据中断也要进行部门大换血，最后，还狠心把该线的几百人全部裁掉了。对此，有人可能会疑惑：这样的话，公司的数据不就得不到保障了吗？事实上，即使公司数据短暂出现了问题，但凭借公司的资金实力和影响力，很快就能补上，因为我通过该公司内部员工了解到：裁掉该条线的所有员工后，该公司不仅没有出现数据外泄或错误的问题，新团队反而把数据搞得更好，甚至已经通过数据实现了盈利。总之，任何公司在关键的时候，都会变相地进行人员结构调整来增加企业的活力，以保持良好的运营状态。

那么，对职业经理人来说，遇到向老板加薪而被拒绝的情况，该怎么做呢？我建议：在完成岗位职责和使命的过程中，不断学习新知识，提升为公司解决实际问题的能力，而一旦岗位使命完成，就要提前做好跳槽的准备。

某职业经理人被猎头推荐到L公司后，其工作便是协助老板搞定某市的一些政府关系，以顺利将某项目落地，而在该职业经理人用两年多的时间成功将该项目落地后，他选择了离职。老板给了他一笔非常可观的离职补偿，之后又返聘他作为公司的政府关系顾问。大部分人会想，他在自己最辉煌的时候离职，一定是脑子坏掉了，但其实他心里很清楚：作为职业经理人，他的岗位使命已经结束，未来相对事情比较少，公司再拿高薪来养你，老板是会心疼的，与其这样，不如提早离开。这样，既可以和老板保持一种合作关系，又可以给企业做一个兼职顾问，一石二鸟。

一位职场朋友向我咨询，说自己想做个人品牌，是不是必须做一个自媒体。这种看法其实是很狭隘的。自媒体是一对多的传播，我认为，只要你能在自己的细分领域，在不同高层或老板之间得到认可，那么你的品牌和口碑一样很牛。而且，不是做一个自媒体就有个人品牌了，而是要靠你对自己圈子的经营。

总而言之，人在职场，到底该不该加薪？我认为，该！但你要有让老板给你加薪的足够理由和强烈动机。在加薪的时候，要以自己为公司创造的价值为基础，摆事实、亮数据、比业绩。如果现在什么都没有，就必须全面提升自己的元能力，让自己变得优秀的同时也为未来加薪做准备。

CHAPTER 7

第七章

情商与成功的辩证关系

如何应对强势领导

在职场上，直属领导几乎主宰着职场人的命运。如果遇到伯乐，可能会走上职场晋升的快车道；但如果“遇领导不淑”，那职场生涯很可能会遇到坎坷。

小丽是一位刚刚步入职场的小白，新闻专业毕业的她如愿进入一家传媒公司做记者编辑。能够从事自己喜欢的文字工作，让小丽对未来充满期待。

然而，入职不到三个月，还未过试用期，小丽就打起了退堂鼓，对自己的能力产生了极度的怀疑，甚至萌生离职的想法。

在与小丽的交谈过程中才得知，原来是小丽的直属领导非常强势，动辄就会对下属批评责骂。小丽常常在担忧、恐惧中度过，自尊心和自信心都受到严重打击。

公司为了举办行业高峰论坛，领导安排小丽写一篇通讯稿。小丽自认为出色地完成了任务，不仅全程参与了此次论坛，认真记下了所有的要点，并且还参考了往期的通讯稿，依葫芦画瓢来编排自己的文章。在加班两个晚上，仔细完成工作后，小丽信心十足地将自己的文章发送给领导审核。万万没想到，领导把小丽叫到办公室，一看见她就开始劈头盖脸地责骂。

“这是专业的行业高峰论坛，为什么你的文风这么幼稚？”

“这么多的错别字是怎么回事？”

“你知不知道这个词是什么意思？就这么用在了文章里？你自己难道不知道好好学习一下吗？”

……

小丽作为一名职场新人，在领导的连番轰炸下遭受到了极大的挫败感。忍着沮丧和屈辱，她把稿子改了又改，但每次上交，都会被领导发现新的不满之处，于是每次都被臭骂一通又重新打回来，一直到改了七八遍，最后才算完。

至此，小丽在领导面前犹如惊弓之鸟，生怕出错遭到批评。但因为领导的强势性格，小丽不论怎样小心翼翼，不论怎么战战兢兢，都免不了遭到领导的批评。久而久之，小丽逐渐对工作失去信心，开始一度想要逃离。

为什么我们会对领导心怀恐惧？不知你是否也有过这样的体验：看到气场强大的领导，马上会变得很紧张，连大气都不敢喘，更别说和他对话了；工作中遇到棘手的问题，明明知道应该及时去问领导，却转而去网上咨询或问同事该怎么办；只要领导不在办公室，你就会觉得神清气爽，整个人像活过来一样，但领导一回来，你马上就变得很沮丧……

凡此种种，都是对领导心怀恐惧的表现，那么为什么领导会让我们如此不安？

领导地位高于我们，我们会默认领导自带权威，甚至将其神化。在我们的文化氛围中，“秩序”有根深蒂固的影响力，我们通常会以地位比我们高、年龄比我们大的人为尊。职场上，我们的潜意识中就会尊崇领导，因为领导是上级，代表着某种权威。

其实，领导也是普通人，他们在自己的岗位上也承受不为人知的压力和责任，他们也需要谨守岗位职责来达成自己的业绩，这样才能养家糊口，他们也担心如果工作搞砸了，饭碗会不保的问题。说到底，领导不过是肩负着更巨大压力的普通人，与我们并没有什么不同。因此从理论上来说，我们完全不用因为其地位高而惧怕他。

另外，多年以来，我们所受的教育忽视了人际沟通的能力，以致很多人只会处理单纯的人际关系，面对冲突往往不知所措。

传统观念中，我们接受的教育注重的只是考试的能力，而对于人际沟通、解决冲突、自我认知方面的能力培养显然不够。如果从小在温暖的环境中长大，因缺乏社会经验和阅历，难免会在刚步入职场的时候出现难以适应的状况，尤其是遇到性格强势的领导，更会备受打击，而如果曾经在与权威人士的接触中发生过一些不愉快的经历，那么就更加会影响我们跟强势领导的相处方式。

另外，我们时常将自我认同建立在领导的评价上，而忽视了自我的价值。对领导心怀恐惧的人通常都不太自信，并且会很在意别人的看法，往往将自我认同建立在别人的评价上。这样的人在职场上，当需要通过领导对我们的评价来定位自己时，强势的领导三番五次的批评将使我们陷入自我怀疑的噩梦中，难以自拔。

面对强势的领导，我们又该如何摆正心态呢？

首先，不妨试着客观分析领导的批评意见，判断那些批评是否更有利于工作中问题的解决。

当我们被领导责骂后，试着冷静分析一下，在整件事上，领导痛骂的点是否有其合理性？如果这些点都能做到的话，是否更有利于工作的推进？而自己没能达到这样的点是出于什么原因？如果是你来做这件事，你会怎样做来使事情更高效地完成呢？

这样的反思将不断推进你对工作的理解，并提升自己的工作能力，无论如何，对自己来说都是一件有利的事情。

其次，另一种有效方式是，了解领导的做事风格，并对自己的工作风格做出相应的调整。

强势的领导通常都有很强的业务能力，他们通常非常重视工作的成效，对待员工尤其看中能力，并会对员工的能力提出较高的要求。其实有句话说得好——强将手下无弱兵，跟随强势的领导将会不断打磨你的工作能力，成为公司的业务骨干。即便是为了自己的成长，也应当尽量配合领导的工作风格，努力高效地完成整个团队的任务。

人往往在被批评之后才能有所提升。其实，在职场上，有人骂你，是一种幸运。这样的骂是为了警醒，为了鞭策，为了止损，而这些都将促进我们的进步。换个角度来看，其实能有人骂你，是一种福气。等到你有了一定成就，再回过头来看曾经的被骂经历，你会发现，你的精神、能力都已经在被骂中得到了提升，那些批评和责备，只是为了成就一个更好的你。

回到前文小丽的那个案例。显然，这份工作是小丽梦寐以求的，那么，是什么阻碍了她继续追梦的决心呢？只是因为一个强势的领导吗？其实，如果仔细分析领导的话，就会发现，领导虽然态度上是批评，但话中的内容，却是对小丽的工作进行了十分专业的指导。

小丽只是一个职场新人，尽管她认为自己已经尽了全力，按照完美的标准写好了那篇通讯稿，但事实上，她仍然缺乏实际工作的经验，仍然缺少一个职场老手才会有的老练和专业性，领导批评了她，一篇稿子让她改了七八遍，同时也是在告诉她，下一次再写同样的稿子时，她可以避开哪些错误。

在这样的领导带领下，平常人可能要经过一年多才能有的成长，小丽只需要一个月就可以达到了。当然前提是，她要学会摆正心态，真的能将领导对她的所有“批评”和“训斥”都听进心里。

工作是最好的修行。在职场上，一切遭遇都可以被视为上天对我们的磨砺。如果因为遇到强势的领导，就选择辞职来逃避，这不过是掩耳盗铃。因为问题并没有得到解决，到了下一个工作场所，你很有可能还会遭遇相同的难题。强势的领导不可怕，可怕的是我们自己没有搞清楚恐惧的心理机制，而且没有积极开展应对措施，活在了自己制造的阴影里。

强势领导，常常可以带出精英下属。在山顶理论中，如果在登山过程中遇到了一位强势的引领者，那么这当然并不是一件坏事，或许他可以带领你冲出种种限制。严格也是一种大爱，就像跟着狼王，才能成为强者。

不断切换目标等于迷失方向

最高效的努力，莫过于向着一处山顶攀登，将汗水洒在泥土上，将脚印留在时间里。如若心里有太多的高山，经常切换目标，转换征途，就极容易错将努力付诸在辗转的途中，而没有聚焦于一个终点。

迷失在职场里的人很多，他们大多在忙碌中丢失了目标，为了勤奋而勤奋，为了工作而工作，为了升职而升职。也有人说，自己工作很拼命，但年薪依然很低，真不知道每天都在忙碌些什么。

北京中关村一个经验还算丰富的职场人士 L 女士，就曾经和我这样说：

感觉自己快要无法喘息，上班工作，下班还要回家复习考试。周末本想放松一下，可每每想到自己年近三十，年薪却还不到20万元，曾经定下的目标都没有实现，只好硬着头皮继续在家复习考试，期望通过考上名校MBA来一个鲤鱼跳龙门。

在交谈过程中，我能够真切感受到她的压力。年纪分明很轻，却带了一身疲惫，尤其眼神里的迷茫更是让人印象深刻。交谈结束，我也全然明白：小姑娘并不是能力不够，或者生性懈怠，相反是她的目标太多，而且不断切换，导致焦点不集中，最后哪一点都没有办法突破。

她的第一个目标，是在互联网公司做一名优秀的商务人员，这也是她毕业后的第一份工作。当时，没有任何家庭背景的她，凭着自己的聪明和努力，不断取得进步，眼界也逐渐开阔起来。可就在一切顺风顺水的时候，她发现销售人员的收入普遍比较高，于是毅然放弃了曾经的岗位，成为一名销售人员。

刚开始进入销售领域的时候，L女士并没有特别好的资源，所以为了攻破客户，有一段时间她几乎每天晚上都要陪客户吃饭、唱歌，无论多么疲惫，都要陪着客户不醉不归。其实这样的生活，L女士在内心深处是不喜欢甚至有些抗拒的。但是为了自己的第二个目标，成为一名厉害的销售人员，她还是咬牙坚持着。

两年后，L女士对销售业务越来越熟悉，月收入也有了明显的提升。她用积蓄在北京买了一套小房子，也感受到了一丝满足。然而，快要奔三的年纪，让这位单身大龄女青年再次反思了自己的生活模式，她想要告别应酬，于是再次放弃了已经做熟的岗位，转到了大热的新媒体行业。

新媒体的发展给了L女士一个不错的发展机会，她认真准备了一段时间，开始对新媒体运营有了自己的思考，也积攒了经验，业绩慢慢出色起来。

可是性格决定命运，如果L女士能朝着新媒体运营的路走下去，工作成果应该是不错的，但她的工作才有一点好转，就又犯了之前的毛病。她认为身边很多人都是因为拥有高学历而占尽优势，于是决定备战复习考研，想通过考取清华大学的MBA来实现自己升职加薪的梦想。

可是，对本科毕业又很久没有接触课本的L女士来说，准备考试的压力显然是巨大的。于是，焦虑逐渐吞噬了L女士，尽管她非常优秀，但始终没有抵达任何一个山峰之巅。

经过这一番分析我们不难发现，L女士压力巨大的原因，其实来源于两个方面：一是个人目标太分散，在不断切换过程中劳心劳力不说，还牺牲了前期积累的良好发展机会；二是没有在一个领域精耕细作，更没有做到极致、无可替代，所有的目标和计划都在随机变化，而没有坚定的方向。

和L女士不同，另一位职场女性A女士却因为目标清晰而走出了自己的路。刚毕业的时候，A女士也是想法特别多，什么都想做，又什么都不如意。所以毕业三年一直没有很好的发展。

当A女士意识到自己的问题后，决定改掉这一致命缺陷。休息一周后，她开始学习什么是“放弃”，通过制定专一的目标，让自己静下心来，认真复习考上MBA之后，进入了一家外资金融公司投行部，并开始认真在这个行业里耕耘，最后升到总监级别，收入也超过7位数，生活慢慢朝着自己的理想发展。

可以说，A女士之所以成功，是因为她把自己的方向确定后，从没有动摇过，一直坚持自己的目标，直到成功。而L女士之所以过得如此不开心，就是因为目标太多，切换太快，没有在一个领域精耕细作，更没有做到不可替代。

其实，像L女士这样的人还有很多。这类人有一个共性，就是有热血、有上进心，但又太容易改变想法，更换目标，转换方向。一旦没有坚持，最后真的会一事无成。

如何解决这个问题，以下几点意见可供参考：

第一，不要随波逐流，更不要因为周围的人而见异思迁、不断切换目标，不然你的梦想只会离你越来越远，你会在迷茫中失去了前进的方向，最终，只能以失败收场。

第二，目标专一，全力以赴朝着自己的目标去奋斗。如果你的梦想在山顶，那就不要被山腰上的风景吸引，因为，一定要坚定一个信念，那就是：山顶的风景一定比山腰处看到的更灿烂、更壮阔。

第三，坚持自己最初的梦想，记得把自己最擅长的领域或技能做到极致、发挥到极致。当你在自己的领域里变成不可替代的角色，你离当初的梦想肯定会越来越近，成功也会因此触手可及。

拒绝 offer

对很多职场人来说，能够接到一个 offer 并不是件难事，但拒绝一个 offer 却很让人为难。毕竟，从人性的角度讲，接受一个人的好意容易，拒绝别人的话却往往很难说出口。所以，如何在不得罪人的情况下，成功、漂亮、合情合理地拒绝一个 offer，成了一个值得研究的问题。

从职场的实际情况来看，拒绝 offer 的原因多种多样，但仔细归纳，其实候选人不愿意接受手中这份 offer 的原因，大致可以分为以下六种：

第一种，认为这份 offer 的薪酬并没有达到内心的期望值。

第二种，将 offer 中提供的职位和手中的职位进行比对，认为没有明显提升，所以没有接受的必要。

第三种，通过对未来新公司的背景调查，发现新公司不是自己想加入的公司。比如，从网络上了解到这家公司，或者公司 CEO 的负面消息，或者从熟人那里知道了公司文化的畸形，或者听说公司内部斗争非常激烈，等等。

第四种，因为家庭原因不愿意接受这份 offer。家庭原因可能包括：上班太远，家庭成员不支持，认为这份工作会导致生活幸福指数下降，等等。

第五种，经过调查了解，发现公司现在的项目无法为自己未来的职业发展做积累，或者认为该公司所属的行业严重影响了自己未来的职业发展规划，等等。

第六种，因为其他原因拒绝手上的 offer。

应该说，上述六种原因是候选人拒绝各家公司抛来橄榄枝最主要的原因。通过原因分析，不难发现大家拒绝公司 offer 的理由都非常合理。可是，奇怪的是，正常表达出这些合理的理由，却让很多人感到为难。他们总是觉得拒绝的话，让人难以启齿。

其实，破解这个问题并没有想象中的那么难，只需要换位思考，将自己放在面试官或者猎头的角度考虑问题，一切就迎刃而解了。在山顶理论中，就是学会系统性地思考问题，而不是单一去理解这件事。

对大多数面试官或者猎头来说，一旦候选人和他得到的职位不匹配，他们就会毫不犹豫地给候选人发送一个明确的否定回复。在这份答复里，他们不仅说明了不录取这位候选人的决定，还专门说明了该候选人不适合该岗位的理由，以此让候选人心服口服。

反过来，如果候选人在拒绝 offer 的时候果断、认真地说明原因，面试官和猎头肯定不会有任何异议。相反，那些因为不好意思拒绝，一开始说好就职，后来根本不来的人，和猎头或企业连招呼都不打的人，才真正让人感到厌恶。

曾经，有一个候选人在接到某个企业的 offer 时，于入职前的那个晚上和企业管理者确认了自己明天早上计划 8 点半到公司报到的事情。甚至在第二天早晨 6 点，这个候选人还给公司人资部工作人员发来短信，说自己已经起床，正在赶去企业报到的路上。

可是，就是这样一个"信誓旦旦"的候选人，到中午 12 点都没见到人影。HR 有些奇怪，打电话给面试官，确认该候选人是否接受了 offer。面试官一脸无辜，告知 HR 这个人确实接受了公司的入职通知，只是不知道为什么，不管 HR 怎么打电话，对方都不肯接听，甚至连他备注的紧急联系人的电话也没办法打通。

到下午 3 点的时候，这个候选人的手机才终于开机。HR 询问他失联的缘由，这个候选人才吞吞吐吐地说出了自己不去该公司入职的决定。

其实，作为猎头或者面试官，这样的情况经常会遇到。相反，如果某个面试官或者猎头因为这件事气急败坏，大骂三天三夜，那么这个猎头或者面试官绝对是个新手。当然，说这话不是为上面的候选人开脱。阐述这种现象，更想证明的是："言而无信"这种现象在职场选聘过程中确实十分常见。

作为候选人，拒绝一个自己认为不合适的 offer 其实并没有什么奇怪的，真想拒绝，就直截了当地拒绝。如果像刚刚那个人在入职当天才找一个让人哭笑不得的理由拒绝入职，那么，猎头和面试官必然对你印象不佳，你未来的职业道路也可能因此受到阻碍。

要知道，猎头也是有自己圈子的，如果他们把这件事情说出去，那么以后谁还敢用你呢?

所以，作为候选人，如果不考虑该职位，应该做到以下三点:

第一，不想去或没有想明白要不要加盟新公司，就不要接受对方的 offer，当机立断拒绝才是最好选择。

第二，真的要拒绝，接到 offer 后两到三天内必须给对方回信，超过三天，只能适得其反。

第三，不要傻傻地以为自己很抢手，那种拿新的 offer 要求原老板加薪的人，只不过是个笑话，并不是英雄。

有了这三点，候选人就可以掌握拒绝 offer 的最佳时间。一般来说，想要合情合理地拒绝一个你不想去的 offer 应该遵守以下三个步骤:

首先，以真诚的态度告诉对方你的诉求。职场很多人的性格都是“吃软不吃硬”，如果拒绝 offer 的时候态度太过强硬，那么候选人的人脉圈就会变得十分狭小。

一般来说，平时说话强硬的人，职场混得都很差，他们也不会有很好的朋友。而和强硬的人相比，那些“八面玲珑”的人，反而如鱼得水。和日常相处原则一样，拒绝 offer 的时候不能太过强硬，而是要在尊重对方的情况下真诚地说出自己的诉求。

比如，如果你和家人商量后，家人考虑家庭的实际情况不同意你入职，那你就直接告诉猎头或者面试者，去求得对方的理解。如果你有合适的人选，你还可以说：如果该岗位还继续招聘，你可以问问身边的朋友，看是否有人适合这个职位，帮忙推荐。

另外，在拒绝 offer 的时候，不要说官方话，如果用“贵公司”或“贵单位”这一类的词汇，只能说明拒绝的时候一点诚意都没有。所以，拒绝时措辞一定要口语化，不要带有官腔，更不要装腔作势，一旦说话时出现这种情况，猎头和面试官一般都会很反感。

其次，合情合理地阐述自己的理由。很多人一直认为，拒绝 offer 的理由必须足够伤感，其实，在真诚的情况下，任何一个合情合理的理由都是正当的。当然，如果你选择对方十分反感的问题，就算理由再正当，对方对你也不会有好印象。比如，如果你说拒绝 offer 的理由是薪酬太低，或者因为你觉得这个单位比较混乱，那么，对方只会觉得你太傻，甚至怀疑有人出卖了公司的内部消息，惹来的麻烦也不是拒绝一份 offer 那么简单了。以出卖别人来为自己找理由，试问：谁还愿意和你做朋友?

最后，记得表示感谢和歉意，并和对方保持联系。拒绝对方给的 offer 之后，一定要想办法表示感谢和歉意。你可以说：感谢公司给了这次机会，但由于家庭的问题，只能说一声抱歉，以表歉意。也可以说：能够认识就是缘分，希望以后继续保持联系，有什么事情，直接沟通。

如果你能这样说，猎头和面试者一般是不会有情绪的。毕竟，职场里很多人都反感强势的人，同情柔弱的人。表现越强，对方挑战你的次数和概率就越大。这就好比武侠小说里，挂掉的多是玩刀舞剑的高手，淹死的也大部分是会游泳的人。总之只要肯放下架子，以柔和的方式表示歉意和感谢，对方一般都不会为难你。

综上所述，拒绝一个 offer 比收到一个 offer 还痛苦，所以拒绝时一定要思考清楚，切不可因此而“得罪人”，或降低自己在圈子里的影响力。正确拒绝 offer 的方法就是三个步骤，只要保证真诚第一，合情合理第二，表示感谢、保持联系第三，再难拒绝的 offer 也会变得合情合理。

规则至上与人情驱动

在一次闲聊中，一位朋友向我咨询：究竟是规则重要还是人情重要?

我问他为什么有这样的感慨，他说：如果说规则重要，为什么很多人遇到问题首先想到的是人情，而不是遵守规则呢？如果遵守规则，是不是很多问题处理起来都比较麻烦？听他这么一说，我突然觉得，这个问题并不是朋友自己的问题，而是我们这一代人最纠结的事情之一。

一直以来，我都认为未来一定是一个按规则做事，而不是靠人情驱动的社会，因为这是一个时代发展的趋势，而不是某个人主观意识里构想出来的社会样式。因为我坚信做事情如果靠人情驱动，工作时就不能从根本上解决问题，只能应急而已，与此同时，花费人力物力的代价会很大。

既然如此，我们应该如何理解规则和人情呢？

从某种程度上来说，规则是强者制定的，它们产生的目的是建立一个公平的竞争秩序和环境；而人情却是弱势群体为了某件事情而不得不低头求规则制定者适度放宽条件达到自己的目的，这种做法恰恰是对规则的破坏。

可以这么看，如果弱势群体想让规则制定者破坏一个规则是不是需要弱势群体花费很大的代价来实现呢？答案自然是肯定的。

举个例子来说明这个观点。假设现在有一个收费的线下活动，你很想参加，又不想出费用，那么，如果你和活动举办方的高层认识，你第一反应肯定会给活动举办方的高层打电话，然后或谦逊或热情地向他要一张门票。如果对方给你门票了，你会觉得你们的友谊天长地久；如果对方不给免费的门票，那么你会在不理解之余埋怨对方，觉得他是个不可交的人。

当然，如果对方给你提供免费的门票，进入活动现场时，是不是也会感觉浑身不舒服，因为心理一直在暗示自己是蹭来的票，让你保持谨慎或带有心理压力，根本放不开兴致。如果不开心，这样的活动参加了又有什么意义呢？

所以，反过来想，如果是付费参加了这样的活动，你会心安理得地认为，主办方应该为你服务，也没有太多的心理暗示和压力。整个过程下来，你的收获也肯定比前面说的那种情况要大，甚至可以认识很多高质量、有价值的朋友，为以后的事业发展道路积攒必要的人脉。

有一次，一位好朋友在某市举办了一场高端酒会，有一个人为了节省

399块钱的门票，竟然一天给我打了三次电话，让我帮他搞到一张免费的门票。当时我就在想，为了区区399块钱一天打三次电话，实在令人不可思议，看起来是省了门票，但求别人、欠别人的人情就不值399块钱吗？

我很好奇，他为什么不按照规则去做事。如果对方按照规则做事情，支付399元去参加一个高端酒会的活动，或许能接触很多人，认识很多朋友，或许会有更多的人认可他，以后也会给他介绍更高规格的朋友认识。可为了节省399块钱而去求别人免费，周围的人很容易发自内心地看不上、瞧不起这样的人，以后的资源也就更不用考虑了。

这个案例虽然平常，但说明的问题并不简单。有时候，人情与否不是钱的问题，而是思维方式和格局的问题。如果碰到一个能用钱，还是小钱就能解决的问题，都会求别人破坏规则来帮助他解决问题的话，说明这个人的格局太小，也说明他这个人很自私，思维处于小农意识领域，没有太大的格局，自然也成不了大事。

可以翻开历史看看，凡是做大事的人，都会有与众不同的思维方式和很大的格局。杜月笙是上海大亨，撇开他那些红灯区的生意先不说，他本身就是一个不错的生意人。他讲原则，有格局，跳出传统的小农思维，在上海滩自然闯出了自己的名堂。

很多人都在纠结规则和人情到底哪个重要，觉得如果能按规则办事，就按规则办事；如果能用钱解决的事情，决不动用人情。虽然这样的话有一定的社会现实意义，但仔细想想，规则比人情重要。如果分不清这点，不断纠结遵守规则好还是求人好，那只能说你是一个没有原则、没有分寸的人，想成大事自然也就很难了。

当然，这里要补充说明的是：我们提出的讲规则并不是无休止地拿着规则克扣别人，尽管规则是重要的、有用的，但应用规则的时候却需要仔细鉴别，不能让自己成为执行规则的“爪牙”。

有一个公司需要对经营材料进行归档，本来一切都顺理成章，合同、招投标文件都已经提交上去，但最后，档案管理部门突然提出一条意见：要求公司所有技术人员将提交上来的进口产品说明书全都翻译成中文。一时间，公司内的技术人员一片哗然，因为对一个频繁与国外技术团队接触的技术人员来说，看懂英文翻译是一种本事，也是必须具备的能力，如今要求把技术说明书翻译成中文，不但是能力的倒退，更是工作方式的倒退。

从这个角度讲，人们的不屑和嘲笑不仅因为这条规定，更因为提出这条规定的档案管理部门的蒙昧无知。

再举一个例子来说明这个问题。在很多人的印象里，报销或者合同支付是规矩最多的业务流程，因为财务的同事除了核对具体进程之外，对很多东西都非常苛刻。如果是你去看病缺少一张病例，很可能报销就报不下来，因为这个时候，财务的人所要应付的，不仅仅是公司内部的审查，还有各种机构的校验和监察，他们这样做并不是对同事的不信任，而是对工作要求的肯定。

但是，这样的规则有道理，却不等同于没有人情味。通常时候，财务要求出示病历的时候，很多人都不会有异议的。但当某个人患了隐疾，不愿意将自己的报告在系统中流转一遍，那么这个时候，财务人员就必须有两套方案，而不是在对方不同意的前提下，依然固执己见地将他的病历依次传递到所有审核人那里，让这个同事的隐私毫无保留可言。

遇到这种问题，如何选择方案，体现的不仅是公司内部人际关系的好坏，更体现了领导管理手段是否高明。审核必不可少，个人诉求也必须尊重。想要兼顾两者，可以考虑让患者本人指定一到两位财务审核人员，由他们负责核准病历的真实性，然后，才在财务系统里发起单据，待所有的流程都走完了，再把核准好的病历通过财务人员的账号上传到系统。

这样做，不但减少了病历内容泄露的风险，也维护了审批流程的完整性，可谓一箭双雕，何乐而不为？

总而言之，规则是用来遵守的。如果不想遵守别人的规则，就要有能力制定规则让别人去遵守。不然，滥用人情只能让人看不起，久而久之，连纠结的机会都没有，因为商场规则早就把你扔到一边，令你再也没有机会和周围的人讨论规则还是人情的问题了。所以，想要成为无欲则刚的人，必须时刻提醒自己：规则必须要遵守，人情绝不能滥用。

情绪的毒素

职场上，每个人都可能遇到各种不开心的事情，从而产生出不良情绪。这些不良情绪如果不及时宣泄或转移，就会成为“毒素”积压在身体里。产生负面情绪的原因可以说随处可见：

隔壁销售部声音特别大，吵得心烦意乱没法正常上班……

遭遇地铁晚点，风风火火赶到公司，女孩子却发现裙子不知道什么时候撕开了一道口子……

新来的设计员工总是嘴里说着理解了我交代的任务，可做出来的东西根本没法用……

有些“95后”员工一言不合就辞职，现在的年轻人怎么那么难带……

约好上午10点面试，候选人下午1点才到，连句道歉的话都没有……

明明说第二天可以入职，但第二天接到的信息是候选人放弃了该机会……

身在职场，每天总有那么几件事会让人愤怒，使人抓狂。有时候可能仅仅因为一条充满负能量的微博，就破坏了你一天的好心情。那么，该如何处理这些负面情绪呢？

现在的职场，往往会提倡隐忍和包容。对任何事情，得到的反馈几乎都是：忍一时风平浪静，退一步海阔天空。这听起来好像也没什么错，但是如果真的一味照顾他人的情绪，到头来恐怕只是便利了他人，委屈了自己，甚至失去了底线和原则。

某公司员工小张在公司里受到其他同事的排挤，他选择一一忍了下来。于是有几位拜高踩低的同事，觉得他“好欺负”，纷纷给他难堪。最后，他选择不再忍：与同事据理力争，把自己隐忍多日的不满也侧面表达了出来。从此，那几个给他难堪的同事再也不敢那么对待他了。

很多职场人从小受到的家庭教育是“不要惹事”“多一事不如少一事”，到了工作场合也体会到了职场的不易，于是纷纷抱着“宁肯受委屈也要自保”的心态，在职场上艰难度日。殊不知，这样的职场生存哲学也有其不利的地方：失去尊重。

有些人觉得你没有底线所以忽视你的正常感受，更有些人会觉得你“懦弱”从而变本加厉。这两条，足够让你在职场中变得碌碌无为，不但得不到晋升，还可能会被企业当成小白兔烤着吃掉。

不发泄，情绪会像一座又一座休眠火山，当达到一定的条件可能会集体爆发。一旦爆发，产生的结果很可能是毁灭性的。一直以来，我们都忽视了表达、倾诉、宣泄的重要性。然而，正常的宣泄表达是无比重要的！

职场上的烦心事往往不能跟家人倾诉，朋友也未必理解。大部分职场人找不到正确的宣泄途径，只能强压怒火在隐忍中度日。对于时常隐忍自己的职场人，我们的建议是：接纳自己的真实情绪和感受，不逼自己在非工作场合也维持所谓的“完美人设”。

第一，不该忍的不要强忍。

在事情发生时及时巧妙地把情绪消化，不留后患。

某公司技术经理张先生在上班期间忽然收到客户发来的一个非常不合理的开发需求。对方的态度非常“随意”，一副“我是甲方我说啥你就得伺候”的样子。

当时张先生内心的火“腾”的一下就起来了，对方这种态度是对他工作的极度不尊重！但他还是没有立即发作，先出去在窗户边吹了一会儿风，平复了一下情绪，然后回到办公室在微信里跟客户反复沟通，表明需求要跟产品部先进行沟通确认，才能答复。

很多时候，我们面对能够扰乱自己情绪的突发事件时，要给自己三分钟时间用来冷却。诚然，职场上发生的很多事情都是不合理并且与自己利益冲突的。这时候，更要告诫自己，先冷静，再处理。

冷静不是目的，而是为了能够想办法解决此事，将一时涌上心头的愤怒和冲动化解。人们在冲动时做的决策往往是有欠缺的，只有平和下来，才能既纾解了自己心头的情绪又完美地解决了问题。

第二，该忍的时候要忍，但事后要把不满宣泄出来。

前一阵吵得沸沸扬扬的某名人性骚扰某位女作家的事件里，女作家为了自身名誉考虑，又鉴于当时不好取证，只好选择了隐忍，并拒绝出现在某“色狼”名人出现的场合。

一直到这位名人对其他人实施了非常严重的侵害并被其他人实名举报后，女作家终于选择了站出来，列举事实把不满实名贴到网上。

网友纷纷为这位女作家的行为打 call，站在身后给其更大的力量。

我们都说，忍一时风平浪静，并不是无止境的“容忍”。明白什么时候站出来，什么时候发泄情绪，也是一个人的智慧所体现之处。

负面情绪，一定要及时宣泄，心灵垃圾不能存放太久，这样会腐蚀原本健康的身心。

行走职场，一定会遇见很多不公，以及各种匪夷所思的奇葩。我们不能寄希望于这种事情不要发生，也没办法随便将不满的情绪发泄于家人和同事，此时，学会自我排毒解压就显得尤为重要。

为了做一名给自己“排毒”的职场人，给各位职场人提供几种在职场“排毒”的方法。

第一，写下来。书写也是一种宣泄。

2017 年“七夕”，姑娘刚好在加班。那天下着雨，她忙完工作后在办公室写了一小段文字，发了链接，用平静的口吻向母亲诉说自己北漂的经历，夹带着生活不易和一些无奈感慨。

写作，是为了梳理我们的逻辑，是一个自我对话的过程。抚平情绪，每个人都是自己最好的导师，别人只能听其一二，却没办法理解全部。此时，能够将心中所想、委屈、无奈、愤恨、伤心等全部通过文字表达出来，倾于纸上，是再好不过的方法。

通过书写这一动作，我们能够明白真正触动自己、让自己情绪失控的核心问题是什么，我们也能够劝慰自己，让自己从情绪的风暴中脱离。

后来的我们，若再次翻看这些文字，能够感谢当时的自己，足够冷静睿智，并且温暖人心。

第二，运动。运动是职场人宣泄情绪最好的办法。相信很多男同胞深有感触，不管有什么不开心，到球场上打一圈儿篮球、出一身汗，就全部烟消云散了。

网上经常有这样的帖子：长期坚持运动的人会有怎样的改变？运动的好处自然不用多说，但就心理健康建设这一点来说，运动发挥了巨大的优势。

村上春树坚持十几年跑步，每当奔跑于林间小道，也是他思考作品的时候。导演林超贤也常年保持着运动的习惯，无论多早，每天在开机前跑上10公里，在这期间思考尚未解决的问题，并且保持精力和体能的充沛。很多互联网人都有长期健身的习惯，因为他们普遍工作压力大，工作时间长，一个好的体魄是必不可少的。

下一次，当我们觉得压力增大，问题无解，情绪低谷之时，不妨走上运动场。无论是一次大汗淋漓的瑜伽，还是一场充满欢笑的友谊球赛；无论是痛快的拳击，还是律动的爵士舞，都能让我们心灵减压，身心充满正能量。

第三，找安全的人倾诉。就像很多职场人因为信任我，把自己的真实职场经历毫无保留地告知，或是带着疑问来找我做职业咨询。这不仅是一个安全的宣泄途径，也是一个解决问题的专业途径。

第四，做让自己开心的事冲淡不愉快。比如去看看电影，找一些开心的事情来做，这样心情自然就好了。

我有个高管朋友，身为一个部门的掌舵人，又是两个孩子的妈妈，每天忙得像陀螺一样，自然积累了不少负面情绪。她说，能够让她安静下来的事情唯有两件：一是读书，二是绘画。每周末她都去专业画室完成一幅油画，虽然是业余水平，但是每当沉浸在自己喜欢的事情中时，很多烦恼就一扫而光了。

但是如果做有损于自己的事情，就得不偿失了。很多职场男女遇到心情不好，或不顺心的事情，就喝酒、吃东西。这种有损于自身健康的发泄方法要不得。

第五，临时换个环境。新环境会分散一些注意力。换一个环境，也是调整心情的好方法。在工作中遇到情绪失控的情况，不妨离开办公室，去楼下小花园静静坐上几分钟。在一线城市觉得打拼太累了，周末可以来一个外地的短程徒步。

新的环境会冲淡原有环境带来的不快乐，能够转移我们的视线。当我们的焦点不再是苦恼与烦闷，我们自然就不会再被心中的坏情绪纷扰。职场上，人人都有委屈和不得已，既然外界没有现成的舒适区，就要自己去找情绪宣泄口，给自己“排毒”，实现“自净”。

如何定义职场废人

“夫夷以近，则游者众；险以远，则至者少。而世之奇伟、瑰怪，非常之观，常在于险远，而人之所罕至焉，故非有志者不能至也。”

这世间万物的规律，在1000年前的王安石笔下，就早已道尽了。这一句话，翻译成职场语言就是：那些看起来舒服的工作，往往也就如此，没有了前途，只有不断地尝试探索，才可能走得长远。面对不确定的未来，勇于走出舒适区，可以看到非同一般的世面与景色。

这些年应届生们对公务员考试趋之若鹜。更有传出环卫局一个清洁工的职位，都有大量人争抢，其中不乏硕士生等高学历人士。究其原因，不过“稳定”二字。多少人梦想着一毕业就能进入体制内，从此捧上金饭碗，衣食无忧旱涝保收，为什么？图一个稳定。从象牙塔走出，尚且年轻，就追求安逸稳定，三十而立，该如何面对一潭死水，如何面对一眼望到头的职业生涯？

“转眼30岁已过，本是而立之年，但我还是无法立起来，感觉自己像被废掉一样，我的职场，还有希望吗？”这是一位网友给我的留言，字里行间透露着失落与颓废。

在城市里穿梭的诸多职场人当中，他并不是孤立的一个。我不禁想到职场上的一个问题：一个人，究竟是如何废掉的。很多人都有过这种相似的感受，正是奋斗的好年纪，却提不起精神，感觉天空都是灰色的。

前不久被媒体曝光的一位收费员，她在大学毕业后就进入高速公路收费站公司，转眼到了36岁，却发现自己除了收费以外什么都不会了。其实，这才是风险最大的工作，也是最容易让人“废掉”的工作。

容易让人“废掉”的工作一般具有以下特点：

1. 岗位的可替代性极高，或者直白地说，智商没问题的谁都可以来做。

这也是很多人所面临的“中年危机”其中的一种情况。有些人做了十年工作，但并没有积攒十年的工作经验，而是一年的工作经验用了十年。随着青春的流逝，这样的职场人也几乎失去了工作上的优势。

他们往往抱怨新来的“95后”为什么可以和自己平起平坐。老板需要解决问题的人，如果年轻的员工需要更低的薪水，有更大的创新力，为什么不用这样的新员工来替代那些已经进入一潭死水状态的老员工呢？

2. 长期机械重复一个没有价值的动作，就像高速收费站的那位大姐。如果你的工作具有这种特性，那么无论收入高低都该引起警惕。

早些年巨型外资企业的待遇确实令人垂涎，很多人为了所谓的福利而投身其中。但是大型企业流程清晰的一个弊端就是，剥夺了人们的创造力。每一个人都是一枚螺丝钉，只需要完成SOP所指导的动作即可，从管理层到执行层都是如此。

在中国民营企业，尤其是高新技术产业和互联网产业蒸蒸日上的今天，很多创业公司逐渐吸引了行业内的精英人才。而仍旧有许多人，挂念着外企的工资和福利，但是又想过那种动动手指就可以过得舒服的日子，不愿意做新的尝试。

纵然这些人今天能够享有丰厚的待遇和福利，但同时他们也在衰退的道路上渐行渐远。如果还年轻，不妨做好换工作的准备；如果已经无法转换职业定位，那也只能调整好心态，做好提前退休的准备。职场上，到底该如何判断自己是否废掉了呢？基于多年对职场的观察，有以下几点评判标准：

1. 安于现状，追求稳定，没有危机感，瘫在舒服区。

我面试过很多人，凡是碰到为追求稳定而跳槽的人，都会放弃推荐。

职场上根本没有所谓的稳定。稳定就是落后，落后就要被淘汰，这就是“职场达尔文”现象。为了稳定而跳槽是一个伪命题。既然跳槽，就不可能稳定，只有不断逆水行舟、不断挑战自己，才能“稳定”下来。就像打仗一样，唯有进攻，才可能有活下去的希望；不进攻，随时被敌人杀掉。职场，也是如此，不会被杀掉，而是会被淘汰。

如果还想在职场上有一番成就，建议放弃稳定的幻想，主动出击，找到适合自己大展拳脚的舞台。同时重新规划职业定位，结合过去的背景经历和兴趣爱好，重新选择一份工作并坚持5年，只要有这份魄力就不会太晚。永远不要有“葛优瘫”的思维，一旦进入舒适区，说明你已经在被淘汰的路上。

2. 想法太多，执行太少，更缺少持久力。

遇到过一位职场朋友，他说自己擅长做的事很多，既可以做销售，也可以做运营，还可以做产品经理等。其实，他并不是擅长做的事很多，而是恰恰相反。正因为一直在浅尝辄止，对哪个岗位都缺乏深入的理解，资讯严重不足，才会造成这种错觉。

小到一个人的职场定位，大到一家企业的战略规划，都会出现这样的误区。很多公司都在针对未来战略进行筹谋，但如果执行力不到位，一切都是枉然，倘若可以落实到每一个细小之处，才有可能经过重重困难取得最后的成功。

攀登者都向往着登顶，真正抵达者却常常只有寥寥几人。世间规律大概如此，大多数人带着艳羡的目光，慨叹少数成功者的荣光，却忘了自己也曾经在路上。区别就是：想法太多，执行太少，梦想都夭折在了攀登的路上。

对于这类想法太多但又难以做到脚踏实地做事情的梦想家，我们建议放弃幻想，结合实际情况将精力聚焦在一个点上，并坚持下来。10年后，你一定是这个领域的专家。

判断一个长跑运动员的价值，不是看爆发力，而是看他的持久力或耐力。判断一个人的职场价值也是如此，如果只有爆发力，缺少持久力和耐力，一样不会成功，也不会走得太远，甚至会被职场所淘汰。

3. 心态浮躁，拒绝学习深度思考。

太多的人们沉浸在自己天马行空的世界里，不愿付出努力，却痴想着可以财富自由。很多职场人以混日子为生，每天刷刷网页看看手机，看似努力，却是在虚度时光，或者他们看似广泛涉猎各种资讯，在聊天的时候滔滔不绝，可一旦认真起来，问他们一句“为什么”，却只能顾左右而言他，完全没有深度思考的能力。碎片式的阅读造就了碎片式的大脑，这些人已经渐渐失去了思维的深度。

某次，我与一位自称业内专家的人探讨问题，聊了一会儿就不想和他再过多沟通了。他顶着“专家”的虚名，却仅仅知道一些流于表面的资讯，除了像个复读机一样重复别人说过的话，毫无独立的思考和看法。

另外，前些年在互联网的风口催生了很多财富自由的人，导致很多职场人对互联网公司趋之若鹜。人人向往财富自由，但是怀抱着这样的目的去择业和跳槽，就是一件荒谬至极的事情了。对于所谓的“追求财富自由”，在前面的章节里我们已经仔细讨论过。

我曾认识一位互联网公司的产品经理，他为了财富自由而跳槽到一家创业型公司，公司的确发展很快，但被收购后却不承认原来公司的所有期权。最后，这位产品经理财富自由的梦想彻底破灭了。这并不是一个特例，而是很普遍的案例。

遇到这样的问题，我们建议：

首先，让浮躁的心静下来，特别是少听一些资讯性质的名不副实的课程。

其次，遇到问题要学会深度思考，这样才会发现问题的本质，而不是浮在问题的表面人云亦云。所谓深度思考就是在一定的理论支持和社会实践、社会认知的基础上进行辨析。

最后，忘记财富自由的幻想，全力以赴做好一件事情，才有可能抵达财富自由。

职场上的废人，大多不是被别人废掉，而是自己废掉。如果想摆脱这种状态，请全力以赴坚持做一件事情，精益求精到自己满意为止。这样，你的人生将大不一样。

假装拼命工作

最近，我和朋友一起聚餐，席间朋友讲到了一个在他们公司看来很奇葩又很无奈的现象：只要你周末出去玩，或是周一到周五在朋友圈晒美食、晒玩乐，就会被领导看不起或者排挤。更有甚者，在公司里，一旦女员工怀孕后还不选择离职，就会被认为是在占公司的便宜，更会被领导以诧异的眼光看待。

这不禁让我想到了曾经在做职业咨询时遇到的一个案例。

小张曾是某大公司的员工，有一次，她在朋友圈晒了周末出去玩的照片，结果周一早上，她就被领导“请”到办公室里谈话。领导语重心长地告诉小张，在朋友圈不要总是晒一些吃喝玩乐的照片，要多晒加班、工作的照片，这样才能给同事传播一种爱岗敬业、努力工作的正能量，起到模范带头作用。

领导这种让小张假装努力的要求，使得小张很生气，但为了不搞丢这份年薪 30 万元的工作，小张也只好把自己喜欢晒美好生活的心压抑下来，并开始迎合领导和同事，每天都晒加班和工作的照片。

久而久之，这种假装状态把小张折磨得身心俱疲，后来小张就从原公司辞职了，之后加入了一家新公司，新公司就没有这种现象。小张说，现在的公司很 open，她工作得很开心也很有效率，但她现在要调整一下自己在原公司遗留的畸形心态，不然很难融入新公司。

在职场中，有一个词叫假装。在公司领导的眼里，你要假装很努力工作，才会被认可和肯定；在同事的眼里，你要假装很合群，才不会被排斥和孤立。在职场，还有一个词叫迎合。你能迎合领导，貌似就能升职加薪；你能迎合同事，貌似就能融入圈子。但事实上，这真的能够让你在职场上有所成长吗？

某公司的猎头小李，一直以来业绩都很不错，但就是不喜欢加班，因此连续被领导批评了好几次，还经常拿公司的小赵作为优秀员工案例对小李进行批评教育。而事实上小赵的业绩并不突出，半年才完成了一个offer，并且候选人没有过试用期就离职了。

但小赵很聪明，懂得如何迎合领导，经常加班加点，每天都最后一个离开公司。只要领导发朋友圈，她都第一个点赞，并对领导发的内容进行转发，还经常在朋友圈称赞自己的领导和老板。正是这种假装努力和迎合，使得小赵很快就得到了领导的关注和重视，经常得到表扬，还成了公司其他员工学习的榜样。

前段时间，小李和我交流后，我给了她两个建议：

1. 要么离开这个鬼地方，重新找工作。

2. 要么也学会迎合老板，得到重视。

最后小李接受了我的第一条建议，离职后，加入了另外一家公司。而另外一家公司的老板，不会关注你每天做什么，只关注你的业绩如何。现在，小李凭着自己良好的业绩，不仅得到了现在老板的重视，职业道路也越走越顺。

从小张和小李的例子中可以看出，在职场中，她们正在经历自己或看着他人——假装拼命工作的烦恼——迎合领导同事可以获得职业上的认可和升迁，但这种假装和迎合又让他们感到极度的不适应。

为什么在职场上会出现这样的情形呢？我认为原因如下。

一方面，不想放弃现在的工作，却又无法改变这个环境，为了生存只能去适应这个环境。

人在职场，或多或少都会对自己的领导有所不满，但为了生存、为了看起来还算不错的收入、为了将来自己的职业发展，结果只好违背自己的心意，假装很乖地去迎合自己的领导，但这样的工作并不能从实质上增强工作者的忠实度，一旦有更好的机会，他们就会对现在的工作弃之如敝屣，不会再留恋。

例如，某公司运营经理田某，年薪36万元，虽然他非常讨厌其领导对他工作的瞎指挥，但由于房贷和家庭生活的压力，他选择了去迎合领导，同时也不断调整自己的运营方向，目的是要产生业绩，不被公司淘汰。上周，他以年薪50万元的薪酬入职新公司，专门给我发一条微信说自己入职了。当我对他祝贺时，他很高兴地说："终于解放了……"

另一方面，担心不迎合领导和同事，会被领导和同事排挤，迫于无奈只有假装每天很勤奋。

在我看来，职场上有一半的人，为了工作和高收入，都在违心地迎合自己的领导或同事，表现出非常热爱公司和工作的样子。其实，他们一旦离开这个地方，马上就会说："终于离开那个鬼地方了……"例如，某世界500强的培训经理就曾在咨询中向我坦言道，她可以不理会领导，也可以不理会同事，但她害怕自己离职后，新雇主做背景调查时，原来的领导或同事对自己的评价不好，影响自己的职业发展。

那么，在职场上，到底要不要违心地迎合领导和同事，假装每天都在拼命地努力工作呢？我认为，如果你水平一般，又不想失去这份工作，你只有选择去迎合；但如果你的水平不错，也不想违心地假装拼命工作，那就离开这个地方，去寻找适合自己的工作。对此，我给出的建议是：

首先，要提高自己解决问题的能力。能够真正解决企业面临的问题和困难，为企业创造价值。企业的最终目的都是要实现利润的最大化，只要你能为企业解决问题、创造利润，你就是企业所需要的人。因此，你必须知道自己在哪些领域擅长、解决什么问题高效，不然，就很容易出现有病乱投医的情况，到最后，时间、精力和金钱都花费出去了，也没有解决问题。因此，在自己专长的领域中，提升自己解决问题的能力，才能最大限度地发挥自己的价值，获取更高的报酬！

其次，改变自己的底层思维能力。所谓底层思维能力，就是对知识理论的学习能力和社会实践的加强、认知能力。对此，我们必须要做到深度学习和思考，把自己的理论知识和社会实践相结合，准确判断信息，抓住要点，整合有限的资源，把自己的价值打包成一个产品向世界交付，并且获得回报。别怕茫然，别怕被否定，别怕推倒重来。

最后，扩大自己的人脉圈，保证高质量的交往圈。前几天，一位年薪50万元的高管找我咨询说他想要跳槽到某公司，但通过猎头推荐后却失败了，是否还有其他渠道可以操作。通过沟通，我了解到该高管的一位非常要好的朋友在该公司任高层，但他不好意思找这位朋友做内推。对此，我建议道，既然是很好的朋友，就该坦白告诉对方你想加盟他们公司，如果你不说的话，只能说明你和他的关系很一般。

最后，这位高管接受了我的建议，并且，他的这位朋友已经安排高管和他们的VP见面交流了。看，这就是高质量的人脉圈：在你需要帮忙的时候，有人伸出援手帮助你，通过各自利益的满足，来达到共赢或多赢。如果不具备这些，就称不上是人脉。

其实，在职场上，到底要不要为了迎合领导而假装很拼命地工作，完全取决于个人的能力和操作的手段。如果你想做职场咸鱼，你就去迎合、假装努力工作即可，而如果你能力很强、三观也正，离开一个地方，还能找到薪酬更高、更好的工作，就没必要违背自己的本心。

别忘了，如果你想让自己更优秀、更有价值，就要和优秀的人在一起共事，而优秀的人会考虑的往往不是你是否迎合他，而是你能否真正解决问题和创造价值。

面对批评

在职场中，作为管理者能否对待下属做到刚柔并济——“批评人要关门，表扬人要大声说出来”，这对管理者来说，是一项很大的挑战。而且在现实中，很多管理者在对下属进行批评和表扬的态度上总是恰恰相反。我就曾经遇到这样一个案例：

小刘在某计算机工程公司做研发工作，一个月前，他接到公司的一个比较紧急的 IT 产品开发任务，他几乎用尽了全部精力去做，吃饭、开车，甚至做梦都在想怎么做出最好的产品让客户满意。

一个月下来，小刘对这个产品的设计进行反复修改，重视每一个细节，终于设计出了一个自认为“完美”的作品。在公司的会议上，小刘滔滔不绝地将他的设计思路讲给上司和诸位同事，但出乎意料的事发生了：同事们对他所讲的并不认可，相反，还提出了不同的看法，诸如“过于强调娱乐性，操作起来比较复杂”“设计理念新颖，但是我觉得脱离了市场”……

一直没说话的上司这时也开口说：“小刘啊，我也认为顾客可能不会买我们的账。关于这个设计，你想得很好，做得也很细致，但是在做这个工作前你有没有想过，我们的出发点是什么？在设计前有没有考虑过顾客到底想要什么？他们所期望买到的产品是什么样的？你这样只一味按照自己的想法随心所欲地去设计，浪费了时间、精力、成本不说，投放到市场上还不会被顾客认可，这种没有结果的努力根本就是在浪费生命，这个产品打回去重新设计！”

听完领导批评后，小刘挫败感很强，工作积极性也受到打击。虽然最后也按要求勉强完成了产品设计，但小刘对我坦言道，虽然上司批评得有一定道理，但是如果换一个场合，换一种方式，可能会更容易让他接受，他也会感激上司，将产品设计得更为优质。

案例中，小刘的上司在公开场合对其进行批评让小刘很难堪，但其实这种情况在职场上是时常发生的。为什么领导会在公开场合批评下属，我认为有如下几点原因：

1. 你的领导可能很强势，做事情比较看中结果，忽略对人的尊重。
2. 你的领导目的很简单，就是想让你离职。
3. 或许因为你的领导压力大，公司业绩又不好，才导致情绪不稳定等。

被领导批评总是在所难免，那么当遇到领导不理解你，而且公开批评你的时候，到底该怎么做呢？遇到这种情况，我给出的建议是：

首先，沟通很重要。

最好找你的领导进行一次面对面的沟通，深入了解一下你被批评的原因，这样才能对症下药。如果是领导性情或情绪的问题，你可以适当地和领导交流你的想法；如果是因为你本身能力不足、业绩不好，仅靠沟通是解决不了的问题，这时你要做的就是深刻反省自己。

在职场中你要清楚，任何公司都是以结果为导向，至于过程是你个人的事情。你或许会认为，“老板都这样批评我，我凭什么去找他沟通呢？”“老子不干了，走人，此处不留爷自有留爷处！”是的，你可以走人，继续找工作，但我要告诉你的是，如果这个问题不解决，你还会遇到下一个在公开场合批评你的老板，难道还要继续跳槽吗？如果你真的连续这样跳槽三次，你的职业生涯或许就会因为你的任性而中断。

其次，用数据说话。

很多时候数据就是你和领导沟通的一张王牌，通过数据能转变领导对你的态度，很大程度上你还有被重用的可能。某运营人员因为老板的过错被批评后，拿着数据不慌不忙地找老板沟通，最后，不但老板承认是自己的错，而且不到两个月，这位运营人员还被提拔为运营总监。

因此，我要告诫大家的是，任何事情的解决都需要沟通，而不是一味地任性和以自我为中心。此外，根据我多年的咨询经验，一个人贪念的大小在很大程度上也决定了他在职业道路上能走多远。

清朝有一位大臣叫孙嘉淦，在雍正当政的时候很不受雍正喜欢，但让人意外的是雍正却经常提拔他，之后的乾隆也十分重用他，原因就是他做事情私利太少，没有贪欲。古人讲究“壁立千仞，无欲则刚”，这种去除私欲、无所畏惧的理念在现代职场一样适用。若是太贪，就很容易被领导和同事排挤孤立，职业生涯也不会走得很顺畅。

很多时候，一些职场人即使有“贪”的行为也不会承认自己的行为存在过错，甚至可能会觉得老板不知道自己在做什么，但我要说的是，任何时候都不要低估领导的觉察力！领导没有找你谈话，或许只是因为事情的严重性还没有达到他想让你离职的程度而已。

最后，关注自身问题。

辩证唯物主义认为，内因决定外因，外因通过内因起作用。

当我们被老板批评时，你要学会反省是不是因为自己的问题或业绩不佳而被批评。如果是自己的问题，就要尝试去补救，能力不足就去提升能力，技能不够就去学习技能，这种自查行为能让你成长得更快。

当然，如果是因为老板不尊重你，侮辱你的人格，你可以选择报警或寻求法律的支持。为了避免这样的老板，我建议下次找工作的时候，一定要多和老板沟通，因为沟通是一个双向选择的过程，通过沟通，你也可以鉴别出你的老板是不是你要寻找的伯乐，如果不是，薪资再高都不要去，这样的高薪，只会是昙花一现。

而且，我想说的是，除了素质低、情商低、情绪不稳定的老板，大多数老板一般都不会在公开场所批评员工。但也不排除一些特殊情况，难免会受到老板批评。

那么，作为职场人，如何做到不被老板批评呢？我要和大家分享以下三点：

第一，自身要有很强的专业性，能够为企业解决实际问题和创造价值。这个是基础。如果你不具备这个能力，不要说拿高薪了，你不被淘汰，已经是万幸了。

第二，要具有一定的情商。这是你在职场生存的一个核心因素。职场上，能面试通过的人，一般能力都不差，智商也在线，但为什么有的人发展很好，而有的人就是发展不好呢？这和情商大有关系。有的人可能会觉得是人家命好，但我想说，情商高才是关键。

第三，要学会打造并维护好自己强有力的个人品牌。职场上，没有个人品牌的人，随时可能会被领导批评，也随时可能被替代，但当你有了个人品牌，你的领导做事情的时候，就会因你的个人品牌而对你有所忌惮，更不会公开批评你。我认识一位大V，他能力很强，做事情却相对比较低调。刚刚空降到某公司时，他的直接领导不知道他是大V，总是对他呼来喝去。对此，这位大V朋友并没有气愤和抱怨，而是按照该领导的指示去工作。有一次开会的时候，他们部门VP点名说××不愧是大V，工作做得相当不错。当部门VP点名肯定这位大V的时候，他们的总监才瞬间反应过来。从此，他们部门总监对这位大V朋友就变得十分尊重了。这就是品牌的力量！

每个人的职场都未必一帆风顺，都会有批评别人和被别人批评的时候。当老板误解或批评你的时候，千万不要抱怨，因为抱怨只会让你走向歧途。要自我反省，只有自我反省，你才能提升自我，而也只有你的能力、情商和个人品牌都提升了，你才能拿到高薪，才能有所成长。

CHAPTER 8

第八章

猎头视角：你距离职场精英有多远

如何寻找猎头和猎头公司

跳槽时，找到一个靠谱的猎头，帮助自己做好接下来的职业规划，在当今的多元化的职场上尤为重要。那么，如何才能找到靠谱的猎头，怎么判断一个猎头是真的能够给你提供帮助，还是只是在浪费你的时间？

不久前，我和一家互联网公司的产品经理聊天。当谈到招聘网站时，他说，某些招聘 App 实在太可恶，太不靠谱，这些 App 会让你自动接听电话，并且招聘方会直接在上班期间打来电话，电话另一头的声音还非常大，可以说是恨不得让公司所有同事都知道你在找工作，用这种方式“逼着”你离职。

对职业经理人来说，遇到这样的事可以说是很悲惨的。跳槽本应该是一件很机密的事情，如果最后搞得大家都知道，尤其是老板发现你想跳槽，就会比较麻烦。可见，通过招聘 App 找工作，是多么不靠谱的事情。

这又让我想起，曾经有一位马上到知天命之年的企业高管想找工作，自己连续投了很多简历，都没有收到用人单位的反馈，最后他找到我，问我为什么会这样。

我仔细了解了整个过程，最后总结出了以下原因：

第一，招聘网站挂的招聘职位未必是真实的，很可能只是广告而已。

第二，当筛选简历的人看到年龄栏的那一瞬间，就对你失去了兴趣，根本不会点击，更不会详细阅读，也不可能向他的领导反馈结果。

第三，你求职受挫，病急乱投医，感觉网站的职位差不多适合自己时，就会不断地投简历，别忘记了，你投递简历的次数越多，你越不值钱。

这位知天命之年的高管有点疑惑，问我：网站投递简历没有效果，难道猎头就可以成功帮助自己跳槽吗？我告诉他，猎头是一对一的服务，他们会和你沟通，评估你的能力。如果他们认为不错，哪怕你的年龄大点，也会想办法推荐你，给你一次面试的机会。只要你把握住面试的机会，就可能成为赢家。那么该如何通过猎头让自己找到合适的工作呢？招聘网站做不到的事情，猎头又怎么会做到？

首先，寻找认知与你在一个水平线的猎头。

请记住：物以类聚，人以群分。如果一个人的认知已经低于你，那么他是无法为你提供你所需的服务的。有的猎头，开口就是聊家常，仿佛根本没有重视求职者的职业需求，这种猎头，千万不要在其身上继续浪费时间。

如果你要做百万年薪的职位，找到的猎头却连沟通、交流都是问题，那么又该如何相信对方可以挖掘百万以上年薪的职业经理人呢？显然是不能相信的。

其次，猎头要对你所在行业非常熟悉，了解行业动态和薪酬情况。

猎头市场越来越细分，这要求猎头必须对该行业非常熟悉和精通，尤其是要对所服务的行业的动态、人才异动都有非常清晰的了解，这样的猎头才是专业的猎头。

作为职业经理人，给猎头发简历之前，一定要了解猎头所服务的行业及对行业的了解和熟悉的情况。完全的信任是要有前提的，是要基于对方的专业度和职业素养的。如果冒冒失失地发送简历，还是发送给一个不懂行的猎头，那无异于浪费各自的时间和精力。

曾经有一位线上客户问我，他把简历发给某猎头几个月，不但没有得到推荐职位，对方更是一点信息的反馈都没有，试问这样的猎头究竟靠不靠谱？我了解了一下，发现这位职业经理人是某制造业的生产总监，而该猎头接触的是金融行业。专业本身就不对接，对方自然就无法帮他找工作。

遇到此类情况，不能怪猎头不专业。猎头也有分工，每个行业都有不同的区域重点，猎头的精力有限，想要精通某个行业就必须做到沟通无误、理解无误。所以，结交职业经理人所处行业的猎头，才是最好最快的路径。另外，猎头最好拥有多个该行业的成功案例。

行业成功案例是猎头对外宣传的必要条件，如果猎头没有行业的成功案例，只能说明猎头刚刚入行或对该行业还非常陌生。作为一位成熟的职业经理人，碰到这样的猎头基本上是无法获得求职帮助的。

对猎头来说，该行业的成功案例越多，对该行业就越熟悉，帮助你成功跳槽的机会就越大。职业经理人在寻找猎头合作时，一定要了解一下猎头是否有该行业或该职位的成功案例。

再次，猎头手中要有靠谱的职位，并对该职位的要求非常熟悉。

虽然职位有，但不会做职位分析，也不懂如何抓职位的重点，导致猎头和职业经理人沟通时，一问三不知，这样的猎头很多。

为什么会一问三不知？原因很简单，那就是猎头对该职位把控不到位，不知道该职位的重点在哪里。即使你给他画了重点，他也不知道该如何交流。一位连职位的要求都不了解的猎头，又如何能做匹配？显然不能。

不能做匹配的猎头，当他们向企业推荐人才时，就只是靠海量挑选简历，然后把简历推荐给客户，让客户去筛选和判断。作为职业经理人，如果遇到一问三不知、对该岗位不清楚、连岗位的薪酬范围都不知道的猎头，就不要往下聊了，再聊也是浪费时间。

最后，一定要找到值得信任的猎头。

到底什么样的猎头才是最值得信任的？首先至少做到对要推荐岗位的情况非常熟悉，包括客户公司的情况、职位要求等，还要做到一问一答，超出你想象。如果猎头对被问及事宜一问三不知，或者通话过程中，没有重点地说一大堆，这样的猎头肯定不是好猎头。这样的猎头通常都是要了你的简历后，就没消息了。

好的猎头一定会主动约你见面交流，并给你一些指导和建议。现在有些猎头为了追求快，在拿到候选人的简历后，先不联系候选人，而是直接发送简历，这样的猎头非常多。如果碰到这样的猎头，你的跳槽就不是秘密了，相反，这件事会被很多人知道，尤其是你公司的 HR 或老板。这时的你，估计跳进黄河也洗不清了。

作为高管，已经不是刚毕业的孩子，跳槽对你来说，不算小事，一定要谨慎，一定要抽时间和帮助你跳槽的猎头见面聊聊，这样才有助于你跳槽成功，不然，你就是众多猎物中的一个而已。

为了提高成功率，你更应该寻找在该行业有深厚的人脉资源，能帮助你的猎头。如果一位猎头没有行业的资源，那么他能帮助你跳槽成功是不可能的。就算真的成功了，也只能说明该猎头很幸运，你也很幸运而已。所以不管是猎头还是猎物，都要见面交流一下，这样才能更好地跳槽。

好的猎头有一定的逻辑思维能力，还有很强的服务意识。猎头原本就是一个偏重服务的职业，说到底，一切都要以服务客户作为宗旨，如果一个猎头缺少最基本的服务意识，那么他是很难做好的。

作为企业的高管，跳槽一定要谨慎，为了能够保住秘密，也为了能够找到更好的职位，一定要小心寻找真正靠谱的猎头。否则，你可能不但跳槽不成功，最后还落得一身麻烦。

猎头的前世今生

如今，猎头已经不再是一个陌生的词汇。人们对猎头的看法，也从过去的不了解，到逐步的有所知晓，再到如今的变成了真正的接纳与信赖。对一个猎头来说，这自然是令人欣喜的。

想当初，说起猎头，人们的第一反应都是职业挖角的，说起来不好听，听起来也让人心里难受。其实，任何职业的存在，都有其理由和必要性，尤其在这个信息爆炸的时代，猎头已经成了职场流动的必要催化剂，对一个职业作出偏见性的理解，本身也是一种思想上的狭隘。

或许因为近年来，猎头这一行业真的已经得到了大众的正确认识，我作为一个混迹猎头圈十多年的老猎头，也开始频繁接受各家媒体以及自媒体的采访。作为传播者，他们也想真正了解猎头，并且向大众传达对猎头的真正理解。

在接受采访的过程里，一方面，我为整个社会的职场风气之变化感到欣喜，也为猎头能够从偷偷摸摸的“挖角者”，变成可以在光明中扬眉吐气的职业而欣慰。

会产生这种喜悦和欣慰，不仅仅是因为我自己身为猎头的职业荣誉感，也因为职场人能有更多的选择，职场能更加多元化。从此猎头不再是精英跳槽的专利，而是很多职场人求职的必需品。

我想起了自己刚做猎头时的三个故事。

第一个故事，是2007年，我刚刚在郑州做猎头，那时候我受邀参加一个高端的沙龙活动，被朋友介绍认识某公司的老板。当我把名片递给这位老板时，他问了一句话：你们猎头专门挖企业的墙脚，就不怕企业报复你们吗？

当时我说不出自己是一种什么心情。自然，朋友是出于好心，希望能够帮助我多联系一些人，希望我能通过在这个沙龙上的活动，寻找到合作的机会，却没想到，对方一开口，就将我定义成了专门挖企业墙脚的人。

这件事让我思考了很多。究竟为什么，一份正当的职业会让人产生这样的误解呢？自然，他的误解也不能说是空穴来风。猎头从事的工作，原本就是寻找到优秀的职业人，将他们介绍给更加适合他们的位置。这在企业看来，似乎就是挖墙脚，没毛病。

但是，在猎头看来，让真正的人才去真正能让他们发挥能力的地方，这是对整个职场大环境的改善。倘若一位职场人所处的企业，就是他目前最好的归宿，那么猎头根本没有任何理由强行将其劝走，不会劝到其他反而并不适合他的地方。

那位公司老板，之所以会产生这样的偏见，与其说是对猎头本身的不了解，不如说是当时的职场大环境还不够成熟，还不能给猎头一个准确的定义。

第二个故事，是2008年，当时我自己创业，在某地租房子，见到房东时礼貌地递给他一张名片，房东看了看名片，竟然问我：你们公司是专门做猪饲料的吗？我差点笑出声来，但还是认真解释说，我们不是做猪饲料的，我们是猎头公司，不是猪头公司。

这段经历每每想起都觉得很有趣。当然，从侧面来说，当年社会上对“猎头”这个名词确实还是太过陌生。

第三个故事，也是发生在我刚刚做猎头的时候。这个倒也不能说是故事，那时候，我们深知自己在整个职场社会上处于边缘地带，因此我和客户或候选人交流之前，都会先给对方发一个邮件，告诉对方什么是猎头，猎头是做什么的等。之所以印象深刻，是因为大概很少有一个行业，在与人交流时，还要先介绍一下行业本身的性质。

想想那时，有点好笑。而如今呢？猎头行业不但被大众接受，更是很多公司招聘中高管和核心技术人才必需的招聘渠道，猎头已经受到极大尊重并且是很多年轻人向往的职业。

在我的十年职业生涯中，猎头真正经历了一开始的被人误会到现在的“不联系猎头的职场人不是合格的职场人”的转变。

前几个月，一个人添加我的微信，对我说：我已经毕业12年了，目前没有见到一个猎头联系过自己，是不是职业发展太失败了？接着，他二话没说，就先把简历发给我，让我帮助看看，到底为什么没有接到过猎头的电话。

关于简历，我们可以单独章节来阐述。只是从此人这个境遇本身可以看出，如今职场人如果毕业5年内，没有接到过猎头的电话，这只能说明他的职业发展不够优秀。

不仅仅是职业经理人，很多创业者或优秀公司的大Boss，见到我也会说：没有你们猎头的帮忙，我们未必能快速招聘到这么合适的高管。可见，这些企业的Boss，已经认可了猎头为他们提供的服务。

有一次，我参加一个活动，一家C轮公司的创始人开玩笑说，你们猎头既让人喜欢，又让人讨厌，但无论如何，都要感谢你们猎头。他还说，如果哪位创始人不认识一些猎头，就说明该企业发展不好，或说明创始人太保守。

想起十年前，再看看现在，不能不说，真的是猎头的春天到了。

先看一组数据，就能明白猎头行业的发展现状：某网站发布的《2016年人力资源服务行业发展报告》显示，当前中国中高级人才寻访服务的全行业产值预计超过500亿元，2020年行业市场规模预计将达900亿元，年复合增长率高达20%。

从猎头市场份额来看，猎头行业是一个发展非常快的行业。这还说明一个问题，猎头行业已经是国家经济发展的晴雨表了。从我这十年猎头经验来看，如果哪年猎头公司的生意好，就说明经济发展一定非常好；如果猎头公司生意不好，企业家就应该调整公司战略了。

从这几年政府对猎头的支持来看，目前政府已经允许猎头帮助政府事业单位搜索中高端人才了，这更是猎头行业的一大进步。

说起来，这只是政策上的改变，但是，如果结合历史的发展，结合整个大环境的状况，一个行业，从社会上的偏门位置，到获得政府的信任与支持，这完全是质的变化。短短十年，就能让这个行业发生这样的变化，足以说明，这一行业是这个时代应运而生的产物，是必不可少的重要的时代组成。

除了政府鼓励和支持猎头帮助事业单位和政府搜索人才外，还有地方政府为了鼓励猎头行业的发展，专门出台了凡是帮助从本地区企业或从外地挖来优秀人才，参与该区域工作的，会给予猎头公司相应补助的政策。

如果加上这些数字的话，猎头行业到 2020 年市场规模将不再是 900 亿元，而是必将超过 1000 亿元，未来还会更大。猎头行业的发展，也会进而促进职业征信、SaaS 等行业的发展，到了未来，还会有更多与猎头相关的人力资源公司上市。

猎头，已经不再如当初那样被人误解成简单的挖角者。如今的猎头，已经是被职场人和企业广泛认可的职业，未来，猎头更会作为真正高大上的行业出现在大众的面前，猎头行业，必将是一个永远的朝阳行业。猎头，也不再是精英跳槽的专利，而是很多职场人求职的必需品！

猎头的人才地图

每个人对人才的判断都有其自身的标准。有的人认为，在学校时成绩高的人，才能称作人才；也有人认为，沟通能力强的人才算是人才；还有人觉得，只要在某方面有一技之长的人，就算是人才。

所以，究竟哪种才是真正的人才？

其实关于这一点，并没有一个确切的答案。但是，对猎头来说，对人才的判断，却是有一定规律的。也就是说，在猎头的眼里，只有符合某些特定条件的人，才能算作人才。至于我所说的规律，就是猎头绘制的人才地图。

什么是猎头的人才地图呢？人才地图，简单地说，是指能够帮助企业明确关键人才发展的现状，了解关键人才的整体优势、弱势的战略地图。

为什么要制作人才地图？短期来说，自然是为了能够更有效地招聘以及帮助企业挖到优秀的人才。长期来说，是为了了解人才分布，了解行业发展动态，以及行业薪酬情况等。作为猎头，必须要做到能够对人才“一览众山小”。

猎头在绘制人才地图时，主要关注的内容包括以下几点：

1. 公司名称、组织架构、职位信息、上下级关系等。

2. 岗位职责、薪酬范围。

3. 候选人姓名、私人联系方式、职位、简历、上升通道等。

4. KPI、薪酬发放方式等。

5. 候选人兴趣点、跳槽动机等。

当绘制好人才地图后，猎头会根据地图上的分类，再去筛选人才，帮助人才寻找适合他们的位置。

有一次，我在南京宴请一位从外地来出差的老朋友，席间讨论起了关于人才的话题。该好友认为，现在的职场大环境里，能进入大公司或独角兽公司的人才、专才寥寥无几，很多人才都困在了小企业，他们其实是非常有能力的，却缺少被发现的机会。他还提到，现在猎头的确促进了人才的快速流动，也使人才价值得到了提升，但猎头只是寻找现成的人才，然后进行撮合交易，给人才一个更高薪的机会。这种机会往往只是让人才从一个公司流动到另一个公司而已，却没有真正地让人才得到更大的才华展示，让人才价值更好地放大，被更多雇主了解和认可。

我其实也比较认可该朋友的观点。的确是这样的，猎头只是人才寻找机会和展示自己的一个通道，这种展示往往只是被动地展示。真实的人才更想通过一些媒介来主动自我展示，让更多的人员或雇主了解自己、认识自己。

由于找不到这样的媒介，很多真正的人才就这样被埋没了。

对大公司来说，很多人才经常出去做分享、演讲等，是因为他有这个机会。这个机会和人才本身的能力大小关系不大，反而跟公司的背书和该职位的性质的关系更大。也可以说，只要大公司和大公司的该职位存在，那么这个人总有机会，哪怕他未必真的有多少才华。就好像很多公司请你参加活动，并不是看中你本身的能力，而是看中你背后的公司和你所在公司的职位。

所以，猎头要积极绘制人才地图。有时候，真正能看清楚事物全貌的，往往并不是当事者。能看清楚整体人才排布规律的，也往往不是企业或者人才。猎头作为职场上的第三方，是排除了企业出于自身利益的偏见，从一个客观的立场上，去评判人才的。

只要猎头真正将整个该区域内的职场情况做到了如指掌，并且真正做到与企业及人才进行了充分的沟通，那么人才就很难被埋没。

这里说一个真实的案例。某公司电商总经理在职时，很多大型会议都请他去演讲、搞分享，但这位电商公司总经理离职后，这些大型会议和活动就都不请他了，而是请接替他的新人。当我和这位总经理聊天时，他说，当初很多会议和活动请的根本不是他，而是他背后的资源。

大公司人才具有天然的资源。这些人可能的确很有能力，但很多人看到的未必是他们自身的能力，而是看中他背后的资源。那么对小公司的人才来说，没有这种资源，又该如何展示自己呢？

如果想通过大公司的做法，被很多大型会议或活动邀请去进行展示，这种机会几乎是不存在的。不是说他们的能力不行，而是因为他们背后没有强大的资源做支撑。

你可能会说，通过猎头挖到大公司工作一段时间，不是就解决问题了吗？事实证明，这个途径非常难。现在的大公司招聘，基本上都是校招进入或对等社会招聘。校招，也基本上都是名校的校园招聘。那么非名校的学生该怎么办？他们只能是进入其他中小企业，而一旦你进入了中小企业，尤其是你有了第一份工作后，以后再想进入大公司，机会就会变得非常渺茫。

事实就是，你的求职通道决定了你在职场能走多远。不管你是通过招聘或通过猎头或其他渠道，他们招聘时都很关注人才对等。所谓对等原则就是他们给大公司招聘，基本上都从相对应的大公司挖人，因为思维和认知相差无几，便于融入和工作的开展。

假设某独角兽公司招聘一位总监，该独角兽公司肯定要求人员来自比自己公司更厉害，至少也得是相差不大的公司。如果猎头帮助他们挖一位小公司出来的人才，不但无法通过简历筛选，反而还会影响猎头的自身品牌。

这种对等招聘原则，致使很多中小企业人才被埋没。这里所说的人才被埋没不是说人才找不到好的工作，而是人才不能更好地让自己的价值展现给更多人，不能让更多的伯乐发现，进而让人才价值不能得到更大的提升。

从根本上来说，这种对等招聘原则本身就存在着很大的错误。错误的原因在于，这种原则并没有从人才的角度来思考问题，而是完全站在自己“买人卖人”的角度去思考。

很多人，提前先把框框设定好，然后再根据这些框框去找人才，这无非就是将人从 A 挖到 B，然后月薪提升 20%—50%，这可能会帮助某个人提升了一点点薪水，但对整个行业发展来说，并没有什么真正的意义。

真正的用户思维是让人才能够发自内心，通过某种媒介将自己最擅长的绝活（能帮助公司解决实际问题的能力）展现出来，而不是提供规划好的内容，用一个萝卜一个坑的填埋方式去处理人才。

在多年的猎头生涯中，我看到过太多人才被埋没的案例，虽然我通过自身的能力解决了一些问题，但仍然太少太少，只能说是九牛一毛。而如何真正解决人才埋没的问题，任重而道远，还需要更多人才参与进来。

目前，猎头在绘制人才地图方面还处于初级阶段，可以说，几乎没有哪家猎头公司能够真正做到将一个区域内的人才地图完整绘制出来。但是，作为猎头，应该将绘制出完整的人才地图作为自身目标。一份漂亮的人才地图，一方面，能让猎头对该区域的人才分布情况了如指掌；另一方面，也能让职场上的每一个组成成分都充分发挥出最大的效用。

跳槽就是选老板

我一直信奉一句话：“人，不能让别人成为自己的心腹，就要成为别人的心腹。”这个信条和陈春花说的“自己不能成为老板，就为自己找一个好老板”，是同一个意思。

正如蔡崇信所说，如果没有遇到马云，他不会这么成功；如果没有张朝阳14年默默地支持王小川，就不会有王小川带着母亲去纳斯达克敲钟的机会；如果没有王兴六顾茅庐去杭州请干嘉伟加盟美团，也不会有干嘉伟现在的成就；如果没有刘永好三顾茅庐去请陈春花出任六合集团CEO兼联席董事长，也不会有陈春花今日的锦绣前程。

说这些，不是否定他们的个人能力，我相信即使马云、刘永好、张朝阳、王兴等老板不出现，蔡崇信、陈春花、王小川和干嘉伟们也一样能成功，但是否能达到现在的高度，就另当别论了。

那么，这些高端职场精英到底做对了什么？仔细分析就会发现，他们有一个相同的特征，那就是对老板要求极高。因为只有选对老板，才能使成功概率更大。

事实上，并不是人人都适合当老板。有的人天生是领导之才，适合做老板；而有的人，即使坐到了那个位置上，也不过是浑水摸鱼罢了。那么，当你决定要跳槽时，作为职业经理人，该如何为自己选择一个好老板呢？

第一，志同道合。所谓志同道合，应该分开理解。首选是志同，然后才是道合。如果志不同道不合，无论老板给出多么诱人的高薪，都不要考虑，因为你的高薪只是昙花一现。

志同道合就是你和你未来老板的兴趣和价值观一致，这才是选择的前提。现实中，很多人一味追求高薪，最后却直接死在了追求高薪的路上。

我认识一位职业经理人，他的能力很强，但最大的缺点就是不知道“功成身退”的道理和太在意高薪。

当我推荐他去某家公司时，一开始就告诉他，虽然这家公司的工资很高，但老板的性格和价值观都和他并不一致，他们不是那种志同道合的人，不如放弃该机会。然而这位候选人并不同意我的说法，他认为职业经理人就是因高薪而生存，只要企业给出高薪就可以试试，哪怕工作一年也行。

在候选人的坚持下，我也只能妥协，但我最后还是提醒该候选人，把该职业经历当作一个咨询项目来对待，一定要知道“功成身退”的道理，虽然对方给的薪资很高，但也不能工作太久，解决完企业问题，就可以离职了。

为了对三方都负责，我也提醒客户公司的老板，说该候选人未必是最合适的，要不要再看看其他的候选人，也给其他候选人一个机会。但客户公司的老板说，公司现在遇到的问题，正是该候选人最擅长的，他可以来帮助公司解决问题。既然双方你情我愿，我也无法再做更多劝阻。

最后的结果是，一开始，这位候选人在那家公司的工作还比较顺利，但是时间稍久一点之后，他们就发生了价值观的冲突。该候选人无法接受公司的一些做法，而公司方也不能接受该候选人的一些坚持，就这样，双方在合作过一段时间后，最后还是不欢而散。

在这个案例中，尽管我作为猎头挣到了属于我的那份猎头费，但这种钱赚得并不让人开心，比起获得一时的收入，我更希望看到双方能够更好地匹配合作。

第二，老板本身的格局、胸怀和视野。公司能走多远、能做多大，和老板自身的格局、胸怀和视野有很大的关系。而作为职业经理人，对老板的选择尤为重要。

如果刘备当年没有降低姿态三顾茅庐请诸葛亮，也未必能有火烧新野和未来与曹操、孙权对抗的状况发生；如果没有刘永好“三顾茅庐”和辞去六合集团董事长职位的姿态去请陈春花教授，也未必能把六合集团从 119 亿元市值做到 500 多亿元市值规模；如果没有王兴的“六顾茅庐”去杭州请干嘉伟加盟美团，美团的地推团队也不一定做出今天的成绩。

这些都足以说明一个老板的格局和胸怀。只有当老板具备这样的格局和胸怀，才能带领公司走得更远。

如果你是上面所说的那样的人才，或者不需要那么厉害，你只要在你的行业有独到之处，那么，懂得珍惜人才的老板就自然会对你足够重视，甚至对你礼遇有加。遇到这样的老板，你就可以放心跟随了。

倘若你没有被这样的老板青睐，那也没关系，你只要擦亮双眼，看清楚你想要跳槽的公司的老板对待公司其他人的态度，尤其是对待那些真正有才华的员工的态度，通过老板对待他们的方式，就能看出这个老板是否值得托付。

当然，除了对待人才上的虚怀若谷，在公司发展方面，也可窥见一斑。在你跳槽之前，最好先通过各种途径，对该公司近两年的发展做一些分析。主要分析内容是公司的重大决策，以及该决策的后续影响。如果公司做出的很多决策都在后续的市场发展中验证了其正确性，那么也可以看出，该公司的老板具有卓绝的眼界。

第三，充分信任。信任是职业经理人能否把事情做成功的关键。没有信任，就不会有支持，没有支持，更不会有授权。

我曾经见过一位职业经理人因为没有完成公司业绩而被老板开除了，无奈之下，该职业经理人便只身跑去大城市创业，成立了自己的公司，目前该公司基本上成了独角兽。

那么，前面的问题，究竟是老板的问题，还是职业经理人的问题？不管谁的问题，在关键问题处理时，往往是强势的一方击败弱势的一方。如果该公司的老板可以像马云、张朝阳、刘永好和王兴一样，有那么大的格局和信任，就不会出现其他的独角兽，而是会让自己公司成为独角兽。这件事情归根结底在于信任，没有强势一方信任弱势一方，就不会有互信之说。

假如该公司的老板没有把该职业经理人干掉，而是信任他、放手让他来做，那么老板自己的公司就极有可能会成为独角兽。当然，想让老板信任职业经理人，对职业经理人来说，自己的能力和人品也必须过关、必须靠谱。

当然，在建立正式工作关系之前，候选人与老板之间只不过是陌生人，更谈不上信任。但是，候选人可以通过其他途径，比如通过猎头，或者是通过该公司的论坛、该公司的其他员工等，去了解公司老板与员工之间的信任程度。如果一个老板经常信任员工，那么这种口碑也会被流传出去，拥有这种口碑的老板，也是可以去跟随的。

作为职业经理人，最大的区别不是在于能力，而是在于有没有为自己选择一位合适自己的老板。如果你没有为自己选择一个适合你的老板，那么在同样的时间内，其他人成功了，实现了财富自由；而你的时间却浪费了，忙忙碌碌也只是挣了一点辛苦钱而已。

选择一个好老板，和选择老婆或老公同等重要。职场朋友们，当你们决定要跳槽时，一定要做好选择，有时候，选择比能力更重要。只有找到志同道合、拥有足够的胸怀格局和视野、彼此互信的老板，才会有飞速的提升。

职场上的田忌赛马

一些职场人士在跳槽找工作的时候，开口闭口就是高薪，动不动就要薪酬翻倍。当然，薪酬永远是重点要考虑的项目，如果薪酬不能增长，那么对需要养家糊口的职场人而言，可以说就没有任何跳槽的意义了。虽然也有一些工作，薪酬不高，但有无限的潜力，可是即便真的从事了这样的工作，最终目的也还是希望当公司潜力发挥出来之后，自己的薪酬也可以水涨船高。总之，归根结底，薪酬还是很重要的。

但是，如果只是盲目地追求薪酬，对自身和公司都缺乏认识，那么到头来，就未必能够得偿所愿了。那么，当职场人跳槽时，究竟应该采取怎样的跳槽方式才是正确的，以及在跳槽时，什么样的薪酬才是可以接受的呢?

我碰到过一位求职者，在通过沟通交流后，从侧面了解到对方当前的薪酬和跳槽的动机，发现他之所以想跳槽，竟然是因为期望薪酬可以翻倍。职场人士跳槽期望高薪酬是非常正确的，而且很有必要，但是千万不要太贪心，有时候，正是因为贪心，才导致跳槽失败。

到这里，我想到了田忌赛马的故事。这是战国时期关于人才管理的一个十分典型的案例，这个案例一直流传到现在，是有其独到之处的。而现在的很多职场人士，他们的想法，却刚好与这个案例背道而驰。

首先，一些人职场定位不清，胡乱跳槽，最终导致跳槽失败。

很多人并没有静心思考过自己的未来职业发展，只要有机会就会跳槽，然而最后正是这些貌似的机会导致自己跳槽失败；而有些人一直在思念过去和虚想未来，并没有脚踏实地，从而让自己的跳槽寸步难行。

另外，只要碰到好的并适合自己的机会就可以考虑跳槽，毕竟真正的机会实在太少了。某公司人力资源总监想跳槽，但为了让猎头给她谈更高的薪酬，一直迟迟不给猎头回话，不去说明自己跳槽入职的具体时间等其他事项。猎头万般无奈下推荐了另外一位候选人入职，而这位候选人恰恰是这位想让猎头给她争取高薪的人力资源总监的原下属。当这位一直晾着猎头的人力资源总监知道这个消息时，非常后悔。她后来对我说，只要看到适合自己的公司和好的发展机会，就要当机立断地跳槽。

再回到田忌赛马的故事，一个关键点就在于，要给马归好类。你是上等马、中等马，还是下等马，一定要有一个清晰的认识。当然，田忌赛马中的原则是，自己的上等马比对方的中等马，自己的中等马比对方的下等马。但是职场不是比赛，在职场中，倒不如说，是要给马一个合适的马厩。上等马要去上等马厩，这才是最合理的安排。

你要跳槽，你就要先想清楚，你自己是哪一种马，适合进入哪一间马厩，只要找到适合你的那个马厩，就不要再犹豫。

其次，人不能因为追求高薪致使自己迷失方向，甚至自我迷茫。

高薪是职场人士梦寐以求的事情，但追求高薪要根据自己的实力来定，不要大脑一热就要求企业或猎头薪酬低于多少不入职，等等。职场人士在跳槽时，一定要在对自己进行认真评估的同时，摸清同类大小公司的市场薪酬水平，只要高于市场薪酬的20%以上就可以考虑跳槽。千万不要期望高于市场薪酬的许多倍，这样只会使你跳槽失败。

用田忌赛马的理论来说就是，你明明只是一个中等马，却要去与对方的上等马比赛，那你自然只能输。你是中等马，就要去寻求中等马的薪酬，千万不要眼高手低，身为中等马，却做着上等马的梦。如果你真的想要得到上等马的薪酬，那么就先磨炼自己，把自己变成上等马再说。

再次，跳槽时，如果用同样职位应对不同类型和大小的公司，就会导致薪酬差别很大。

很多人跳槽，只要看到职位就首先考虑到大公司的薪酬，而忽略了成长型企业的承受能力。假设你是一家公司的运营总监，而你在跳槽时看到的是运营总监这个职位，完全没有考虑公司的大小就开始胡乱要价，这样只会让对方拒绝你的要求。

我碰到过一个求职者，简历上写的是腾讯公司运营总监，期望薪酬 3 万元。当我看到这份简历时，就判断简历有问题。我在网上找到他现在的公司，发现他所在的公司只不过是腾讯下属孙子公司。现在有些人的胆子实在太大，明明是孙子的名字，却要写成爷爷，目的就是获得别人的认可和自己期望的高薪。

这样的人非常多，你可能碰到很多人在某某集团下属公司任职，而在跳槽时，他却不把集团下属公司写清楚，而是直接写上某集团公司的名号。我只要碰到这样的人，一律不予面试。

用田忌赛马的理论，这样的人，就是明明是个住在上等马厩中的下等马，却因为住的是上等马厩，就想要上等马的草料，显然只能以失败告终。

另外，还有人错误地认为，只要猎头来电话，就能薪酬翻倍，跳槽必然成功，可以高枕无忧。这个现象十分常见，很多职场人士接到猎头的电话就认为自己可能要跳槽成功，到处说猎头推荐年薪百万的职位，而他自己却放弃了等。不要忘记，猎头给你打电话，不能说明你一定就适合猎头推荐的职位，即使适合该职位，也会至少 5 个人和你竞争，不笑到最后，不要到处说猎头推荐的职位不考虑等，更不要以此来要挟公司给涨薪或在同事面前吹嘘自己。否则，最后失败了，尴尬的只能是你自己。这就好像，你以为你被牵出了马厩，就一定能赢一样。其实是赢是输，还得要比过之后再说。

最后，还有一些人职场跳槽临时抱佛脚，平时工作稳定时不联系猎头，甚至拒绝和排斥猎头，等到要跳槽时又求猎头帮助自己找到高薪职位。

我做猎头的时候，就碰到过这样一位人力资源总监，他非常强势，自己不跳槽时，从来不联系猎头，而当他打算跳槽时，又不断给我打电话，一定要请我吃饭，甚至特意带着水果到我办公室，让我帮助其跳槽。这样两副面孔的人，又有谁会愿意真心相待呢？

那么，正确的做法是什么呢？在我看来，平常不跳槽、职位稳定时，要和至少 10 个行业内靠谱和知名猎头保持交流，成为他们的朋友，平时多和他们交流，能帮助他们就帮助他们一下，不要忘记，帮助别人就是帮助自己，让猎头真正成为你跳槽的助推器。

就算你真的是一匹好马，也要记得时常吃草料，更要记得与给你喂草料的人保持足够的联系，否则当你需要草料时，却找不到人，那上等马也要被饿成下等马了。

总之，当你跳槽时，最好先仔细思考。先给自己一个明确的定位，要看清楚，自己究竟是上等马、中等马，还是下等马，只有看清楚自己，才能明白最适合自己的是什么。

盲目追求高薪，看起来是在给自己争取更多的福利，实际上只是对自己不负责。你想要上等马的薪水，得先把自己变成上等马才行，如果你自身并不具备上等马的条件，那就先按照中等马的标准去要求薪酬，再去努力成为上等马，这才是真正对自己负责的做法。

如何进行薪酬谈判

我时常接到一些高管的跳槽咨询，发现尽管他们年薪百万，却对于自己跳槽时究竟值多少钱这件事，依然缺乏一定的分析和判断。那么，究竟怎样才能知道自己究竟值多少钱？怎样才能给自己一个明确的定价，并通过这些定价进行薪酬谈判呢？

以某位高管的咨询为例，他被某家猎头推荐到北京的一家公司，对方承诺的月薪是 12 万元，但根据他给我提供的资料，我认为他的月薪应当谈到 15 万—20 万元才是合理的。

因此，我按照他原本的薪酬标准以及为上一家公司创造的价值和自带的资源等条件，建议他以月薪 18 万元的标准进行谈判。经过我的指导，他最终谈判达成的月薪是16.5万元，并且期权也比原来多了20多万元。

这件事情不禁让人思考，为什么包括这位在内的很多高管，对自己的判断与实际情况会如此悬殊?

为了弄清楚这个问题，我对当下的职场人进行了一定的了解，发现很多职业经理人对自己的薪酬定价十分不科学，都是“想当然”地给自己定价，比如：

1. 错误地认为自己跳槽后的薪酬就应该比原来的薪酬高，哪怕是被动离职的经理人。

这种思维方式是大错特错的，真正的跳槽不一定非要比原来的薪酬高，比原来薪酬低的可能性也很大。比如某房地产公司一位研发总监跳槽后，月薪甚至比原来少了将近1万元。他之所以会跳槽，是因为跳槽的动机和需求点不同，并不仅仅是追求薪酬。

2. “想当然”的薪酬依据。

有些人对薪酬的依据完全是根据数额本身。比如有些人认为，如果自己跳槽后薪酬能上浮20%，这样会考虑跳槽；如果能上浮50%，就会毫不犹豫地跳槽；如果能翻倍，就恨不得马上离职，去新东家报到。

这种“想当然”的跳槽十分不科学。我碰到过很多这种跳槽者，他们最后的薪酬谈判都不理想，这是因为他们没有用来谈判的薪酬依据，无法打动企业的HR或未来的Boss。

3. 想通过原东家的资源来为自己获得高薪。

有一些跳槽者，他们自己带着一些原有资源，比如老东家的客户、资料等，他们以这些资源为筹码来与新东家进行薪酬谈判，以期获得更高薪酬。

这种想法实际上更加愚蠢。我面试过一位猎头顾问，她说自己手中有很多个老东家的客户、简历、通信录等，她以这些为条件，让我多开2000元薪酬。我听她说完后，直接让她离开了，对我来说，这种人坚决不能用。因为，她现在能带着老东家的资源和信息来找我，以后也能带着我的资源和信息去找别人。

实际上，会出现这些“想当然”的薪酬定位，并不是因为他们太任性，而是他们并不知道怎样给自己的薪酬定位才是正确的。很多人都能够感觉到自己的能力与薪酬并不匹配，能够察觉到自己的薪酬过低，但又不知道薪酬低的原因，到头来，他们只好将薪酬低这件事归结于自己不会进行薪酬谈判。

其实薪酬并不是靠谈判争取到的，而是要通过自身的实力来交换，只有通过自身实力，科学地为薪酬定价，才有可能真正为自己争取到实惠。

所以，究竟如何进行薪酬谈判，才不是“想当然”，才是更科学的呢？

首先，要先给自己的薪酬定位一个标准，这个标准不能想当然，要根据自身的实际情况。

1. 参考原工资标准和为原公司创造的价值大小。

你的定位来自你过去的成绩，你的价值在于你曾经创造多少价值。你过去的工作经历是有迹可循的，如果你原本的工资是 10 万元，那么在其他条件都不变的情况下，你的薪酬标准至少不应该低于 10 万元。当然，如果改变了其他条件，这个标准也要有所改变，比如，在有一些地区，同样规模的公司和同样的职位，薪酬可能就要低一些，如果你去这些地区工作，就要将这些客观条件考虑进去。

2. 自己的经验和能力是否能解决即将加入的新东家所面临的问题及预估创造的价值。

对自己能力的判断也是能力的一种。你得知道自己能做到多少，在这个问题上，不能妄自菲薄，也不可以妄自尊大。

3. 可以参考自带资源等条件。

自带资源也是能力的一部分，前提是，这些资源的确是你自身的资源，而不是前公司给你的资源。这里就需要明确一个界定标准，如果你的资源的确是你在前公司工作期间积累下来的，那这个资源究竟该算是前公司的资源，还是你自己的资源。

对于这个问题，如果你的资源涉及前公司的机密，或者当你离开后，前公司还可以继续使用这些资源，那么那就是前公司的资源；如果你的资源随着你的离开而离开，前公司无法继续使用这些资源，并且资源本身也没有涉及前公司的机密问题，那它就是你的个人资源。

给自己的薪酬定价时，就可以根据以上三点来做，此外还要记得，每一点都要根据事实和数据说话，实事求是，这样才能让新公司的HR或你未来的老板相信你并认可你的价值。

其次，当明确了自己的薪酬定位后，又该如何与面试公司谈判呢？

其实只要你对自己定位明确，并且能够实事求是，那就已经胜利了一大半，不过，在具体谈判时，还要注意一些细节，如果能够将这些细节都面面俱到，那么谈判的胜算就会更大。

关于具体的谈判细节，需要注意的有以下几点：

1. 分析和了解新东家对该岗位的真实要求，做到知彼知己。

在向新东家提出要求之前，首先要了解新东家的需求，然后将其与自身条件进行匹配，看看该职位是否真正适合自己，了解自己能否为新公司创造价值。只有那些真正能与你匹配的东家，才能够给你创造价值的机会，你也才能够有底气地向其提出要求，否则你就算有百般技能，却无处可用，最后也只是做了无用功。

2. 要了解新公司面临的问题是什么。

如果一个公司对你有需求，那么必定是需要你帮助其解决问题，如果你连该公司面临的问题是什么都不知道，那就更不用谈替公司解决问题了。反之，如果你能先发制人，在面试这一关就提出能够帮助公司解决哪些问题，那么公司自然也就愿意为你开出高薪。

3. 将你的经验和能力用精简的概括传达给公司。

你要告诉公司你具有怎样的经验，具备什么样的能力，这样HR和未来的Boss就会被你说服，相信你是解决公司目前遇到问题的最佳人选。

4. 了解新东家给该职位的薪酬范围和同类公司的市场薪酬范围。

5. 了解该职位的紧急程度和稀缺性。

对即将跳槽的职业经理人来说，只有了解了这些信息，才能做到知己知彼。当你真的对新公司有了足够的了解，那么除了有助于薪酬谈判之外，还会帮助你更好地融入新环境。

总之，职业经理人跳槽的薪酬不是靠谈判得来的，而是靠自己的经验和实力交换来的。最重要的是你的能力，否则哪怕你的谈判能力再强，也没有任何用处。

正确的 timing

在企业的中高管人员的跳槽咨询中，被最高频次提及的问题是：什么时间跳槽最合适。

对普通职员来说，跳槽是一件很简单的事，可以像旅游一样说走就走，甚至不高兴的话，走的时候搞点小破坏，比如工作不正常交接、电脑清空等，都不会对自己和公司产生什么影响。但对企业中高管来说，这却是一个看似非常简单，其实颇具难度的工作。

对中高管而言，跳槽的难点在于，每一次跳槽的背后，都关系到其职业生涯的发展。如果迷失了方向盲目跳槽，不仅可能导致跳槽失败，还可能导致职业生涯从此进入下坡路的状态，甚至被职场淘汰。

我认识一位 42 岁的职业经理人，他由于经受不了外面高薪的诱惑，放弃了现有的优渥工作而跳槽。跳槽后，虽然薪酬涨幅的确高达 50%，但他连 6 个月试用期都没有熬过去，在试用期内就被新公司辞退了。

他只好再次求职，却接连遭遇不顺，连续面试了近 15 家企业都被拒绝。他被拒绝的理由有很多，其中主要有以下几点：

1. 上一份工作时间太短。

2. 背景调查发现上一份工作是被公司辞退。

3. 42 岁，年龄太大，又加上断档工作，等等。

在这种情况下，他持续折腾了近 7 个月都没有找到适合的工作。最后碍于生活压力，他只好放下面子去原下属手下工作。就这样，他成了典型的领导变下属的案例。

所以说，跳槽并不应该随心所欲地决定，因为一旦搞不好，你的职业生涯就有可能面临灾难性的地震。

那么，为什么会出现跳槽失败的情况呢？以我经历过的案例来说，主要在于以下几点：

1. 职业经理人每天都在狭小的空间和人脉圈子里面工作，看似开放，其实相对比较封闭，对外面世界缺乏了解。

2. 职业经理人大部分时间在低头拉车、埋头工作，没有时间抬头看路，因为每天背负的 KPI 太多，根本忙不过来。

3. 职业经理人与猎头之间的关系处于被动，大多数人没有提前接触猎头的习惯，而是临时抱佛脚。

在猎头眼中，一旦职业经理人主动找猎头，往往是职业发展出现了问题。在与猎头的关系中，这并不是一个好的开始。在心理学中，猎头会倾向于认为，只有主动出击寻找的猎物才是好猎物，这就出现了矛盾点。

由于以上几个原因，职业经理人往往找不到一个正确的跳槽时机，于是当他们想要跳槽的时候，就可能会因为一时不慎而毁掉自己的职业生涯。

那么究竟跳槽的正确时机在哪里？怎样跳槽才是正确的？

1. 每年 10 月到次年 4 月，是职业经理人跳槽的黄金季节。

特别是 10 月到春节放假前，是跳槽最好的时机。这个时候，你可以拿完年终奖后再去新东家工作，为职业生涯做出完美的节点。或许有人会说，也有公司年终奖是次年 5 月发放。当然，每家企业情况不同，所以要根据公司实际情况来灵活调整。

2. 项目结束后，不要急着选择新项目。

对职业经理人来说，当考虑跳槽的时候，一定要好聚好散，千万不要项目做一半就忽然不干了。这样即便你可以不负法律责任，在道义上，你也过不了这一关。

比如成都的一位 IT 工程师，他因为一个高薪的机会，在项目中途跳槽，公司因此面临损失，于是在其离职证明上做出说明：该员工在项目未结束且未做工作交接的情况下跳槽。可想而知，当他拿着离职证明入职新东家时，必然被新东家拒绝。

无论如何，不要急功近利，哪怕真的很想要进入新的工作，也要先将之前的项目做完，画上一个完美的句号。做好工作交接，好聚好散，才不会“聪明反被聪明误”。当一天和尚撞一天钟，哪怕第二天就要还俗，这一天也得好好把钟撞好，这样才是一个合格的职场人。

3. 职场中有一种现象，当你感觉工作状态非常舒服的时候，说明距离危机已经不远了。

一个人在职场生涯中的大部分时间，都应当处于一个上升的状态。我们知道，只要上升，就要付出努力，就要承受上升的压力，就要具有拼搏的动力。如果一个人没有拼搏的动力，而是大部分时间都在安于享受，那就说明他已经丧失了上升的机会。

所以当处于安享状态，身为职场人，就应当产生危机意识。如果在本公司内找不到一个可以让自己离开舒适状态的机会，对于45岁以下的职场人士，就可以在这时候考虑换一个地方。不过如果超过45岁，还是谨慎为好。

4. 在工作业绩达到空前高度，得到无数鲜花和掌声时，也是离开的良机。

这会是一个完美的句号，此时换工作，对你和你的老板来说都是非常好的时机。也就是《道德经》中所说的“功成身退，天之道”。

无数历史故事告诉我们，功高盖主是一件十分危险的事情。此时你不离职，未来老板也会绞尽脑汁将你拉下来，既然你已经有了足够的能力，那就没必要让自己陷入这种难堪的境地。

我认识一位职业经理人，他的能力非常强。他加入一家公司后，用了不到半年的时间就把项目核心问题都解决了。但得到的结果是：没有度过6个月的试用期。

他很郁闷地找到我做咨询。根据他的实际情况和直属领导的行事作风，我判断：这位直属领导并非不会解决那些核心问题，而是另有利益计算。如果项目推进太快，公司或许会立刻下派更多项目，这样就可能会影响顶层管理者的利益。比如有些公司经常做报告、开会、汇报，排期，这些都是有背后深意的。

职场上鲜花和掌声的背后，时常暗藏凶险。当凶险露出锋芒，主动离开，才是最好的选择。

5. 无意中卷入办公室政治，此时要小心，或许有人想让你离职了。

这个人，一定不是一般的小喽啰，而是比你级别高、在公司说话有分量的人。

某次，一位职业经理人找我咨询。他说不知道为什么，自己卷入了公司的办公室政治。结合该职业经理人的描述和公司概况，我当即就建议他做好离职的准备，越快越好。果然，不久后，他就被公司HRVP找到谈话，并暗示他主动离职，这样公司会给一些补偿。最后，该职业经理人朋友选择了“好聚好散”。

职场如战场，有时甚至比战场更可怕。虽然没有流血，却同样是生存之博弈。为了避免自己卷入战争，有时候离开是最好的选择，当然，这并不是做了逃兵，而是避开原本就与自己无关的战争。

对每个人的职业发展来说，跳槽都是十分关键的一环，它意味着薪酬的涨幅，意味着职场价值的一次重新定义，意味着整个职场生涯的一次洗牌。因此，跳槽前一定要做好权衡，最好可以找专业人士咨询，力求少走弯路。

无论如何，要让跳槽变成一件好事，而不是把一手好牌打烂。跳槽的过程中，要怀揣谨慎之心，警惕陷阱。外面的世界充满诱惑，看似广阔且光明，却也可能只是一场海市蜃楼。只有擦亮眼睛，才不会被假象迷惑。

职业经理人关于跳槽的考量

如今，随着经济自由化程度加深，社会发展越来越快，机会和选择也越来越多，很多人都认为没必要再像从前一样守着一个铁饭碗，因此，职场上开始出现一种新的流行现象，那就是跳槽。

对各行各业的普通从业者来说，跳槽或许只是一个简单的动作，但对职业经理人而言，跳槽却意味着要走向一个充满未知的世界。跳槽成功会给经理人的未来发展做很好的背书；可一旦跳槽失败，经理人的职业发展就会走下坡路。

不久前，我就接到过这样一位职业经理人的咨询。

职业经理人赵某大学毕业后进入某公司，从实习生开始，用了 12 年的时间，做到了公司的副总经理，但由于其他原因，他想出来看看外面美好的世界。因此，赵某在自己第一份工作走得非常好、处于上升阶段的时候，毅然选择了跳槽。可万万没想到的是，从此，他的职业生涯便进入了动荡期。

在咨询中，我从赵某的简历中了解到，其最近的五份工作，完全可以用“频繁跳槽”来形容。这五份工作中，没有一份工作是满一年的。正是这种不稳定的跳槽，让他的职业发展进入了一个可怕的恶性循环，他自己也陷入了迷茫和焦虑期。

看到这位职业经理人的案例，可能很多人都会有疑问，这么优秀的人，职业发展为什么会走下坡路呢？根据我与近 3000 + 的职业经理人一对一的交流经验和思考、总结，我认为原因如下：

一是前公司在自己职业发展上的烙印太深。一个人在一家公司工作时间太长，总会被其企业文化潜移默化地影响，并不自觉地将这种文化烙印带入新的公司但又很难融入新公司。就像我为另外一位职业经理人做职业咨询时，发现她说话都带有很强的前公司的烙印，原因就是她曾在前公司工作了 8 年。对此，我建议她，如果想要“忘记”前公司的文化，一定要带着“空杯”心态加入新公司，同时，在和新同事交流时，尽量避免使用前公司的案例或文化，如此，你才能尽快融入新公司。

那么，在一家公司工作多久跳槽会比较好呢？我认为，如果你在公司没有期权或股权，又不是早期骨干员工的话，在工作 3—5 年、公司发展最好的时候选择跳槽会有更好的选择机会，薪酬也最有可能通过跳槽实现翻倍或更高，而根据某杂志数据显示，如果在一家公司工作时间超过 8 年才跳槽时，一定会出现至少 3 年的职业动荡期。

二是惯性思维阻碍了对自身价值的重新评估。在一家公司工作久了，就很容易出现温水煮青蛙的效应，在这家公司中形成的惯性思维会让你根本无法对自己的价值进行重新评估，而是很容易陷入完全的拍脑式跳槽。我接触的另一位职业经理人，大学毕业后进入了某公司工作，从实习生开始，用了8年时间做到部门经理，但当他跳槽时，却发现自己并没有什么核心竞争力，感觉自己非常平凡，以至于最后连续几次都跳槽失败。

我在和他进行深度沟通后发现，他其实就是周鸿祎和马云口中那种“小白兔”式的员工，虽然他已经是部门经理，但他是在熬走了一拨又一拨的同事后，才最终被提拔到部门经理这一位置的。在这个过程中，他自己形成的惯性思维让其从未对自己的价值和能力进行过评估和跟进，于是，在这样一锅温水中，他既没有培养自己新的竞争力，原有的竞争力也丧失殆尽，所以跳槽只能以失败而告终。

三是把握不好跳槽的频率。不跳槽不好，但频频跳槽也不好。不跳槽，长久地待在同一个工作环境里，就很容易像死鱼一样，无法激活并快速成长，而只能成为态度很好、待人热情、团队意识也不错但就是能力很差、做不出业绩的“小白兔”式的员工，最后被公司淘汰；而频繁地跳槽通常又会被认为是做事没有恒心，同时也不利于自己在某一领域里专业知识、经验和技能的积累，更不利于真正的职业竞争力的培养。

因此，我建议，职业经理人一定要适度跳槽，否则，不仅你的薪酬无法保证提升，或许还会真的成为公司的“小白兔”，最后被别人当肉烤了吃掉。

总之，跳槽是职场人绕不过的一个坎，那么对职业经理人来说，跳槽到底应该注意哪些问题呢？我认为，职业经理人跳槽，应该考虑以下三点。

一、情怀很重要，但收入更现实。

现在越来越多的公司都在将自己打造成一个有情怀的企业，并且努力将情怀融入企业文化，以此来吸引有情怀的人才。前段时间，一位深圳的朋友找我做职业咨询，说自己因为情怀跳槽到现在的公司，入职一年后，发现自己真的错了，而且就错在情怀上。原因是她的老板在挖她的时候，讲的全部是情怀，而她降薪入职了该公司一年后，发现原来的承诺仍然是口头的承诺，一年后的薪酬和一年前的薪酬没有任何变化。对此，我告诉她说，天真和情怀很重要，但收入更现实。没有收入，你的生活质量就会降低，你下次跳槽时，新公司让你提供的工资流水证明恰恰会导致你再次跳槽后的薪酬也不会提升太多。即使给你的薪酬提升50%，但别忘记了，你的薪酬基数本身就很低，即使有所提升也根本拿不到高薪。所以，对于那些有情怀的、跃跃欲试的跳槽，我一定要再次告诫大家：情怀很重要，但收入更现实！

二、本次跳槽，能否为你下次跳槽做很好的背书。

很多人在跳槽时总是一味追求高薪，却忽略了职业发展的背书效应，从而导致高薪只是昙花一现。就像某资源型的职业经理人，为了高薪跳槽到某公司，工作一年后，因其他原因被迫离职。为什么资源型职业经理人的职业生命周期都很短暂呢？这是因为资源型职业经理人的使命就是解决阶段性的问题，一旦资源对接成功或阶段性问题解决，你的使命就完成了。对一个完成职位使命的人来说，对企业就没有什么价值了，企业也不会继续用高薪养你，你的职业生涯道路到此终止，你能选择的命运也只有一条，那就是离职！

三、考虑自己是否能融入新公司的文化。

对于能否融入新公司文化，是很多职业经理人在跳槽的时候最容易忽略的一个核心问题。很多人都认为文化太虚，没有必要关注，但事实上这是一种错误的想法。任何一家公司都有自己独特的企业性格和企业文化，一旦忽略这个问题，你的跳槽真的很可能会失败。

根据某官网的网站数据显示，职业经理人跳槽失败，68.79%的原因就是因为没有熟悉和了解企业的性格，没能很好地适应公司的文化。与其说试用期被辞职或离职，不如说是被公司文化淘汰。

跳槽就像是在海洋里行船把舵，给自己一个再修正的途径。对职业经理人来说，跳槽也是一个危险系数很高的选择。一旦跳槽成功，你的职业发展将再次进入职业黄金期；但如果跳槽失败，你或许永远没有好的机会，留给你的只有焦虑和迷茫。所以，我建议，跳槽有风险，行事需谨慎。

CHAPTER 9

第九章

成为你想成为的人

初级阶段：月薪10万元的简历如何写

简历，是一个人混迹职场的门面，也是通行证。它的重要性，我想不会有人否认。可如果说，一位刚从学校毕业的新人，简历写得不好还算情有可原。那么，对月薪达到10万元的高管来说，简历还写不好，就着实不应该了。而仅从我修改简历的经验来说，还真的有不少高管人才写不好自己的简历。

论理说，能做到企业高管，说明能力和情商都不错，也属于职场精英。但看起来，这些高管简历制作的水平和能力，与之对应的职位还是有点偏差。当然，问题必定不是出在这些高管们的能力水平上，根据我的分析，主要问题出在以下几点。

第一，陷入了问题的本身，没有跳出问题来看问题，更没有一眼就看到问题的本质。

第二，自己每天接触的都是工作或同事，没有接触工作以外的人员，自然不了解公司以外的情况。没有对比借鉴的内容、更没有找到对标，才导致自己一头雾水，迷失了方向。

第三，思维太局限，没有用发散、类比的思维方式来思考问题。

某位VP就曾经在聊天时说起，自己几乎天天看简历、天天面试别人，可一旦轮到自己写简历或别人面试自己时，反而感觉有点不适应，一下子找不到方向了。

于是，我给他讲了两个故事。

第一个故事发生在2018年，当时我帮助一家公司的HRD调整简历结构，发现里面问题比较多，整个简历字数多达15000字，把我看得头直晕。

我问他，为什么把简历写得像论文。他说，只有把自己的简历全部展示完整，才能引起老板的注意。于是我告诉他，不是简历字多就能引起老板的注意，别忘记了，长篇大论的简历，未必能被老板看到。他十分不解，问我为什么。

我告诉他，筛选简历的必定不是老板本人，通常都是HR专员或实习生。简历递到老板手中之前要经过层层筛选，而HR专员和实习生只是直接按照老板给的一些硬件要求，进行简历的初步筛选，1.3万字的简历，很可能并没有被用心对待就扔掉了。

尤其是高管的简历，一定要把自己的重点展示出来，才能通过简历的筛选和初试。如果没有重点，只是长篇流水账，那么就很难获得一个高薪的面试机会。

第二个故事，是关于一位对简历完全不重视的高管。

我碰到过很多人，其中有一些人，他们自认为能力很强，不用写简历，也自然会有老板三顾茅庐来求他出山。

当然，优秀的人才的确有，他们通常都是行业的顶尖人才或在某一领域非常出色的人。但即便你真的是万里挑一的人才，即便老板真的三顾茅庐去请你，你也得有拿得出手的简历。

当年刘备之所以三顾茅庐，也是因为诸葛亮声名远扬，被世人称为“卧龙先生”。而刘备之所以耐心等待、观察一番并盛情邀请卧龙先生出山，是因为刘备内心做了一番比较评估。

也是发生在几个月前，一位企业的高管找我沟通，要我帮忙修改简历，当我开出价码后，又嫌弃我要价太高，决定放弃修改。他说凭自己的能力，只要简历挂到某高端网站，自然有老板上门来找他出山。

过了几个月，他再次找到我，这一次他不再纠结我的要价，直接让我帮忙修改简历。我问他，之前把简历挂到了某高端招聘网站上，效果如何?

他哭笑不得地说，的确有很多人打电话，最高时一天能接到20多个电话，但都不是自己预期的职位，很失落。最后，他只好把简历从该高端网站撤下来。不然每天接到的电话，都会把自己逼疯。于是，我认真看了他的简历，发现问题实在太多了，经过我反复帮他修改，最终才算为他做出了一份完整的简历。

他的简历有很多问题。比如简历信息不完整，重点不突出，没有抓住筛选简历之人的眼球。简历就是敲门砖，没有敲门砖，能力再强都没用。职场就好像一个赌场，你想在第一时间赌赢，就得先进入赌场。

简历信息要完整，但又不能罗列流水账，而是要有展示重点，要将你的工作经历、综合能力浓缩精华放到简历上。这样在面试的时候，即使你有些紧张、描述不准确，也会因为对方细致深入的提问，渐进佳境，最终一展实力！

他的问题不仅如此，还有就是用描述性的词语太多，没有数字说明业绩或为公司创造的价值。

说到描述性词语，我想起过去看员工周报，整个周报都是在描述工作内容，没有一点数字支撑，这样的描述根本无法说明自己做的工作到底是什么样子，更无法说明自己能不能胜任此项工作。我碰到这样的员工时，都会先提出批评然后观察几周，如果没有改进，就会换人。

没有管理者会不讨厌描述性的词语，因为一旦你用描述性的词语来说明问题，就会暴露你工作不用心、没有深度思考、随意敷衍等问题。特别是高管，如果你简历的工作业绩栏全部是描述性的词语，老板就会认为，你大概根本没有业绩，每天只是混日子而已。也可能因为这些，老板连面试的机会都不会给你。

我曾经见过一位候选人的简历，上面基本上用的都是数据，当时我就对这份简历十分喜欢，可以说，这才是真正漂亮的简历。尽管对方最终没有被录取，但从另一方面说，他的简历给我留下了非常深刻的印象，以后如果有合适的机会，我想我会推荐给他。

简历的逻辑思维不强，用词不够有力，这也是很多人简历的硬伤。逻辑思维，听起来是很虚的东西，实际却是工作、谈话甚至简历中尤为重要的部分。我看简历，一般先看有没有逻辑问题，如果有逻辑上的问题，一般就会标注出来。面试时，我会在这方面重点询问。一个候选人一旦被重点询问，那么他面试被淘汰的概率就会远远高于别人。

听完我讲的这两个故事，那位 VP 显得若有所思，他又问我，在我看来，该如何制作简历，才能既不让筛选者感到厌烦，又不会被老板挑出问题，还能得到老板的初步重视呢?

首先，要基本信息完整，简历排版好看，整体给人的感觉非常舒服。

其次，工作职责要写好，工作业绩一定要写，还要用数据来表明自己的能力。

你可能会说，我是做HR的，没法用数据表达自己的能力；我是做财务的，又不是做销售的，没法用数据表示自己的业绩；等等。其实，任何职位都可以用数据来表达，如果你是HR，你可写为公司引进多少人才、提供多少小时的培训，为公司做了什么制度的优化，侧面帮助其他部门提升业绩多少多少；如果你是财务，你可以写帮助公司节省多少成本、为公司挽回多少损失；等等。

再次，在写项目经历时，要把你所在项目的项目描述、项目角色、项目职责和项目业绩写清楚，当然前提是必须真实。

另外，关于自我介绍，必须要遵守以下三点：

1. 概括你的工作经历，用最能吸引简历筛选者和面试官眼球的字或词语打动对方；

2. 把你具备的能力和能解决的问题写出来，便于别人抓住你简历的重点或关键词；

3. 一定要用不到50字来概括自己的性格特征。

最后，还要特别注重“全程参与”“全程主导完成”和“独立完成”等字眼的出现。

无论是对初出茅庐的职场新人也好，还是对职场精英、高管也好，当需要寻找一份新工作时，都要靠简历这个敲门砖来打开工作的大门，千万不要对简历草草应付，更不要不重视做简历的技巧，毕竟一份优秀的简历，能在你找工作的过程中令你事半功倍。

薪酬从来不是谈出来的

职场时常有一种误区，很多人觉得自己会获得什么样的薪酬，都是通过谈判得来的。甚至还有一些人利用这种心理，传播各种薪酬谈判的技巧。

虽然这些薪酬谈判技巧看起来很好很实用，真的拿来实际操作，许多人却发现，根本不管用，甚至有一些人因为薪酬谈判而失去了原本十分看好的工作机会。

刘枫是一家互联网公司的产品经理，他对某公司的一个工作机会非常感兴趣。也通过了初试和复试，但在薪酬这一关却卡住了。

刘枫期望月薪36K，而企业只给30K。其实，对企业来说，30K已经是到达极点了，但刘枫听从了某所谓牛人的建议，开始和企业进行薪酬谈判，并要求企业月薪不能低于40K。

这位“牛人”给刘枫的理由是：

第一，通过刘枫与企业的沟通和了解，判断出刘枫以往的经历和企业招聘的职位非常匹配。

第二，很多人员的薪酬都是靠薪酬谈判获得的，不是企业给多少就是多少，只有进行谈判，才能显示出自己的能力。

第三，刘枫有大公司产品经理工作经验，可以做很好的背书，等等。

于是刘枫听从这位“牛人”的建议，把自己期望月薪不低于40K的建议反馈给企业，但两周过去了，企业一直没有给刘枫反馈结果。

当刘枫向企业HR咨询企业反馈结果时，对方的回复让刘枫彻底绝望了。企业HR说，已经招聘到了一位非常满意的产品经理。

刘枫十分沮丧，他找到了我，向我说起整个事件。我听完后，理了理思路告诉他：

首先，高薪一定不是靠所谓的薪酬谈判获取的，而是靠实力，用自己的智慧来争取。

其次，所谓薪酬谈判，一定得是你在应聘过程中表现极其优秀，且企业CEO已经确定要雇用你时，才能发生。

因为只有在这种情况下，你才具备与对方进行谈判的资格。别忘记，薪酬谈判得是在双方对等的条件下进行的。如果双方都不对等，怎么可能进行薪酬谈判。

最后，薪酬谈判，不能完全凭想象，而是要有理有据。

比如那位“牛人”，完全没有结合实际情况，只是靠凭空想象，就让刘枫去谈，那自然是不可能谈出任何结果来的。

分析过谈判失败的原因后，我又对刘枫讲起了张浩然的故事。

张浩然是某公司 CTO，精通运维和大数据处理，特别对千万级大数据处理，有成功的经验。

有一次，张浩然收到某公司 HR 的邀请，希望他可以去该公司面试。张浩然每天都会接到很多这样的招聘电话，这一次他像往常一样没有直接给予答复，而是先了解了一下该公司的情况。

当张浩然了解该公司情况后，认为公司还不错，可以考虑但自己又不想主动联系企业 HR 去面试。说来也巧，5 天过后，这位 HR 又一次邀请张浩然去公司面试，这次非常有诚意，并主动要求为张浩然购买机票和安排酒店，等等。

张浩然和他们公司 CEO 及其他工作人员交流后，认为这个岗位比较适合自己，但对方给的薪酬不高，月薪不到 60K。

由于要到另一个城市发展，再加上薪酬没有达到自己的预计，张浩然有些不想去了。这时，张浩然通过朋友介绍，联系到了我，他把他的情况向我讲了一遍，问我用什么理由才能让企业支付他月薪 85K。

我告诉张浩然，想要月薪达到自己的期望值，就要能够解决企业面临的实际问题，并为公司创造价值，完成阶段性使命；候选人要具备在业内的口碑和知名度；应聘该职位的人数少，候选人具有竞争力，才能具备和企业谈判的条件。

听完我提出的条件，张浩然回答说，这些都没有问题，企业面临的问题对他来说也很好解决。听他这么说，我心里就有了底，于是我又给出了如下几条建议：

第一，用数字把自己现在的工资、福利等列出来，也包括自己未来的收入，如股票或期权等，这是为了证明自己原本就具备的能力。

把自己为老东家解决和处理过哪些大的问题或里程碑事件列出来，以证明自己为老东家解决过问题，也能为新公司解决问题。

这一条是最重要的。企业聘用你，说到底，就是希望你能为企业创造更多的价值，希望你能够解决企业面临的问题以及预见企业未来会面对的问题。只有你首先具备这方面的能力，才会让企业产生希望得到你的愿望。

第二，罗列出自己为老东家解决的问题以及创造的价值、节省的成本等（以上这些必须用真实的数据表述，不能用描述性的词语来写）。

这一条可以说是上一条的说明。你的能力，你创造的价值，你解决的问题，这些不能靠空口白话就让人相信，你得给出具体直观的数据来，对方看到了数据，自然也就了解了一切。你的数据就如同你的成绩单，成绩单上的分数，比任何华丽的辞藻都管用。

第三，罗列出针对新公司现在和未来面临的问题，自己具备的能力和掌握或可调动的资源，能为新东家节省多少成本，等等。

过去的成绩毕竟只是过去，当你来到一家新的企业，你所肩负的责任，是企业的未来。当一个企业愿意用高薪雇用你时，你就已经是这企业中的一分子了。企业的未来与你息息相关，更与你的薪水息息相关。你只有能够为企业的未来贡献出一分力量，才有资格分享企业前进的成果。

第四，写出自己跨城市的成本，包括经常回家的成本等都要罗列出来。

当你成了企业的一员，在你为企业负责的同时，企业自然也应当为你负责。你为了企业背井离乡，企业自然也要在这方面做出相应的补偿，否则，这个企业就不是值得员工托付的企业。

结合以上这些，可说明企业应该支付月薪不低于85K。

当企业HR看到张浩然罗列的内容后，感到十分惊讶，他说自己还是第一次见到这么专业的职业经理人，瞬间好感大增。3天后，经过公司讨论，同意张浩然的薪酬申请，按照月薪85K的标准向张浩然支付报酬。

这就是我提供的薪酬谈判的方法。其实，与其说是谈判技巧，不如说这是有理有据地证明自己为什么要向企业要这么多的薪酬。作为企业的一方，没有任何理由拒绝候选人的这些要求，除非企业并非真心招聘人才。

刘枫听了张浩然薪酬谈判的案例后恍然大悟，知道自己未来薪酬谈判该如何进行，不是听一些忽悠大师用描述性的词语来给他建议，而是用数据来证明自己真的具备那样的价值。

谈判得是双方实力相差不大时，才有资格坐下来进行的。谈判是各自为达到自己的目的，相互妥协的过程，薪酬谈判也是如此。如果你连谈判的条件都没有，却要妄想与对方进行薪酬谈判，那么你最终只是在让对方看笑话罢了。

所以说，与其天天研究这些无用的薪酬谈判技巧，不如想办法提升自己的能力，让自己能够真正成为一个有价值的人，成为一个能够为企业解决现状，以及预见未来企业要面临问题的人。如此这般，你的薪酬不用谈判就不会低，同时，你在公司的职业生涯也会无限延长。

薪酬不是靠谈判谈来的，如果一定要通过薪酬谈判来提升自己的薪酬，那么请用你的能力去获取谈判的资格和谈判的主动权！

知识的系统化与体系化

在我们小的时候，长辈和老师总是孜孜不倦地教导我们：天道酬勤，一定要十分努力，将来才能有所成就。因此，我们遵循着这些人的教导，吃了很多苦，每天都很“努力”，但直到有一天你却突然发现，似乎自己的这些“努力”并没有让自己多么优秀，曾经心心念念想要达成的梦想也更加遥不可及。这是为什么呢？难道我们还不够“努力”？还是父母教导本身就是错误的呢？

其实，我要告诉大家的是，并非我们不够努力，父母的教导本身也没有错，之所以会发生上述问题，是因为父母只是告诉了我们应该“努力”，但没有告诉我们究竟怎么样才算是真正的、有效的努力，换句话说，我们绝大多数人所做的努力其实都是无效的，所以才会在那么“努力”之后，不但没有实现梦想，反而更加焦虑和迷茫。

按照我对于“努力”的定义，“努力”应该是一个人有没有通过刻意练习来改变自己的思维模式，提升自己的认知，并通过对事情的处理将这种思维模式和认知转化为现实的生产力，最后变现。

在我的职业生涯中，我接触过至少3500位职场精英。我发现，无论是年纪轻轻就年薪百万的人，还是熬到了快退休的年纪还在四处求职的人，他们都是一样的晚睡早起，辛苦程度不相上下，可以说是都很“努力”了，但既然如此，为什么他们的人生差距会如此大呢？

根据我的经验分析，原因主要在于以下三点。

第一，学习能力的差距。

我上小学一年级的时候，并不懂得如何学习。有一次，老师让我背一篇课文，我很快就将它背熟了，可是当老师要求我将课文默写下来的时候，我才发现对于课本上的字，我既不认识，也不会写。结果老师大发雷霆，揪着我的耳朵（那个年代老师还是可以对学生进行体罚的）说道：“你这是读‘仰脸书’！”也就是从这个时候开始，我才认识到这样的学习是无效的，只不过，当时的我尚不会进行系统的思考，更没有建立所谓自己的理论体系。直到上了高中，学了哲学，我才真正体会到了“是什么、为什么、怎么办”这九个字的深刻含义，并开始尝试通过刻意练习来改变自己的思维模式，懂得了如何学习才是最有效的方式，如何才能更好地将所学的知识理解透彻和有效应用等。

学习的核心在于对知识的理解和应用，学习能力的差距便是对于知识的理解和应用能力的差距。有的人看似博览群书、多闻多知，但并没有真正将自己学的知识、知道的内容进行全面系统的反思和消化，只是停留在表面，不会举一反三和灵活应用，因而才造成了看似每个人都很努力地在学习，但学习的结果有着天壤之别的现象。

第二，思维模式的差距。

如果我没有在高中的时候建立“是什么、为什么、怎么办”的思维体系，那么也就不会有之后我学习能力的提高，因此，学习能力和思维模式其实是相辅相成的。造成人与人之间学习能力差距的核心因素在于人与人之间思维模式的差异。

我曾经将自己做猎头时的工作笔记拿出来，翻看自己以前面试过的职场精英以及自己对他们的评价，并进行归类。通过这样做，我发现一个很有价值的规律：那些职位和年薪都很高的人，无论年龄大小，都有自己的思维体系，而那些没有自己的思维体系的人，则往往几十年如一日，碌碌无为，认为工作就是工作，直到退休也没有干出什么惊人的业绩来，就像富兰克林说的那样："有的人其实在二十五岁的时候就已经死了，只不过是到了七十五岁时才被埋葬。"

2014 年的时候，我曾经接触某公司的一位营销 VP。当时，这位营销 VP 只有 27 岁，却已是年薪过百万的职场精英了。在和我交谈的过程中，这位营销 VP 不管是在气场上还是在说话方式上都给我留下了很深的印象。并且，他对于用户的理解以及对自我营销的看法，都远远超过了一般人的水准，原因就在于他早已建立了一套属于自己的思维体系。面对这位年轻的职场精英，就连我也不得不感叹：如果他们这样的人都不能拿到高薪的话，还有谁有资格和能力拿到高薪呢？

第三，认知水平的差距。

人和人之间在认知水平上的差距，才是真正拉开人和人之间的差距的终极因素。在这个问题上，我首先推荐大家都去读一读傅盛的认知三部曲——《认知三部曲之一：成长就是认知升级》《认知三部曲之二：管理本质就是认知管理》和《认知三部曲之三：战略就是格局 + 破局》。具体的内容，我在这里就不赘述了，因为作者本人已经解释得十分清楚，相信大家在读过以后，一定会在认知理论上实现一个质的升华。

我曾和一位公司的 HR 负责人进行交流。在聊天的过程中，这位 HR 负责人问了我一个问题——如何才能吸引优秀的人才来加盟他们的公司？

对此，我并没有说很多，而是告诉了这位 HR 负责人一句话："找到人才跳槽的驱动力，比如薪酬、平台或者自我价值的实现。"

令我高兴的是，这位 HR 负责人听完这句话之后便立刻明白了我的意思。这就是认知水平达到了一定阶段的人。如果这位 HR 负责人在我回答完这句话之后依然继续追问我具体应该如何做才能实现终极目标的话，那只能说明他的认知水平还需要进一步的提升。这就是我经常说的"和有智慧的人交流，不仅不累，还能使自己有更大的收获”的道理。

写到这里，有的读者可能会说，你已经将拉开人与人之间差距的原因都剖析出来了，可问题是我们要如何去解决这些问题，实现自我的进步和提升呢？

第一，关于如何提高学习能力。

要提高学习能力，就要懂得怎么做才是高效的学习方式：首先，要全面理解知识的内涵和外延；其次，要了解和研究所学的这些知识应该如何应用；最后，要让所学的这些知识融入自己的血液，成为自己的一种思维习惯。

第二，关于如何建立思维体系。

改变思维的核心在于通过刻意练习来对自己的思维体系进行重新梳理和建立，从而成为一个真正会思考的人。对此，我们首先必须学会发现问题；其次，我们要学会界定问题的本质，找到问题的边界；再次，我们要学会根据问题的本质和边界来寻找问题的解决方案；最后，我们要学会通过反馈来验证问题，看看问题是否得到了真正的解决。

第三，关于如何提升认知水平。

所谓提升自己的认知水平，其实就是建立一套自己的认知方法论来指导自己的实践，而这个方法论就是自己的知识储备、思维方式和社会经验。

总之，真正有效的努力是通过高效的学习来建立自己的思维体系，进而形成一套属于自己的认知方法论，并在这个方法论的指导下，通过不断的实践、反馈和改进，最终让自己成为一个优秀的人。

中国企业到底需要怎样的人才

随着市场经济的发展，尤其是加入 WTO 以来，中国的各大中小企业也逐渐加入国际大经济市场的竞争。为了提高各自的竞争力，各企业对人才有大量的需求，其中还包括从其他国家引进的顶级人才。那么，到底引进怎样的人才，才能让中国企业更加适应国际化进程呢？

在回答这个问题之前，不妨先换一个方向，来看看那些外资企业在进行扩张的过程中，都在招募怎样的人才。

我观察过很多在中国发展的外资企业，经过各种横向分析，发现他们人才需求的方向是有规律的。当外资企业来到中国的某一个区域，首先做的是将自己原本的核心人才驻扎在那里，当其站稳脚跟之后，再进行本地化招募。不论外资企业扩大到怎样的规模，其核心的高层管理仍然来自公司本部的外派。

外资企业的这种管理模式和对人才管理的理念，十分值得我们国内的企业借鉴，中国企业在实现国际化的过程中，也可以参照其对人才的管理模式。

那么，在确定了核心人才的选择方向后，又该以怎样的方向，对企业的力量进行扩展呢?

我们当今的市场，从外表上来看，是多元化的，是国际化的，许多国际上十分优秀的企业，在中国市场也有自己的一席之地。餐饮上，中国随处可见的是麦当劳、肯德基；互联网上，各种国际知名软件，如阿多比，火狐浏览器等，每天都占据我们的电脑内存；护肤品方面，各种来自日韩和欧洲的知名品牌几乎摆满了我们商场的货架；至于各种体育器材，各种玩具，各种生活用品，来自国际上的品牌更是比比皆是。

对这些企业来说，中国市场，已经不仅仅是一个无关紧要的扩展，而是占据企业营业份额的重要阵地了。

最开始，国内的企业几乎没有什么与其竞争的能力，但是随着国内企业的发展，随着国人的不懈努力，如今，纽约时代广场的大屏幕上也开始频繁打出我们中国企业的广告，国外商场的展柜里也有了中国企业品牌的一席之地。

但是，对仍处于发展中国家阶段的中国来说，满足这一点表面上的成绩是万万不可的，市场是个风云变幻之地，任何一点风吹草动都有可能对企业造成致命的打击，在与国外企业良性竞争的同时，更要努力吸取那些企业的经验，努力让我们自身的企业拥有更深厚的功底和更强的竞争力。

一个企业可以站稳脚跟的因素有很多，比如自身的生产能力，核心决策层的判断力，对市场的预测能力，等等，而人才，也是其中一个十分重要的因素。

俗话说，一颗老鼠屎能坏一锅汤。如果在扩展企业和招募人才的过程中，在判断上有所偏差，或是漫无方向，随心所欲胡乱招聘，那么不但无法让企业变得更加坚固，反而可能削弱企业自身的力量。

所以，中国企业在招募人才的时候，一定要明确一个可以为企业带来良性发展的方向。而对于需要提高国际竞争力，需要在对抗国际企业的过程中，能够发挥足够实力的企业，就更是要招募相应的具有足够对抗国际竞争力量的人才。

比如中国的互联网公司。首先互联网就是要与国际接轨，即便公司不主动去进行外部发展，其业务也已经进入了国际化的竞争市场，特别是移动互联网，其发展之迅速可以说是令人目不暇接，各种千奇百怪的 App 每天都在刷新互联网，这样的企业，尤其需要能够适应国际化企业的人才。

而对职业经理人来说，在这个彻底国际化了的经济市场中，他们面临的，也不仅仅是与国内人才之间的竞争，更是与国际的顶级人才之间的竞争。

要适应国际化市场，一方面，企业要寻找相应的有这方面实力的人才；另一方面，职业经理人也应当努力提升自己，让自己成为能够匹配这些企业的人才。只有双方共同努力，才能在国际市场上，让我们中国的企业更有优势。

那么，在国际竞争中需要提高自身的企业，究竟需要招募怎样的人才呢？而职业经理人，又应该在哪些方面提升自己，让自己更能适应当前的市场竞争呢？

首先，要有国际化的视野、格局和胸怀，在企业布局上，一定要有国际的战略化眼光。熟悉当地的政治、法律、风俗、环境和当地的人才市场和人才管理。在某一方面不仅仅是专家或是顶级专家，更要成为国际顶级专家。

这种人才，在对各种问题的思考上，不是采用国内的惯性思维，而是通过考虑全球的布局去思考。比如当前最热的AI技术，国内有些人觉得自己的水平已经很高，但他忘记了，如今的AI企业要挖人，已经不仅仅是在本地找人，而是要跑到大洋彼岸的美国、欧洲去掠夺人才，与这些人相比，你的能力可能还远远不够。

其次，要有深谋远虑、居安思危的意识。对中层管理人才或技术人员来说，你的竞争已经不仅仅是中国互联网人才之间的竞争了，你的竞争已经是与国际上大环境中的人才竞争。如果你不能提前思考、居安思危，可能不到五年，你真的就会落后于人，要被淘汰，甚至永久性进入中年危机。

因为社会、企业，都在以惊人的速度发展。对企业来说，五年前，你尚可以说出你的竞争对手是谁，而如今，你甚至根本不知道你的竞争对手在哪里，你们只是在一片黑暗中摸索前进，一不小心，就被灭掉，而直到临死的那一刻，你都不知道灭掉你的凶手是谁。

比如当初康师傅和白象方便面的竞争，谁能知道，鹬蚌相争，最后却双双被外卖打得半死。会出现这种现象，就是因为他们根本不知道自己在和谁竞争，更找不到竞争对手，直到奄奄一息了才发现，原来自己的对手根本不是白象，而是外卖网站。

当今的市场中，要想避免这种情况的发生，只能让自己的目光放得更远一些，眼界放得更高一些，考虑的问题更深入、更全面一些，而当今的企业，也就更需要拥有这方面素质的人才。

最后，用国际化思维来解决企业实际问题的人才，能为企业快速发展提供更好的解决方案的人才，才是高级人才。

我们看到现在中国互联网的发展，都在考虑国际化。如果不考虑国际化布局，你可能就会落后，甚至因为一时的战略错误而一败涂地，最后像雅虎那样，永久消失在大众视野里。

如今人才的发展，已经不再集中于某一个国家或某一个地区，而是在整个国际市场中，进行国际化的发展，只有能够适应国际化市场的人才，才是未来的顶级人才。

未来，当猎头对某一个职位的人才进行搜索和挖掘时，也不会只集中在国内，而是开始了国际化人才的寻找之路。这对企业来说，意味着需要寻找更多的能够适应国际化竞争的人才，而对职业经理人来说，这也意味着你的个人竞争，已经达到了与全世界人才竞争的高度。

所以，当企业招募人才时，应当以上面几条为准则和方向去进行招募，而职业经理人想要进入这些企业，更应该以上面几条准则去要求自己，提升自己。只有这样两方努力，才能让我们中国的企业，在国际市场上占据更大的优势。

创业者必备的三大核心能力

我曾经在和一位投资人朋友的聊天中听到了这样一个故事。

某女性创业者投资了一个食品领域的项目，连续做了三年，其间该女性创业者哭过很多次，一度想要放弃，但最终还是选择了坚持，目前该项目已经开始盈利。

之所以给大家分享这个小故事，是想告诉大家一个道理：对创业型公司来说，只要创始人不想被清算，坚持下来，一般都不会死亡的，除非创始人自己想要放弃。因为创业一定会遇到很多未知的问题，但哪怕是资金不够充裕，只要创始人不认输，愿意坚持下来，就一定会找到解决问题的办法和出路，并且往往都能找到最佳的解决方案。

比如，我的这个投资人朋友在做职业经理人的时候就遇到过这样的真实案例：

某公司连续多年业绩下滑，几乎处于破产的边缘，但因为该公司的创始人不愿意看到公司破产，于是想方设法找解决方案，最终，该创始人通过其他朋友的介绍，找到了我的这位投资人朋友加盟，该公司采取赠予一大部分股份、购买一小部分股份以及创始人辞去公司 CEO 职位，出任董事长，职业经理人（我的这位投资人朋友）出任 CEO 的方式进行。在接下来的五年间，我的这位投资人朋友将这个原本处于破产边缘的公司起死回生并逐步做到了盈利，目前该公司已在新三板挂牌，算得上是新三板的明星企业之一了。

设想一下，如果这家公司的创始人在公司处于破产边缘的时候直接放弃，他就不会去努力地寻找解决方案，更不会有后来公司的扭亏为赢和在新三板挂牌，成为明星企业的可能了。

在我看来，创业型公司之所以被清算主要是基于如下三个方面的原因。

第一，公司的 CEO 不愿意坚持下去，主动放弃。

创始人赵先生在拿到投资之后，为了实现快速发展，尽快达成财富自由，所以公司前期一直采取烧钱模式，但一年后，赵先生预感到再这样走下去，公司迟早会面临被清算的风险，因此，他立刻开始进行反思和裁员，调整公司战略，不再一味追求将公司做大，而是着眼于获得利润。通过这一举措，原本有清算风险的公司现在每年可以获得好几百万的利润，投资人的钱总算没有打水漂。

对创业型公司来说，如果创始人个人愿意坚持，并全力以赴地继续做下去，公司就很可能不会被清算，公司之所以被清算的最大原因来自 CEO 的不愿意坚持下去和主动放弃。

第二，公司单纯追求数据，违背了利润优先的原则。

一提到创业，很多人首先想到的就是互联网、金融等，因为这种创业人员往往采取的是“用金钱换用户 + 用金钱换时间”的方式，能够实现快速发展，但很少有人知道的是，这种创业方式其实具有很大的风险性，一旦公司的模式不在风口上、不够好，公司死掉的概率是很大的。

现实生活中，创业也存在鄙视链，互联网创业人员看不起实体企业老板，总认为他们的模式太老土，连互联网都不懂。但实体企业老板其实也看不上互联网创业人员，因为在他们眼中，互联网创业人员就是在靠烧钱支持，一旦钱烧完了，又没有挣到钱，公司必死无疑，而他们做实体企业的，没有借用互联网的烧钱模式，每个月至少能够保证 200 万元左右的利润，一年就是 2000 多万元，这种利润的公司，想要上市，也不是没有可能。

这就是现在创业领域形成的相互鄙视链条。我认为，抛开鄙视不鄙视先不说，利润优先原则肯定是没有错的。所有的创业者都想让公司实现 IPO，但没有利润的公司，都只可能是昙花一现。

我的一位朋友去年做了一个项目，现在每个月纯利润就 20 多万元，没有资本的压力，所以他活得非常潇洒。如今，该项目被资本发现并疯狂地追求，但他暂时还不会考虑融资。用这位朋友的话说，当他考虑融资的时候，不是让资本来选择他，而是他选择和哪个资本合作。

还有一位从阿里离职的朋友也告诉我："哪怕每个月的利润是 5 万元，也比烧钱思维模式好。"

或许很多人对这一点还不太能够认可，但我是十分赞同的。无论什么产品，做出来就必须要能够挣钱，哪怕只是一元钱的利润，否则，拿着投资人的钱去烧，那就是耍流氓。"用金钱换用户 + 用金钱换时间"的方式不是说不可以，但必须要考虑能否真正为用户解决问题和创造价值，能否真正让用户和自己都挣得到钱，如果不能，那这个方式和产品就必须放弃。

第三，公司 CEO 的私心杂念太重。

某些公司在成功融资以后，其创始人首先考虑的竟然不是采取什么创业模式将公司尽快做大做强，而是如何享受。在这一点上，很多真实的创业负面案例可谓不可胜数。比如，某公司在融资了 360 万元以后，其 CEO 上任后做的第一件事情就是为自己购置了一辆豪车；还有一家公司在获得 B 轮融资以后，其 CEO 立即在上海买下了一套豪宅和一辆价值 100 多万元的跑车；更有甚者，其一家人衣食住行用的发票全部拿到公司来报销，还以宣传广告、咨询顾问等为幌子千方百计将投资人的钱转移出公司等。

对于这些情况，不是说 CEO 就不可以买房子、买跑车，但至少能够说明的是作为公司的创始人，其私心杂念太重，心思和精力没有放在为公司的发展筹谋之上。说到底，就算公司最后不能实现 IPO，被其他公司收购也是可以的，总不至于落得个"庙毁了，和尚穷跑了，方丈富了"的结果吧？

在我看来，即使不挣钱，创始人也不应该随意破坏自己的个人品牌，否则只能是得不偿失。公司的 CEO 私心杂念太重，只会让公司在本就竞争激烈的市场上更快地败下阵来。

总之，身为创业者，就必须要有在失败的风险面前甘愿坚持下去，主动寻求解决办法而不是轻言放弃的勇气和精神。要懂得挣钱才是创业的第一要义，凡是不以挣钱为目的的创业模式都是耍流氓，最后都会死。创业不是在比谁更会烧钱，而是要比谁更会挣钱，且谁挣的钱更多。要抛弃私心杂念，先干事后享受，全力以赴地将公司做大做强。不然，身为公司的创始人不愿意承担风险，不懂得主动寻找解决问题的方案，即便自身能力有限，无法支撑公司的运转，也不愿意寻求比自己更强的人来接盘，宁愿看着公司死，或者只会一味烧投资人的钱，而不懂得利润优先的原则，甚至新官上任就开始贪污腐化，作威作福，将公司的发展抛之脑后，毫无责任意识，那么，公司想要不被清算，几乎是不可能的。

创业不易，且行且珍惜。愿所有的创业者都能够自检自省，在创业这条没有回头路的人生修行之中，不断地提升自己，外练技术本领，内修品德涵养，负好公司发展总舵手的责任，带领公司一路披荆斩棘，直至财富和理想的彼岸。

成功者的思维方式

成功无捷径，就像每一个登山者都要经历汗水的洗礼。但成功者的思维方式却的确有相似甚至相同的地方。

我曾读到过两本很有意义的书。这两本书虽然不属于历史和管理类的书籍，也不是什么著名商业人士所写的作品，却使我从书里所举出的案例中了解和总结了很多关于企业失败的原因及成功人士的 5 个癖好，在这里分享出来，希望可以帮助大家树立一个正确的努力目标和追求方向。

一般而言，真正有所成就、心中富有追求的优秀人才，往往都具备如下 5 个特点：

第一，喜欢以读书为业。

李善友教授曾经这样评价读书：“读书不仅仅是读书而已，而是在和这些大师进行心与心的交谈。比如，读《乔布斯传》，是在和‘乔帮主’坐着面对面进行交流；读《日心说》，是在和哥白尼一起谈天说地；读《王阳明全集》，是在和王阳明激烈地讨论‘心学’；读《三国演义》，是在和罗贯中一起设置三国的英雄人物；读《物演通论》，是在和王东岳进行沟通……”

读书是可以使人增长知识、开阔视野、陶冶性情的最佳方式。当今社会，越来越多的人在实现了财富相对自由后，不但没有放弃读书，反而更加以读书为业，成为真正的终身学习者。可以说，看书学习已经成为很多优秀的企业家以及有梦想、有追求的年轻人的生活标配。只要一有时间，他们就会立刻沉浸在书的海洋中，不断地丰富和娱悦自己。

前不久，美国社交网站 Facebook 的创办人、拥有“盖茨第二”之美誉的扎克伯格带着自己刚刚一个月大的女儿学习《量子力学》，引发了全世界的热议风潮，很大一部分人也跟着开始阅读《量子力学》。不过，也有人质疑道：普通人读这些书又不能应用于日常生活和工作中，读了有什么用呢？

对此，我要说的是，真正的读书不是单纯地为了阅读书里的文字和内容，而是学习和领悟作者的思维方式及其发现事物规律的经验和方法以及思想体系，然后据此来形成和完善自己对于世界及万事万物认识的方法论和价值观，继而用于真正指导我们的实践。这才是读书的真正内涵。

如果一个人认为，读书就是要拿来立刻就能用，否则就不必读的话，只能说明其并未真正领悟到读书的要义，功利性太强。持有这种观点的人，在生活和工作中充其量也就是一个优秀的执行者，而很难成长为一个优秀的决策者。真正优秀的决策者，没有一个是不喜欢读书的。

第二，擅长用演讲来传播自己。

如今，随着市场和用户的改变，我们经常可以看到一个非常有意思的现象：无论是某些大公司的 CEO，还是小公司的投资人，只要有机会，他们总是不厌其烦地到处进行演讲，不断地提升自己的曝光度，传播个人品牌。

那么，他们这样做的目的是什么呢？

时代的变化要求企业已不能再沿用传统的、冷冰冰的方式进行自己的产品宣传，而必须转变观念，将 CEO 的个人品牌打出去，这样自己的产品才能更容易被消费者信任和接受。因此，CEO 们之所以要四处进行演讲，说白了，其实就是在通过自带流量的方式来传播自己的人生哲学，利用自己的人生哲学去影响和感染自己的粉丝，好让这些粉丝成为自己公司产品的忠实用户，继而为自己公司的产品进行口碑宣传，而这种品牌宣传的方法，堪称最好的 PR。

某个晚上，我在忙完工作后刷了一会儿微博，当看到马云的照片时，女儿立刻告诉我说："爸爸，这是马云！"看到女儿的反应，我十分惊讶。你看，就连一个 8 岁的孩子都能够记住长相酷似外星人的马云，更何况大人们呢？这就是 CEO - Marketing 的厉害之处啊！

孩子们从小就知道马云，长大了也会自然而然地认可他们的产品，这就是演讲的魅力。演讲即传播！作为一名优秀的职场人士或者新型企业家，良好的演讲能力已经成了基本素质。

第三，能够写出有含金量的书。

区别暴发户和有梦想、有品位的优秀人士的最好方式是什么？我认为，是看他有没有"站着能讲，坐着能写"的能力。一位朋友曾经这样说道："现在的企业家和成功人士越来越像教授，而教授反而越来越像企业家了。"

之所以这样说，是因为现在社会在变化，人民群众的认知水平也在不断提高，很多企业家不仅能够在实践上经营和管理好企业，整合社会资源，而且还能够静下心来写书，将自己的一些思考和成功的经验凝结成理论来帮助大家指导实践。而某些教授所写的内容，反而远远落后于企业家和职场成功人士了。并且，企业家不断地到各大知名院校进行演讲、做学术，而教授们也开始深入企业，将自己的理论真正投入实践，顺便挣一些生活费。

有一位名叫郭俊峰的朋友，他虽然没有上过大学，但在创业成功后，自己也已经写了三本书，而且每一本都很有含金量，因为这些书的内容都是他长久实践的结晶。与此同时，一向号称"不愿意写书"的马云，据说最近也开始打算写书了，书名应该是《自己犯过的一千零一个错误》。

因此，可以说，不会写作的企业家和职场人士，算不上是真正的成功人士。真正优秀的企业家和职场人士，应该都是能够写书，写真正有价值的书的人。

第四，懂得锻炼身体。

除了以上三点之外，好的体格也是现代成功企业家和职场人士应该具备的基本条件。

曾经读过傅盛的一篇文章，里面讲到傅盛为了保持自己健康的身体，平时晚上很少喝酒吃肉。有一次，傅盛和几个朋友聚会，餐桌上喝了点儿酒，吃了很多肉，于是，回到家以后，他立刻想办法吐了出来。对于傅盛这一点，我真是由衷地佩服。

根据数据分析，绝大部分成功人士都是身材标准、体魄健硕、十分具有男性魅力和风采的人，鲜有肥胖臃肿者。由此可见，锻炼身体，保持良好的身材已经不再是女士的专利，更是成功男士的标配。

当然，所说这些并不是不尊重或者讽刺肥胖者，事实上我也是微胖人士。这么说是想与读者一同保持自律，并陈述一个基本事实。要知道，肥胖不可怕，可怕的是缺乏改变的决心和毅力！

身体是革命的本钱。保持一个好的身体，才是最大的成功。

第五，经常同优秀的人进行交流。

通常来说，越是优秀的人物，越喜欢同更加优秀的人物进行交流。因为在他们的眼里，这种社交活动在本质上就是一种十分有意义的学习方式，而不是像其他有些人一样，聚在一起无非就是喝酒、聊天和说大话。要知道，这些优秀的人物根本不缺吃喝，更不缺吹牛的资本，他们真正感兴趣的，是通过和优秀的人一起交流来实现自己知识储备的丰富，从而更快地接近成功。

即便是如李善友那样顶级的教授，他在遇到自己不懂的地方时，也会将其认真罗列出来，然后想办法找到相关领域的精英人士进行咨询和学习，而那些不敢或者不愿意找优秀的人进行交流的人，只会使自己永远局限在现有的狭隘思维中，很难有所突破，更别说快速提升自己，取得成功了。

总而言之，人和人还是有区别的，那就是思维方式和追求事物的区别。如果你也想要成为一名优秀的人物，愿意对自己有所要求的话，认真读一读这篇文章，相信一定可以有所启发。

全球人才掠夺战

“二战”后，猎头已成为尖端职场精英求职的黄金顾问。近年来，随着经济的发展，猎头逐步进入大众的视野范围，特别是在欧美国家，猎头发展的速度超越了很多行业，已经成为企业招聘中高层和核心技术人员的必备招聘渠道。

为什么猎头发展如此之快？通过一系列的研究总结，得出的结论是经济的发展，加剧了人才需求的竞争。很多企业为了快速吸引人才，不惜花费重金在全世界搜索人才，而搜索人才的任务非常艰巨，企业自身招聘人员根本不能满足其对人才的需求，于是就开始向外寻求猎头的帮助，为其寻找适合该公司发展的优秀人才。正是企业对人才的需求加剧，才促使猎头公司的飞速发展。

什么是猎头呢？猎头不是天天坐在不到两平方米的隔断里打“骚扰”电话的人，而是靠“出卖”自己的时间和知识，来帮助企业寻找适合企业发展方式的人才，用以降低企业人才引进风险的一个人群。

了解了猎头的概念后，我们再来看看人才的流动规律。

根据全球人才流动的数据总结，高阶人才流动的规律是：

1. 向国家政治稳定区域流动。

2. 向经济发展比较快、人才需求比较大的区域流动。

3. 随着本国企业布局，进行全球化流动。

知道这些后，你就会明白为什么欧美猎头公司发展这么快，甚至有的猎头公司已经进入世界500强企业之列。这些，都是根据经济的发展而自然出现的。正是人才的流动，才促使了猎头公司的发展。这也是为什么很多欧美猎头公司随着本国企业也来到了中国，不断为他们国家企业发展引进优秀人才。只有这样才能更好地促进其企业发展，促进国家经济发展。

这也是我们看到很多欧美猎头公司能发横财的原因。随着中国政治的稳定、经济的发展，中国企业对人才的需求也与日俱增，这种对人才的需求，必然引发企业花重金引进人才，也必然促进中国猎头公司的蓬勃发展。

还有，随着这几年国家“一带一路”倡议和中国企业在全球的布局，对人才、国际化人才的需求必然加剧，这也给中国猎头带来了曙光。中国猎头也会像30年前的欧美猎头一样，跟着本国企业到处搜索他国人才为本国企业效力、为本国经济发展服务。

下一步，中国企业国际化势不可当，而猎头国际化更势不可当。你可能会觉得，企业不愿意花钱引进人才。当然，任何企业都不想在招聘上付费，但别忘记了，你的竞争对手永远不会吝啬在人才，特别是高阶人才和核心技术人才引进上的开销。

猎头已经是国家企业发展的晴雨表，只有猎头强，国家企业才会强，企业发展才会更强。

30年前，欧美企业对中国高阶人才进行了掠夺式的搜索和挖猎，而现在，随着中国经济的发展和企业的全球化布局，对人才需求也变得更加大，想对人才进行搜索和挖猎，也少不了中国猎头的帮忙。现在，中国猎头也开始全球化布局，目的是为中国企业发展，源源不断提供人才。

10年前，如果猎头想挖一些顶级的外国人才，或一些优秀华人回国或跟着中国企业去其他国家布局，是非常难的，可能忙了很久，也未必挖到一个人影。但这两年，国内的猎头公司，每周都会收到一些外国、外企的核心人员，以及在国外的华人想回国，想到中国企业发展的简历。这说明，很多顶级人才已经嗅到中国企业对人才的需求，正是这种需求，才会促进中国猎头公司的发展，让中国猎头公司参与全球人才搜索竞争，从而进行人才的二次掠夺。

此外，党的十九大报告中，对人才的重视，已经引发各地政府开始引进人才策略调整，特别是对引进的高阶人才提供很多优惠条件。还有的地方政府，为支持猎头公司帮助本地企业引进人才，除了企业支付给猎头公司猎头费外，地方政府也开始重金奖励为本地企业引进年薪60万元的优秀人才的猎头公司。

有一次，我和某地方政府人员聊天时，他们说，很多地方政府都在因人才竞争而绞尽脑汁。他们在下一轮人才竞争中，不得不扶持一些优秀猎头公司发展，只有当地猎头公司发展快，人才引进才会更快。

可见，中国猎头除了国家化趋势外，还要帮助地方政府引进人才，所以，中国猎头任重道远！

想把猎头公司做好，配合中国企业国家化进程和地方政府对人才的引进，需要猎头公司做到以下几点：

第一，要有全球化视野，人才来源必须全球化。

所谓全球化视野就是要有国家化眼光，跟着企业发展而发展，成为企业发展的合作伙伴；同时，也帮助地方政府到国外去争取优秀高阶人才。

随着经济的发展，现在已经不再是故步自封的时代了，尤其是对于需要具备掌控职场流动能力的猎头而言，更是要将眼光放长远，要做到尽可能掌控行业发展的全局走向，做到尽可能扩大人才的来源。要做到这一点，就需要猎头公司具备足够的眼界，能够充分了解行业的发展水平以及行业中的各种人才的来龙去脉。

第二，猎头公司走向细分化、高端化。

在特定细分领域做到全球 top 猎头，而不是仅仅盯在区域或国内猎头市场。还是那句话，作为猎头，必须将目光放得长远，同时也要更加注重深度，不能一味追求广度。对职场来说，猎头就像是催化剂，当一个行业在缓慢前行时，猎头的加入可以让这个行业内的化学反应变得更有效率。而一个优秀的猎头，就是一个刚好能够实现良好效果的催化剂。

术业有专攻，能够在特定领域有所深入的猎头，必定是在这一领域有足够了解的猎头，也是在这一领域上，能够发挥其作用的猎头。知己知彼才能百战百胜，对猎头来说也是如此，一个对某行业不能达到深入了解的猎头，又如何能够为这个行业输送人才？如果不能对行业的需求一清二楚，又怎样精准定位，找到刚好可以给这个行业带来良性反应的人才？

要深入，更要高度，要站在足够的高度，再去深入其中，这样的猎头才是真正能够适应时代发展的猎头。

第三，规范猎头公司的发展和利益分配机制，加速顾问的培训，让顾问快速成长。

很多猎头公司做不大，不是因为老板不善于管理，而是因为利益分配机制不合理和顾问个人得不到提升。要想将公司做好，最重要的就是要做好利益分配，另外对顾问的培养尤为重要。顾问是猎头公司内最重要的一环，只有能够培养出优秀的顾问的猎头公司，才是能够做长做远的公司。

如今，人才已经是在全球化流动了，猎头公司应该顺应历史发展，开始为自己的客户进行全球化人才掠夺，而不应该仅仅蹲在某一个角落里故步自封。欧美等国家的猎头早已在进行全球化的人才掠夺，中国的猎头在这一方面也不应当有所示弱。

与其被动挨打，不如主动出击，如今的猎头公司，应当主动参与全球化人才掠夺大战，只有这样，才能最终在人才战争中，发现和找到属于自己的一席之地！

职场自救

身在职场，压力无处不在，它有时就像一把双刃剑。跨过去了，就会升职加薪，成为人生赢家；跨不过去，就有可能因为无法消解的情绪而毁了生活。我是一个很拼的人，但依旧坚定地认为，工作，始终是为了更好地生活，为了更接近理想，当走近职场“高度危险区”的时候，还是要保留一份警惕。

什么是职场的“高度危险区”？

作为职场人，我们无时无刻不在承受着压力，但是压力是有一个临界值的。超过这个界限，我们紧绷的那根弦就会断，正所谓，遇到了“压倒骆驼的最后一根稻草”。此时，我们就走到了职场的“高度危险区”。在这里，工作和生活模糊了界限，我们被工作压得喘不过气，甚至想一走了之。

听起来可怕，但是相信在某一瞬间，有此想法的人不占少数。

信息时代，每天都有海量的新闻推送到我们眼前。除了那些令人亢奋的成功学案例，也时常可以看到“某大企业员工跳楼”“某创始人意外离开”的伤感剧情发生。这些令人唏嘘的事件往往都是突发的，身边人并未及时发现轻生者的危险想法，没有机会帮助他们脱离“危险区”，因而酿成悲剧。

谁都有被繁重的工作压得喘不过气来的时候；谁都有腹背受敌、前厅后院接二连三起火的时候；谁都有被突如其来的意外打击得一蹶不振的时候……

面对意外、伤害、压力的侵袭，很多人在某一刻会感到无法支撑，于是被击溃，向生活彻底投降。试想在生命的最后关头，他们必定是非常疲惫的，于是那些一闪而过的自杀念头，成了最终获得解脱的终极选择。在那个千钧一发的当下，如果他们的家人或朋友及时发现和制止该有多好，或许就能避免一场悲剧的发生了吧？

这个想法固然很好很善良，但是并不现实。很多人并不会选择把巨大的压力跟家人及时倾诉，他们通常喜欢自己扛。这些人在产生自杀等危险念头的那一刻，是冲动而临时的。这种想法产生时，亲人或家人并不知道，当然也就没有办法第一时间赶到现场去制止。

所以，意外总是不期而遇。

古语有言，解铃还须系铃人。防止自杀等危险念头最好的办法，是自救。

高压下的职场人，该如何自处？

1. 给自己划定一个底线：生命第一，生存再难，也必然有路可走。

“放弃”二字，并不总是一个贬义词。

现代人生活工作节奏越来越快，心理压力也越来越大。过不去的坎，想不明白的事情，不如就放弃。放弃，并不是推倒曾经所有的努力，而是明智地急流勇退，选择用自己的方式转换赛道，重新蛰伏，等待再一次机会的来临。

一首动人的音乐，不总是高昂的，高低起伏，才是完整，而不时存在的休止符，更是为优秀的歌曲蓄势添彩。

人生亦是如此。我们每个人都是家里的参天大树，在职场上无论遇到多么难走的路，都要想一想身后支持我们的家人和亲朋好友。活下去，一切才有无限的可能。

曾经一位优秀的职业经理人为了让孩子去更好的学校读高中，她咬着牙顶着压力换了一套房子。而紧接着她的父母接连生病住院，花光了她和老公那本就微薄的一点积蓄。眼看孩子马上要开学交学费，两个人工资都迟迟没有到账，那时候她真的一度觉得生活要将她压垮。

父母的病依旧在等待治疗、每个月的高额房贷都会发来提醒、孩子的教育基金是必不可少的开支……但就在如此艰难的情况下，她和老公还是坚持着没有放弃，一面照顾着医院里的父母，一面找亲戚朋友借了一部分钱，慢慢渡过了难关。

另一位朋友，创业 3 年，其他的合伙人陆续退出，他把自己在北京的房子卖了继续投进去，可还是没能把项目做好。恰逢他母亲生了一场病，他不断往返于老家和北京，过年前最后一个月的工资，都是他借朋友的钱开出来的。那几个月的时间，他一下子苍老了很多。

老婆摊牌劝他放弃这个项目，并提出再继续做公司就离婚。他连续失眠了几个晚上，反复回想着那些年的辛苦付出，以及那一刻心里所有的不甘与孤独。但是理智告诉他，项目很有可能真的撑不到有正向流水的那天，于是毅然解散了公司。

生活总是要继续，两位朋友的选择，其实都是在内心为他们自己的人生建立了一个新的开始，他们没有被击败，要么咬牙坚持，要么毅然放弃。

放弃，成全了自己和家人，也是一种有效的方法，退出了“高危区”，实现了自救。

佛说“破我执”，这个“执”就是执着。当这根弦绷得太紧的时候，不如暂时佛系一些，放下执念，缓解压力。

2. 发现危险念头，要及时找靠谱和正能量的人寻求帮助，或者做职业咨询，把危险念头及时掐灭。

多年来，我给许多职场人做咨询，有时候除了探讨他们在职场中遇到的专业问题，也会遇到职场人向我倾诉一些心理压力，尤其是那些无法对家人或领导说的事，倾诉完他们会觉得压力稍稍减轻了一些。

曾经有一位职场人，迫于公司严重的内部斗争，很想从公司某个楼层跳下去……当我们了解到他的职场状态后，立即建议他第二天就赶紧离职，这个时候放下一切归零自己是最佳选择。如果一份工作已经令他压抑到如此地步，放弃工作总好过放弃生命。

当有不该有的想法冒出脑海时，建议找到可靠的人倾诉一下。此时，很多人是“当局者迷”。让旁观者清透地点拨劝解，有时候可以拯救一个人，甚至一个家庭。

3. 正视自己遇到的各种挫折并且去正面解决它，如果无法解决请采取措施缓解它。

方法总比困难多。没有办法解决的问题，要么换一个思路，要么放一放，总会找到解决的办法。死磕不是目的，解决问题才是王道。

解决一个问题与算出一道数学题不尽相同。很多时候，我们并不能清楚地预估这个答案的准确性，但我们可以阶段性地解决问题，或者采取其他措施缓解问题。

不管身处什么样的行业和职位，每个人都一定会遇到职场困扰。我认识一位项目总监，她因为特殊的工作性质经常出差，由于项目的原因，通常要把需要几天时间准备的标书压缩到 3 个小时之内完成。

虽然她能力很强，做标书非常熟练，但也觉得压力巨大。因为标书中如果出现错误，损失会非常大，这都是她所要承担的责任，没有人会因为时间紧张而谅解她。2018 年冬天，她几乎天天加班，有一次完成标书已经凌晨 3 点，她提着两箱子标书和文件打车回通州，几乎没有休息，当天上午 7 点，只有 80 多斤的她就又带着几十斤标书和文件赶到北京南站出差去竞标……

春节过后，她认真思考了自己的职业发展和身体情况，跳槽去了另一家公司，换了一个加班程度不那么强，也不经常出差的岗位。现在的她恢复了正常的生活作息，气色也渐渐好了起来。

我的另一位朋友，在怀孕后期迫于房贷等压力还得坚持上班。因为身体比较特殊，医生告诉她要格外小心。为了防止出现意外，她找了老家的一个表妹过来帮忙，连上下班路上都会陪着她，一直到她顺利生下孩子。她说那段日子虽然上班也辛苦，但是有人在身边呵护着自己和肚子里的孩子，就会觉得很安心。万一遇到什么情况，有放心的家里人在身边，不至于措手不及。

这两位朋友，一个毅然选择了新的工作和生活节奏，去告别过去的压力，一个因为有人陪伴而缓解了眼前的难关，都是极其聪明的选择。

职场上的问题成千上万，而解决的办法更是成千上万。不冲动做决策，就是我们最大的理智。有时候，缓解问题或者迂回找到解决办法都是明智的选择。

所以，我建议肩负重担的职场人：成年人的世界里，每一天都是负重前行。你所有的困惑、困难和压力，并不是你独有的，并且最终都会过去。

先好好活着，才能活得更好。

共勉。

后　记>>>

顶级猎头的职场终极总结

我经常想，在当今这个多元化的职场环境下，一个职场人究竟要怎样做，才能不随波逐流，才能永远保持清醒，走的每一步都能够不踏错呢？

其实职场人也是普通人，普通人都会犯错，也都会有遗憾。但人生的路还要继续走下去，太阳也始终照射着这个生机勃勃的世界。我们能做的，就是笑着去面对这些不顺利，在接下来的日子里吸取教训、保持清醒，让人生的每一步更加可控。

职场如同战场，好在这个战场上不会真的让人流血。一场打败，我们还能重整旗鼓进入下一场。在整个职业生涯中，职场人是一生的战士。生命不息，战斗不止，我们要掌握更加有效的战术，要拿起更加锋利的武器，冲锋陷阵，只是为了最后能够赢。

山顶理论，是我在猎头行业摸爬滚打10年来的一点总结。它看起来毫不复杂，但是可以渗透到职场的每一个缝隙。在本书的最后，我仍然忍不住要再次强调它，希望每一个已经读到这里的人，将其牢牢记在心上。

第一，要像个强者一样去拼搏，那些你希望发生的事，才会如期而至。强者心态，并不是居高临下，也不是恃才傲物，而是一种信念，一种思维，一种不畏竞争不畏艰难的生存之道。让它成为深深扎根在你内心的力量，你就会是自己的主人。

第二，要拥有专业的知识，这些都是打仗的硬本领，是陪伴你走过风霜雨雪的必要装备。职场不是童话，也不是痛饮几碗鸡汤就能解决现实的问题。成功，拼的都是素养。这是来不得一丝虚假的必备标准。

第三，要保持系统的思考能力和学习能力，不要片面地看问题，不要孤立地理解世界。眼光在哪里，价值就在哪里。看人看事，你要迅速捕捉重点，看得高，看得远，看得透，看得开，看得真，这世间还有什么事是不能解决的呢？

作为猎头，这是我能够带给职场人的经验之谈。这世间，本就没有放之四海而皆准的真理。所以，或许书中的很多观点，并不能完全阐释你的职场困境，也或许我并不能直接告诉一个职场人，该如何去提高业绩，如何去创造KPI，但至少，我可以提供给你们一些盔甲，一点强化兵器的技巧，让你们在刀光剑影的战场上，能够以更多的自信去迎战下一次的冲锋。

而如果那一袭盔甲，那一点技巧，凑巧能够成为某次决战胜负的关键，那么我的努力，就是有意义的。

2019年8月于北京

图书在版编目（CIP）数据

登峰——顶级猎头眼中的职场进阶法则 / 王付有著. —北京：中国工人出版社，2019.6
ISBN 978-7-5008-7192-7

Ⅰ.①登…　Ⅱ.①王…　Ⅲ.①企业管理—研究—中国　Ⅳ.①F279.23

中国版本图书馆CIP数据核字（2019）第103699号

登峰——顶级猎头眼中的职场进阶法则

出 版 人	王娇萍
责任编辑	左　鹏
责任印制	黄　丽
出版发行	中国工人出版社
地　　址	北京市东城区鼓楼外大街45号　邮编：100120
网　　址	http://www.wp-china.com
电　　话	（010）62005043（总编室）（010）62005039（印制管理中心） （010）62379038（社科文艺分社）
发行热线	（010）62005049　（010）62005042（传真）
经　　销	各地书店
印　　刷	天津嘉恒印务有限公司
开　　本	710毫米×1000毫米　1/16
印　　张	19
字　　数	280千字
版　　次	2019年9月第1版　2021年3月第4次印刷
定　　价	68.00元